実相寺、かく語りき

闇への憧れ［継］

実相寺昭雄

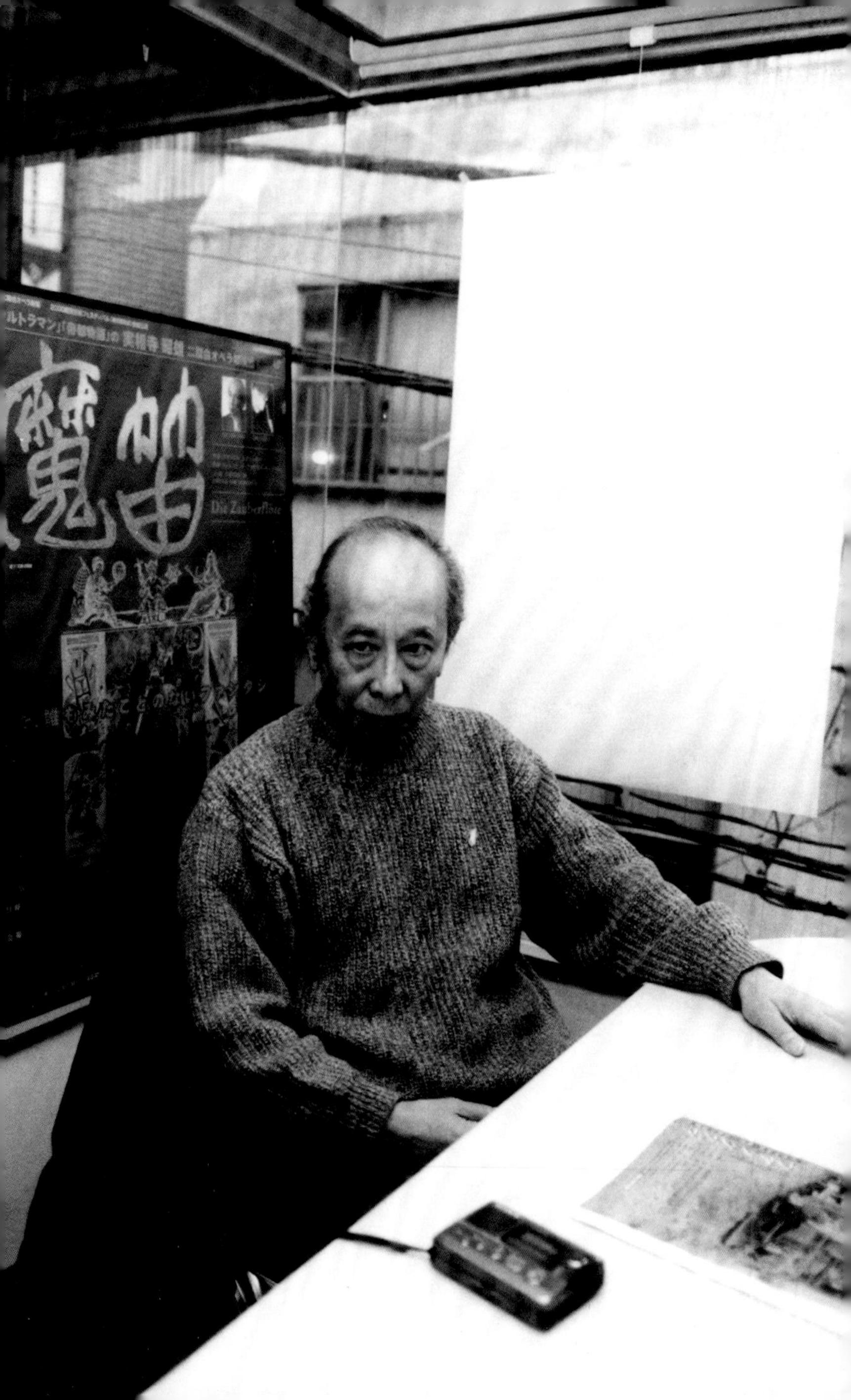
魔笛

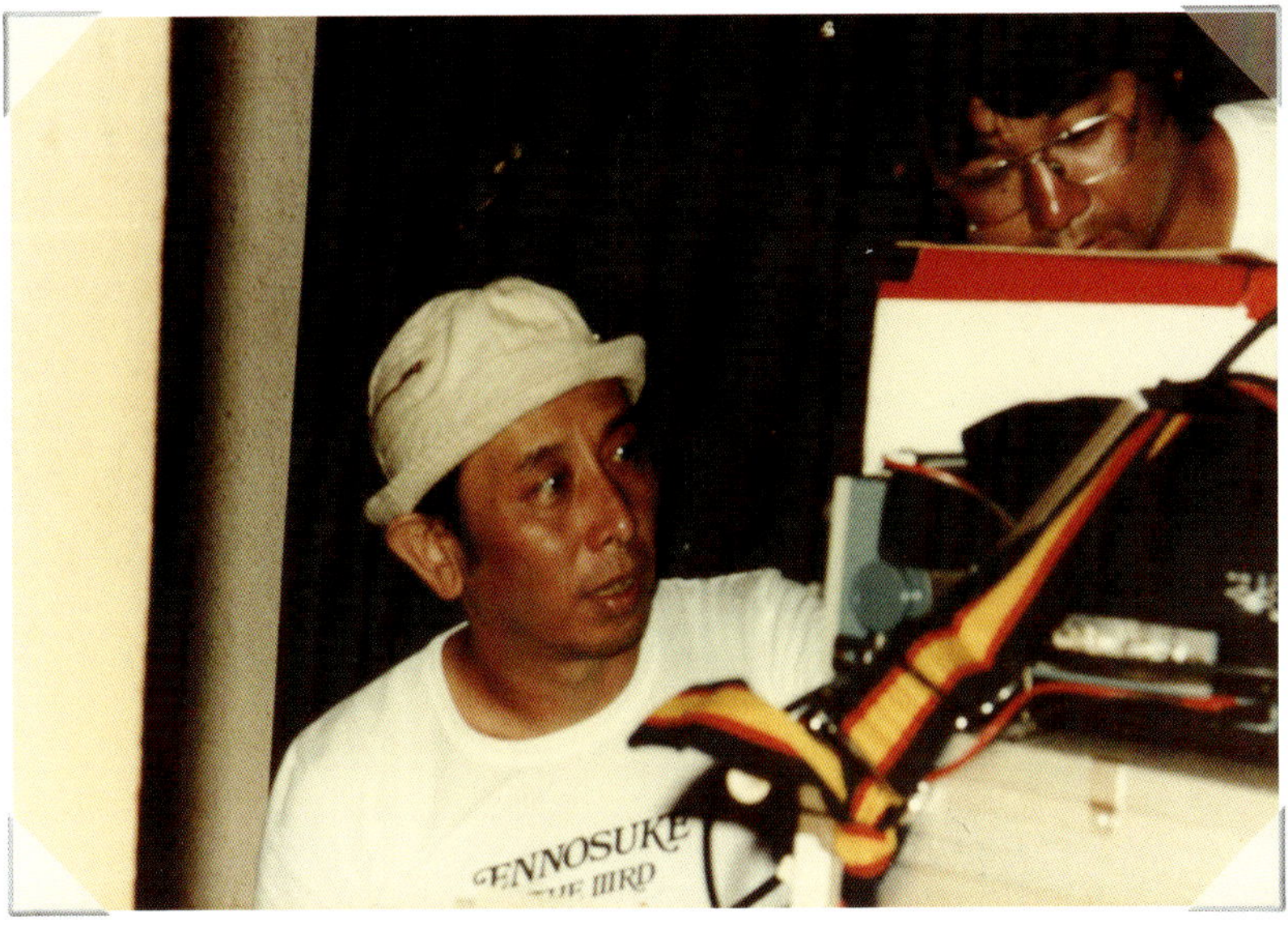
ENNOSUKE

JUL • 77

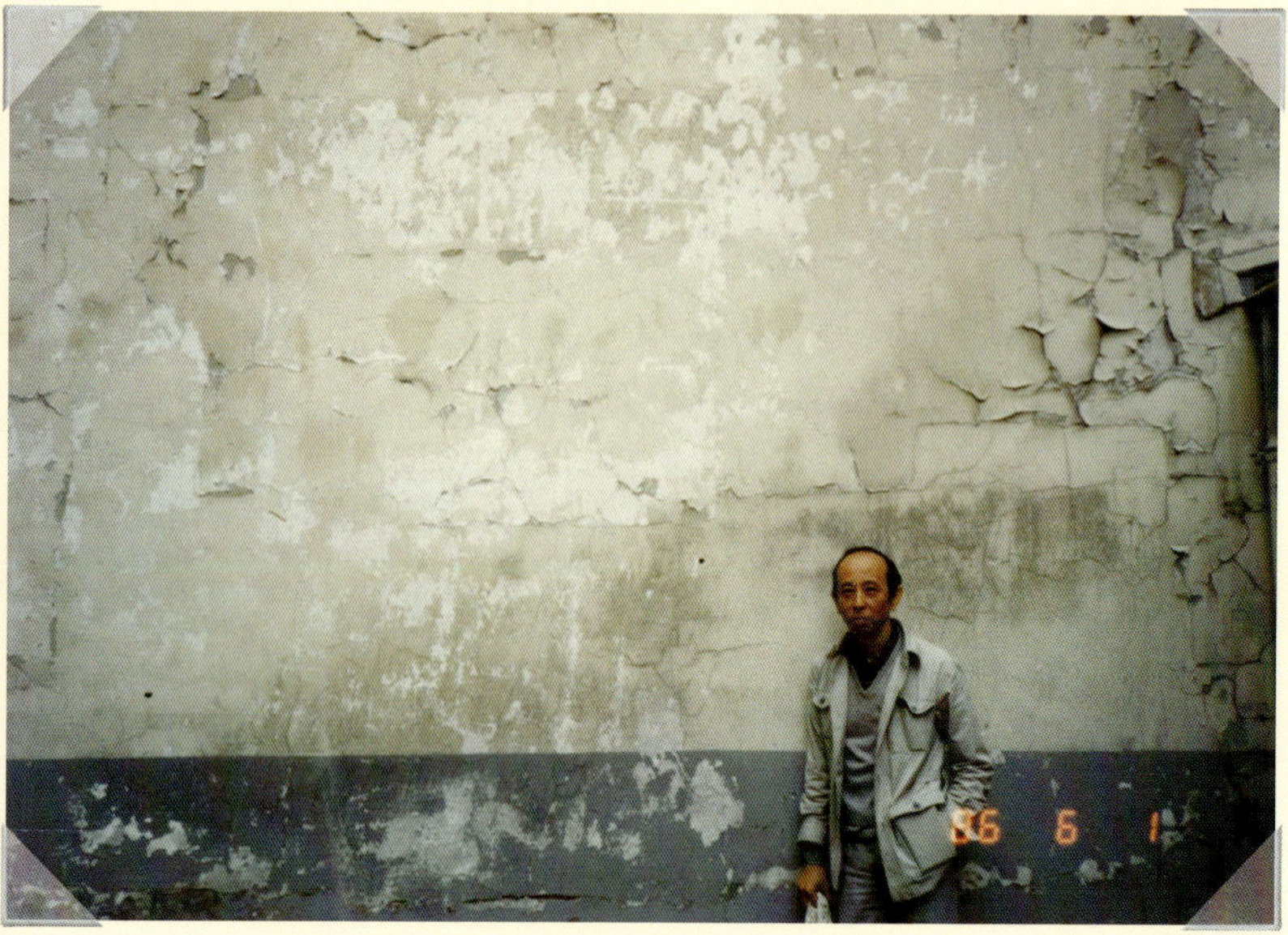
86 6 1

街のオアシス
理容 つるもと
毛髪相談
21−2768

実相寺組
波の盆
S58 10/7 実相寺組

HERE
W. A. MOZART
DON
400x
VANNI
Karel Brožek
Dvořák · Jiří Nekvasil
ČESKÉ UMĚLECKÉ STUDIO
KOMORNÍ OPERA PRAHA
OPERA MOZART
The original Prague Mozart company presents:
PLAY
MAGIC FLU
VLADIMÍR MAREK
PERFORMANCES :
THEATRE
PLAY MAGIC FLUTE
FIGARO ?
FIGARO !
ORfEO
MozART Praha PRO

TOP THEATRE TICKETS
TOP THEATRE TICKETS
2. THEATERFESTIVAL IN MOZART PRAG MOZART OPEN '92
DIVADLO FRANZE KAFKY

実相寺、かく語りき

闇への憧れ［継］

目次

〈刊行にあたって〉

本書は、実相寺昭雄監督の1977年の処女出版『闇への憧れ 所詮、死ぬまでの《ヒマツブシ》』を構成も新たにし、〈実相寺昭雄叢書〉と銘うって『闇への憧れ［新編］』を刊行した折に、未収録となっていたふたつの対談と論考を核として、実相寺監督の話し言葉を中心に編纂した一冊です。

前著巻末に仮題『黄昏からの声』として、間をあけずの刊行を告知していましたが、書名が大きく変わったことと、発売が延期されていたことをまずはお詫び申し上げます。

本書の構成についてご説明いたします。

まず巻頭には、実相寺監督の一度見たら忘れない姿の数々を、昭和のころのアルバムの雰囲気を少しでも感じていただけるようにと置かせていただきました。

そして第一章は章題を、「闇への憧れ［継］」といたしましたように、前書では未収録となっていた映画監督・加藤泰氏との対談と加藤泰論、詩人・大岡信氏との対談と論考を収録しております。こちらは「映像を作り上げる」ことの意義を探りながら、真剣に向き合う、壮年期の実相寺監督の真摯を感じ取れる章となっております。

つぎの第二章は、昔からの仕事仲間や盟友などとの会話を中心に、過去をどう読み解くのか、未来へ何を届けるのかといった指向をほのかに感じさせる、第一章と比較すれば、穏やかな熱をまとった対話となっております。

第三章ではあえて実相寺監督の書き原稿をそろえました。さまざまな要素が混在する〈複雑〉な監督を少しでも読み解くことができるように、実は大量に存在する実相寺監督のテキストから、怪獣たちといった異形のものへの愛、戦中派であることの複雑さがわかる宇宙戦艦ヤマト論、鉄道マニアとしての論考（今回収録したのは連載第一回）フィギュア好きの一面をしたためた短文などをそろえました。

第四章は河崎実監督がプロデュースした監督の著作『ナメてかかれ！』から、もっと生で愛嬌あふれるエロ好きな実相寺監督の姿を。ファンの幻想はこれによってより高まるのでしょうか、あるいは……。

最後には、前著『闇への憧れ［新編］』でも好評だった、「私のテレビジョン年譜」を本書サブタイトルにあるように［継］させていただきました。

本年十一月には、実相寺監督は十三回忌をむかえます。干支一回りの時間が経とうとしているとはとても信じられません。

また新たな企画で実相寺監督の著作をお届けできればと考えていますので、今後とも〈実相寺昭雄叢書〉をお気にかけてくだされば幸いです。

〈編集部〉

第1章

闇への憧れ［継］

実相寺、かく語りき

日本人の内なる原像〈対談〉加藤　泰

司会　加藤さんと実相寺さんに対談の形でもって、〝日本人の血〟をテーマとして語っていただきたいのですが。加藤さんの場合は、第三者側から見て、『遊侠一匹』とか、『瞼の母』などの長谷川伸の世界ですね。これはまさしく日本人の世界ですね。それからまた、同じ系列になると思うのですが、『三代目襲名』とか『お竜参上』とかのヤクザ映画の世界ですね——。加藤さんのなかでは、ヤクザ映画と長谷川伸の世界とを区別なさっていらっしゃらないのじゃないか。同じ一つの日本人の世界としてとらえているのではないかと思うのです。更に現代劇の『男の顔は履歴書』とか『みな殺しの霊歌』でも戦後の日本人をとらえているそういう意味合いから、〝日本人の血〟というものが、加藤さんの立場のなかでとらえられていると思うのです。実相寺さんの場合は、第三者的に見て、偏見かもしれませんが、TBSにいらした当時の幾つかの作品とか、お会いして話をうかがったりしました時に感じたのですが、実相寺さんは仏文出ということもあっていわゆる、モダニズムのようなものを持っていらっしゃる方だと僕は思っていたのです。が、TV局を出てATGの『無常』をおやりになるという話を聞いて、意外な感じだったのです。ところが実際に作品を拝見してみますと、まさしくそのなかでも、〝日本人〟という問題をとらえていらっしゃるという受け取り方もできるのではないかと思うのですが——だから一見加藤さんの世界と実相寺さんの世界は、対立的な世界をとらえていらっしゃるようだけれど、そこには何か同じ〝日本人〟というのを、それぞれの形でとらえているのだと言えるのではないか——、そういう観点から、おふたりは映画を通して、〝日本〟あるいは〝日本人〟というものを、探っていらっしゃるのではないかと思うのですがね——。

加藤　いや、僕は恥ずかしい話ですけれど、何というか、みなさんにあとで、そやないか。こやないか。とまとめてもろうて、ハッとするほうでしてね。（笑）俺、そんなことやっとたのかいな。というようなことで、びっくりしてしまう……。それはひどく、つまらんことをやっているときもあるし、わりとええことやっとるんだなァというときもあるし……。自分であとで頭をかくときなど、いろいろありますけれど。けれど、僕はわりと片寄った男でしてねェ。自分の知っとることをやらないと、余り自信もってやれしまへんのでねェ。日本人として日本のことしか……余りようわからへんのや……。だけどそのなかで、わりと好きになれる。惚れこめる。打ちこめる。というようなものを、ダーッとやってしまいますねェ……。そんなことやないかと思うとるンですけれど。

司会　実相寺さん、加藤さんの作品はいくらか……。

実相寺　ええ、『丹下左膳』とか『真田風雲録』とか、最近のはちょっと見ていないのですが。

加藤　実相寺さんはTBSで『七人の刑事』やらなかったですか、名前みた覚えがあるのですが。

実相寺　あれはやらなかったんです。あの時分は僕は京都で『風』という時代劇をやっていました。その時に、加藤さんに一本お書き願ったのではないですか。

加藤　書きましたよ、書いてね、それで、没になってねェ、返されたことがあります。

実相寺　鳥居甲斐かなんかのものでしたね。確か文化文政の、それを見せてもらいまして、鳥居甲斐に僕も興味を持ったものですから、やろうかなと思いましたら、四本だけやって東京へ帰ってきてしまったものですから。

加藤　いや……実相寺さんとそういう因縁があるとは……（笑）

何が日本的か

司会　『風』というのは、栗塚旭のものですか。

実相寺　そうです。

加藤　ひどく尖鋭な画面をこしらえている演出家がおりましてね、ＴＢＳに。『風』ですね。実相寺昭雄という……。

実相寺　今度撮った映画は、非常に尖鋭的ではないと思うのですよ。（笑）逆に、非常に古典的なのじゃないかという気がするのですよ。……テレビというのは映画に比べて近代的ですよね。つまり一つの組織体が作っているみたいなところがありますね……。そういうなかで、やはり日本のほうへ戻ってくるという過程があるのじゃないかと思うのですね、司会者のいうモダニズムとも関係あるんだけど……。

加藤　それはどういうことですか。

実相寺　やはり、大学とかいろいろなところで、ごちゃごちゃ西洋的な教養を身に付けていますよね。そういうのが、段々年をとると共に、ふり落したくなるみたいなことがあるんじゃないでしょうかねェ。

加藤　ああそうですか。あとからあとから若い人が入ってきますしねェ。

実相寺　ええ、その人たちは、もっとこう……僕らはちょうど中途半端な年頃じゃないかという気がするのですがね……。あとの人は、日本なんかということは考えないで、もっと国際的にものを考えているのかもしれませんですけれどねェ。

加藤　実相寺さん、中途半端とおっしゃるけれど、お幾つですか。

実相寺　もう、三十三です。

加藤　僕は、完全に大正ですからね。……ですから僕は、ひどく大正的でモダンだったらしいのですけれど……。今やモダンにはあんまり関係ないみたいに見えるけど……（笑）

実相寺　大正がモダンであり、昭和の初期ですか、モボとかモガは……日本では明治維新の昔から、いやもっと前から、外国へはあこがれていたということ……そういうくり返しみたいなものがあるのですかねェ。

加藤　ええ……どんどんどんどん、変わって行く……。だけど変な言い方やけど、僕らの撮りますようなね、あの手の映画がねェ。……ある程度人が見てくれて、それで、ある程度の共感を持ってくれはりますなァ。それが僕らよりも、ずっと下の世代のかたたちがねェ。……ええ、どういうことなのでしょうな、これは。

実相寺　僕は『無常』をつくるときに、映画と自分というものをですね、遠い関係ではなくて、近いところで作ろうとしたのですけれど。だから、映画の主人公は、つまり僕自身のことをそのままにしているみたいな、そういう形で考えたわけです。作品の中に、自分の臭いがたちこめているみたいな。

司会　駄洒落みたいないい方だけど『無常』で、田村が髭をのばしているのはそのあらわれですか。

実相寺　まあ、無意識だけどあったかもしれないですね。（笑）……はっきり言って、三十を越してですねェ、今の二十とか十七、八才の人間のことを心底から分ったポーズでものを作ることはできないという気がするのですよ。

加藤　賛成ですね、分りゃしまへんでしょ。

実相寺　ええ、分らないです。だからそこで、はっきり終止符をうってですね、分らないから僕なりの、自分に忠実なものだけを作る姿勢。それが逆に、若い世代に受けるのじゃないかという気がするのですよ。加藤さんの場合にも、そういう受け方というか、そういうものがあるのじゃないかという気がしますね。

加藤　実相寺さんは、実にうまいことを言うてくれはるのやけれど、……それがねェ、正直言うて、僕が映画こしらえてですな、人に見てもらわんとあかん。見てくれはるのは今の人達ですなァ、今の人が見てくれはって、それで何かある、感じてもらえる、賛成してもらえる、ええ。何かそういうことがなかったら、あきまへんなァ。そやさかい……まずとっかかりとしてわからんならんわなァ。よう分るように勉強せんといかん……。そんなこと言うたかて、泡食って勉強したかてね、……わかるものではありまへんしなァ。

実相寺　何が受けるかというものは、そう簡単に分るものではないですしねェ。

加藤　おまえ、わからへんわからへんと言って、勉強せんやないか、いやそんなことありまへん、一生懸命やりますけどな、だけどな、だけど正直言って、そんなもの、そのわかり切るようなもんではないような気が、僕はしますねェ。特に自分の娘を見ていますとね、こうパッパッと毎日毎日驚くばかりでねェ。しかも何かやれるだけは、いったん入った道ですからやって行きたいし。もう、……何か、自分をさらけだすというかなァ、ほんとに自分に分っていること、自分が惚れてみること。

実相寺　あるいは自分のしたいと思うことに、非常に忠実にですね。

加藤　パッとそっちへね。何か、それで、変に居直ったようなことを時々口にすべらせて、頭をかいているのですけれど。もし、それがダメになった時。そういうところから出発しないとダメなんじゃないかと、そう思っているんですけれどね。ええ。

実相寺　長編の映画を初めて作ったのは、自分自身のいる場所に居直って、居直って作ってみるということから、始めたみたいなことがあるんですけれど。それがつまり、日本、あるいは日本人みたいなことと、結びついているところではないかという気がするのですけれど。

司会　それは実相寺さんがＴＢＳにいて、テレビという企業に対しての絶望からですか。

実相寺　いや、そういうことではなくて、僕の成りたちじゃないかと思うのですよ。僕は外地でずっと暮していたので何か自分のなかの日本的なものを自分自身で確かめてみたい気持ちになってきたということだと思います。

司会　それがテレビのなかでは確め得なかった……。

実相寺　確かめ得ないといえば、テレビのなかでは、僕は確かめ得なかったといえます。いわゆる一般に流布されているような概念的な、アヴァン・ギャルドとかいう他人さまのものを借りてたところがあったのじゃないかとね。……だから、逆に状況とかある社会とか、現実のほうに自分自身が引きずられていってしまってた。そこからは何も出てこなかったということが多かったという気がしますね。……何が日本かなんていわれたって、答えなんか何もないですよねェ。（笑）例えば、仏教ひとつ取りあげてみても、論理的にね、あれは、はるばるインドから渡ってきたものじゃないかとオリジンを問い詰めれば、日本的ということは曖昧なわけですよね。つまり、何が日本に、どこで土着して、どこで僕らの胎内に生理的に、くいこんでいるかをもっと遠慮せずにさらけ出したいという気がするのですね。

文明化への怒り

加藤　実相寺さんは、子供さんはおありになりますか。僕は娘がひとりいるのですけれど。

実相寺　ええ、僕も娘がひとり。

加藤　それがねェ。何んというかなァ、今日の主題みたいなねェ。大変なことではないんですけれどねェ。それでもいろいろなことを娘に伝えたい、日常的には食うものですよなァ、そうすると困っちゃうんですよね。ええ。味噌汁はまあ出来てもね、本当の味噌汁の味というやつ、ええ。たいていビニールに入っただしと、化学調味料みたいなものですね、ええ、僕たちは鰹のだしをこうかいてね、味噌をこうすりばちでこすりましてなァ、そして、そこに入れる身ですよなァ。いまは水耕栽培というのですか……、それから温室の栽培ですか、ひどく水っぽい野菜が入る。そして夏のものが冬に出てきたり、冬のものが夏でてきたり、そんなものですよね。魚ひとつ、お惣菜ひとつ、お漬物ひとつにしても、そんなものどんどん変わっていくもんなんですなァ。変わっていって良くなればいいけど、良くなりませんねェ。ひどくいいものを僕ら知っている、それを伝えたいと思う。やはり口から入ってくるものは確かですからなァ、ええ。伝えられん。新年にいろいろなことをやってきた。二月の初午にこんなことをやった。三月の雛祭にこんなことやった。こんな時に街はこうであった。僕たちはこんなことをした。こんなことも全部伝えられない。ずいぶん世のなか変わってきてますね。ひどく残念に思っているのですよ。……、ええ。そういうのを映画で、こういうのはこうだぞというのをこしらえてみたらどうですかねェ。

実相寺　それはちがうぞ！　なんて、逆に信用されなかったりしてねェ。（笑）だから、文明が進歩進歩という方向にズッーと動いてその進歩が、本当に僕ら日本人にとってはたして、人間的に進歩であったのかどうかということをもう一回考え直したいというか、反省したいという時期に来ているのではないかという気がするのですがね。だから、加藤さんのおっしゃったことと同一になるかどうかわかりませんけれど、例えば、どこへ行ってもこの頃はクーラーがありますね。そうすると季節感みたいなことは失うわけですね。ところが季節感を失ったことが人間にとって、はたして良いことだったのか悪いことだったのかということは不問にされているわけですね。そういったものは、僕はちょっと、ちょっとと言うか、かなり反対でして、例えば寒いから火鉢にあたるみたいなそういう感覚が石油ストーブに変わったから進歩だということは捨てたいという気がするのです。そういうものは。それから例えば、障子がありますね。今、ビニールで張ってある。僕らガキの頃は障子張りをよく手伝わされた。そういうものがアルミサッシに変わったから進歩だというようなね、そういう文明的な立場は捨てたいような気がするのですね。人間にとって、あるいは日本人にとって感情豊かにしてゆくものは何んなのかそういう立場で映画を作りたいという気がするのですけれどね。

加藤　賛成ですね。すごく賛成なんですよ、ええ。僕なんかはたいしたことできませんけれどねェ。でも、何かちょっぴりそんなこともしておけたら、ええ。確かに僕はいま京都から出て来たんですよ、三時間ですよね、素晴しいですよねェ。……そやけどいやなんですよ、駅弁が買えないしねェ。(笑)

実相寺　何か捨ててるわけですねェ、非常に高価な代償を。東京と京都が五分になるかもしれないですね。文明が進歩すれば。でも五分であることがはたして必要なのかということなのです。五分間にしたことによって捨てるものがもっと大きいのじゃないかという気がするのです。だからそういういわゆるＳＦ的な人が描く未来というものは信じ難いということがあるのです、僕は。……旅へ出て、一つの風景を見る、あるいは自然に触れるという機会というのが、最近、レジャー・ブームで、いろんな施設が発達して、ありますけれど。みんなはたして個人個人が自分で風景を見ているのだろうかということは非常に疑わしく思えるのです。

司会　そうですねェ。そういう風景とかそういう土着的なものが観光化しちゃって、本当に自分の目で見ていないということはありますね。

実相寺　ええ、ひとつの山なら、山を見てもね、それがあらかじめ絵ハガキとガイドできめられた、風景であってね。風景を見ること自体も一つの文明のコースに乗せられている。ただそこに行って、そこの風景を写真に撮ってくるみたいなこんなことは、人間にとって馬鹿馬鹿しいことではないかと思うのですよ。

加藤　それに関連して云えばね。伊藤大輔先生がね、ロケハンに出る。それは文明の利器ですから、自動車に乗って行かれますけれどね。そやけど、足ごしらえを厳重にいたしましてなあ、それでカバンぶら下げて、それでロケハンとは歩くことであるとおっしゃってな、とことこ歩くのですよね。でないと、いい所が見つからないのですよ。しかもね、僕らの経験で言うと、歩っただけでも、まだ見つかりませんね、ここやなと思ってロケーションしますね、で、ロケーションして初めて見つかりますね、ロケーションしながら、しょこしょこしょこしょこ、こんな小さな道へ入って行くんですなァ、そうしますと初めてねェ、いいのが見つかりますな。

インターナショナルと故郷

加藤　変ないい方ですけれどね。実相寺さんご自分で映画をおつくりになりましてね感心してるのですよ。かなりのエネルギーが必要ですよねェ。大島渚、吉田喜重そして新藤（兼人）さんですか、ご自分で映画をつくっていますねェ。感心しちゃうのですよ。大変なことでしょうね。

実相寺　まあその辺は自分で実感しているから、楽天的なんじゃないですかねェ。

司会　でも、加藤さんの場合、逆に企業の中におられて、やはり自分が実際手ざわりで感じられないものはできないと、自分の立場を守っていらっしゃる。どうしても企業のなかで外にいらっしゃる方よりも、また別の意味の屈折みたいなものがおありになるのじゃないですか。

加藤　はァ、よくそういう同情されますけれどね。（笑）僕は今の実相寺さんの言い方ではないですけれど、これができへんさかいこれをやっているだけでね。それで、何かこう見ていると、ほんまにゼニ集めんならんし、こうこうして、いろいろな方面こうあるでしょうね。（笑）変な言い方ですいませんが。ほんま、大変やろうと思いますねェ。

司会　加藤さんの作品なんかね、割と学生層の支持があると聞いていますし、僕も事実小屋で、そんな風景を見たことがあるのですけれど、それを加藤さんご自身でどうとらえていますか。

加藤　大変有難いことやと思っています。

司会　実相寺さんはその点を、第三者としてお感じになることはありますか。

実相寺　そういう分析をすると非常に第三者的な見方になってしまいますけれど。やはり作家がある一点を信じて作っているものは歓迎されるのではないかと思いますがね。世代を越えて。……それは雑誌やなにかで、加藤さんの作品の評論が出ていますね。そういうところでかなり言いつくされているのではないかと思いますねェ。それでも群盲象を撫でるところがあるのじゃないかという気がしますね。だからやはり作る側としては自分が信じているものを出して行く、あるいは、なにゆえに自分がそれを信じられないかみたいなものをパッと出す。……加藤さんは京都のお生れですか。

加藤　いや違うのですよ。京都に一番長く住んでいますけれどね。生まれたのは神戸ですね、ええ。少年時代を過したのは名古屋ですしね。それで大きくなってから京都です。いろいろあっちこっち渡り歩いたのですよ。実相寺さんはどちらですか。

実相寺　僕は満洲というか、中国です。引き揚げ者なのです。

加藤　私は新京というところに一年程いたことがあります。満洲で映画を撮っていましてェ。八木保太郎さんとか、内田吐夢さんが一緒でねェ。

司会　実相寺さんは引き揚げ者だとおっしゃいましたが、これは文学のほうでね。五木寛之も引き揚げ者、そして生島治郎もそうですが、彼《か》の世代はみんな引き揚げ者で、戦後、外から日本へ帰ってきた。そこで日本に対する見方が大変インターナショナルな見方で見ているという説がありますわね。で、実相寺さんも作家としてうなずけるところがありますか。

実相寺　うむ、それは僕なんかが育った家も張家口というところなんですがね。そこはほとんど何もないところなんです。砂漠と万里の長城がある不毛の地でしてね。そういうところで育って、おっしゃったみたいな、インターナショナルみたいなことではなくて、僕らの場合は逆に引き揚げ者ゆえにナショナルなものに渇望しているみたいなことがあるのじゃないかという気がしますけれどねェ。元をたどればうちの故郷は九州の大分ですけれどね。僕自身の世代として故郷はないわけですよね。今そこに帰るということは……。だから逆に自分の立っている故郷欲しさに日本の中をさまよい歩くみたいなところがあるんじゃないか。それは逆に引き揚げ者だからインターナショナルだということと正反対になっているという気がするのですけれどね。うちのオヤジは京都です。僕は、ほとんど京都で撮っているのですよ。京都には故郷のない奴が引き戻されるみたいなところがあるのじゃないかという気がしますね。ただ京都というのは司馬遼太郎さんがおっしゃっているように、京都に住んでいる人間というのはよそ者に対して心を開かない。僕もかなり京都に行っていながら京都の人に対するコンプレックスを強く感じてますね。……だから逆に東京に住む。僕は川崎に住んでいますけれど、川崎に住んでいる故に同じ日本の中で関西あるいは京都に対するコンプレックスみたいなものは僕にはありますね。だからそういうものが、映画を作る一つの動機になっていると言えば言えると思うのですよね。

司会　加藤さんはご自分では故郷をどこだと思ってらっしゃるのですか。

加藤　そ、それを聞かれるとハッとなるんですがね。あのう……ひどく名古屋に引かれるところがありますしね。……神戸にも行ってみたくなる。そやけど神戸はなかなかありませんやなァ。汽車の窓から見た景色がパッーとした景色が、ああ神戸やなァと思いますけれどね。東京もちょっと住んでみたけど、東京もどこ行ったって東京だし、この間幻燈社へいったら、そこが路地裏でね、ああ土があった。土がね。（笑）……やはり京都でしょうね。住んでますからねェ、ええ、いやにならず、でもとっても腹が立っているのです。

ハイド横行を怒る

加藤　京都の地元の人はどうかわかりませんけれどね、他から来ている人も一緒になって、よってたかって京都をメチャクチャにしていますからねェ、今。そんなことしたらアカンということが分っていることをね。大抵そんな時のキャッチフレーズが、そんなことを言うてるのはもう時代遅れやとかね、もうそういう時代ではないとかね。何か開発といいますかね、近代化といいますか、それから便利といいますね。そういうものでどんどんメチャクチャにしていますね。この間も、京都の芸術家保険組合というものがありましてね。正月に投書してコソコソ書きましたがね。去年の十一月にですね、京都の市議会で市電撤去案というのをバッーときめちゃいましてね。市電を撤去してバスに代替するというのですよ。何ということを決めるのだとね。で、その原因はすでに過密になって市電が走れないから、用を足さないというのですよね。何で走れなくなったかというと、自動車が走るから走れん、ということなのですよね。だからレールの上に自動車を走らせなければ通れますよな。そういう理屈にならんこと言うてね、撤去する。バスに代替して自動車がブー入ってきよったら、盆地ですからね、ガソリンの排気ガスで一ぱいになってしまいますよね。そうすると、建物がまずメチャクチャになりますわな、建物のなかのものも。そして人がメチャクチャになりますがな。それは現象的なことですけれど。それより人間の精神というものがメチャクチャにされますね。いつも自動車を運転している人をそばで見ているのですけれどね。人が変りますね。運転している時、人間は。普段と全然別な人間になりますね。ジキルとハイドではなくて、ハイドばっかり走っているのですよね。そしてメチャクチャにしているのですね。僕はもう五年越しにそれを言っとるのですよ。誰も耳を傾けてくれへん、ええ。祇園《ぎおん》の宮司《ぐうじ》さんだけが、うんうんといってくれましたよ。あとは大抵、冷やかな笑みを浮べて、なんとバカなこと言うとるのや、この男はと（笑）……。

実相寺　たしかに便利さが精神をメチャクチャにする。東京なんかはメチャクチャになり過ぎていますよ。だから京都は、まだメチャクチャになって行く過程が眼に見えるでしょう。だからメチャクチャにしたくないという欲求もあるしね、歯止めを作りたいみたいなものがあるでしょう。……僕は自分で車を運転しますがねェ。ハイドの方なのですけれど（笑）、京都へ自分の車を持って行っても、東京に比べて車の流れはずっと穏やかですね。……木の生活からコンクリートの生活になっても人間の精神は変わりますからね。そういう意味では、人というのは便利さというものを獲得した時に、精神的に失っていく、そういうものをね。確かめてからね、はたしてそれはいいのであるかということを考えた方がいいのではないですかね。……今のコンクリートの団地に住んでいて、それがひどく荒廃してスラムになる時が必ず来るだろうと思いますね。その時点が十年先か二十年先かわかりませんがね、そういう時になって、完全に僕らの心まで、腐ったコンクリートと同様に腐ってくるんじゃないかという気がしますね。今のままで行くと。……だからそいつを引きずっている奴は憎いですね。今の形での近代化とか、文明化がね……。

体質を色濃くぶつける

司会　実相寺さんの『無常』を拝見してね。加藤さんの場合は、あくまで実感を手がかりとしてドラマをお作りになる。実相寺さんの場合は、観念から入って行くような感じがする。つまり、まず観念があって、日本人の無常感というものを探って行く。例えば、あの中の石畳とか石仏とか、ある意味の日本的な風物が出てきて、そういうものの造型感覚みたいなものが、観念が観念としてうわつかないで具体的に定義されている。しかし受けとる時は観念から出発して、ああいう造型感覚で処理したという感じがあったのですが。

実相寺　僕自身は観念から、つまり、観念の一種の具象化みたいなことでね。ああいう風景みたいなものが、ああいうイメージで出てきたとは思っていないのですけれどね。どっちかというと自分の生理的なものですね。あるいは心情的なものですね。映画を作って行く過程でね、イメージの出し方がまだまだ観念が先に立ってしまうみたいな欠陥が僕自身の中にあるんじゃないかという気はしてますがね。あの映画ではそれが混乱したまま出ているのではないかという気がしてますね。だから逆に自分自身が混乱しているならば、それをそのまま出してしまえみたいな……。非常に長いと言われたんですがね、全体が、二時間半近かったですからね。その長さの中でなにか一つはっきりしたこれだという、まとめかたより、いろいろな観念とか心情がまとまらずに、俺は右往左往しているんだみたいなことをそのまま出してみてやろうという気があったからですかね。

加藤　確かに長いですなァ。半ば後、非常に退屈しましたね。僕はね、それを決して悪い意味で言っているのではないですよ。そういうことありますよね。全然関係ないかもしれないけれど、伊藤大輔先生の助監督をしてました時にね、「なんでこんなものをゴテゴテ撮ってはりますねん」といったら「これがいるのや」と言わはったことをいまだに覚えていますけれど。何かありますよね。そんなことをしとると、お金出してくれてる人が「お前、何しとんねん。えらいもったいない」と言って怒られるとかね。でもありますよね。どうしても撮らなあならんものが……。

実相寺　ええ、テレビなんか作っていると、時間が三十分と言ったって二十三分、一時間と言ったって四十七分、つまり見る側に便利なように、なるべく退屈しないように作るわけです。その為だけに作るみたいなものがある。しかし、僕はね、お客さんが、退屈する瞬間と言うかな、お客さんは見る場合は辛抱しなきゃならない時もあるのじゃないかという気がするのです。

加藤　辛抱させられたらたまりまへんがなァ。そやけどもね。見終わった時にうまいこと退屈させやがったなァ（笑）というね。

実相寺　それはあのう、一寸違うかもしれないけど、京都へ行った時、松田定次さんがね、映画というのは退屈させせといて、その後パッと見せ場のあるシーンを入れるんだとおっしゃっていましたがね。……それはねェ、僕は感覚的にわかるような気がするのですよね。だから見せるために先を急ぎすぎるというかな、あの二人くっつくなら早くくっつけちゃえみたいな作劇術に捉われすぎているのではないかという気がして仕方がない。……だから僕らが持っている、日本人のリズムとか、そういうものはもっと自分に忠実に作るべきだ、例えば外国人が見たら飽きるみたいなことは気にしないで作っていいのではないかと思ってるんですがね、（笑）そういう体質みたいなものがごちゃまぜになってね、作りたいという気はしますね。色濃くね。

加藤　退屈するのと、しないのと、どちらがいいのかというたら、そりゃ、退屈しない方がいい。そやけどね……ええ。実相寺さんの気持ちもようわかります。

〝家〟のもつエロチシズム

加藤　あの村ですが、シナリオにあったあの名前の村ですか。

実相寺　いや、あれは五箇荘（※実相寺註1）です。

加藤　五箇荘ですねェ。昔よおロケーションに行ったところですわ。ああと思っていましたけれど。

実相寺　ええ、十何年ぶりだといっていました。

加藤　そうでしょうね。最近、時代劇やりませんし、なかなかあっちの方へ出かけなくなって……ひどくなつかしかったなァ、見ていて。実相寺さん、あそこはひどく好《す》いていますねェ。

実相寺　好きですねェ、あそこは……。

加藤　ええ……（笑）

実相寺　非常に好きですねェ。……滋賀県のあの辺の風光というのは非常に好きですねェ。

加藤　滋賀県というのはいいですねェ。僕はまたあっちの方が好きなんだ。今津の方ね。あの辺は盛んに行ったものなんですがね。

実相寺　あそこに出てくる家ありますね。あの家の質も好きですねェ。

加藤　日本人のね、家庭の中に入って行くとね。僕は京都の中京のね、ある米問屋にね。今は無くなってますがね、京都株式取引所のシマに店を持ってたのですがね、そこの株屋の丁稚を一年やっとったことがあるのです。うなぎの寝床のような裏通りに出るくらいのところに離れがあるのですなァ。そこへ娘とそこに来た婿が住んでいるのですなァ。……とこれはもう奉公人同様に使われていますなァ。そんなのと一緒になったので娘さんの方も奉公人とおかみさんの中間ぐらいの所で働いてますね。……これがひどくエロチックですね。はたから見ていて。夫婦がいるのですなァ。で、これは若いかみさんなんです。……二階に夫婦がいますなァ。で、二階の夫婦のかみさんと下の亭主とは昔夫婦だったのですよ。それで、今の別の方と一緒に二階に住んでいるのですなァ。で、元亭主は若い女房を持ったのですよ。……奇妙と言うより、見ているとこれもひどくエロチックですなァ。そういう何かエロチシズムというかなァ。日本の家庭のね。ああいうものは映画になかなか出てこないなァ。

実相寺　そいつだけはやはり、観念だけでは絶対出ないですからね。

加藤　僕は西鶴の小説とか近松の浄瑠璃ですか。ふっと出てきますねェ。そういうエロチシズムが……すでに今はなくなってしまったかもしれませんけど、でも僕は見たもんなァ、それを。

実相寺　僕は、これは無くなっているのではなくて、僕らがそういう場所と違う所に生きているだけじゃないかという気がしますね。なくなったということじゃないのじゃないかなァ。例えば、『無常』で借りた家ですがね。映画も若い下男がでますけれど、あの家に五〇年も仕えてた下男というのは、僕らが撮影で座敷に上っていると、土間から見ているわけですね。彼は座敷の方に上ったことがないというのですねェ。土間から見ているだけでそれはもう、頑として上りませんね。そういう世界は僕らの現在の生活からはとうてい信じ難いですね。それは何々的みたいな言葉で消えてしまうようなものよりもっと強いものがあると思うのですよね。つまり人間の一つの姿としてね。そういったものは僕らが知らないだけだと思うのですよね。つまり日本にはそういう、どれが日本的ということができない、僕らが知らずに生きづいている部分がね。いっぱいあるだろうし。

加藤　いい悪いは別ですよ。

実相寺　ええ、とにかく生きづいている、そいつはやはり、さっき司会者がおっしゃった観念ではなくてね、もっと自分の体質にぴたっとくる部分で出したいと思うのですがね。だから、いい悪いと言うことではなく、価値の問題ではなくてね。

加藤　何かそういう状況が、今、仮にあったとすると、すぐにピストルが飛んでいったり、パッーと行っちゃうかもしれないけど（笑）、そんなねェ、ひどく僕が見た記憶に残っていることはしぶとくてね。確かなのかな……それこそアメリカが束になってかかってきてもね、なかなか消えてなくならないようなね。……小説なんかをよく読めば、あるかもしれませんね。そういうものを表現したものは、映画にはないな。

司会　ないということは、つまり画《え》にしにくいということですか。

加藤　いや、しなかった方だろうな。

実相寺　日本人の家族とか家のある重さみたいなものね。画に出ていないですよね。例えば東京で暮しているると嫁と姑みたいなものはね、表面的には忘れられていますよね。しかし厳として人間の生き方のなかにはありますよね……。

加藤　実相寺さんの『無常』を見ていましてね。そんなものがチラッとあったなァ。変ないい方かもしれんが、この辺からグッーと突き上ってくるような、非常に実感的なものがありましたね。

新解釈は信用しない

司会　加藤さんのお作りになりましたヤクザ映画ですね。ヤクザ映画という言葉は単なる……。

加藤　いや、いいのですよヤクザ映画で、好きだからやっていますので……。

司会　と、現代ものと分けますね。そのなかではお作りになる時には、そういう区別はありませんか。

加藤　別にありませんね。本当に無いですよ。そんなできしまへんも、そやさかい現代劇なんか僕は撮れると思わなかったのですよ、とても恐くてね。人間っておかしなもんでね。僕は時代劇が好きなのですよね、チャンバラばっかり見とったから。おもろいですからね。あんな仕事をしたいと思っていたらそしたらできるようになっちゃった。で、チョンマゲつけている奴とばっかり付き合っていますとね、こいつらが一番良く分っとるという錯覚に陥ち入りますよね。ちっとも分っているはずはないのですけれどね。こいつら朝飯何を食っとったんや、箸どんなもん使っとったんや、晩飯どんなもん食っとったんや、飯の色はどんな色でね、それで便所の紙どんなもの使っとったんや……そんなことまでわかりゃしまへんもんね、ええ。だから、分るはずないのだけれど、分ったような錯覚に陥ち入りますね。で、今、己れの住んでいるところは現代ですよね。それがね。改めて考えてみたことがないのですけれど、恐くてね、とてもできへんわと思っていましたけれどね。時代劇がダメになっちゃったでしょ。飯を食へんしなァ、しゃないと思ってぶっかってみたら、撮れますなァ、あれ。（笑）……やはりいけますねェ。妙なこと考えなかったら。……そやけど、何と言うかなァ。僕は大正の人間でしょ。明治っていうヤツ、ひどくいいですね。道も広かったような記憶がありますねェ。これは錯覚ですよ。小さかったからですね、ええ。小さい時の道は広いですね。僕は名古屋で少年時代に暮した所がなつかしくて、一ぺん行ったことがあるけれど、えらい狭いところだなァと思ったのですよ。だから僕の記憶ではとても広い道だった。空も広かったし。なつかしいというのは、一種のあこがれみたいなものですからね。そういう感情を持ちますね。ですから明治の人間達、ヤクザものですなァ。割と素直にできましたなァ。それは伊藤博文や大久保利通や、そこらの人達はわからんですけれど、その当時の東京の街に住んでいたおとっちゃんや、おっかちゃんや青年や娘や。それは分らないけど分るような気がするというとおかしいけれど、何か違わないぞと思うのですけれど。それじゃなきゃとても出来ないです。

司会　それと長谷川伸のものですね。あれをあえて原作に従って、いわば新解釈というのをなさっていませんね。長谷川伸の世界をそのまま描いても、今のお客さんにちゃんとつながってくるものがあるのだというような何かがあるのですか。

加藤　僕は余り新解釈というのは信用しないのですよ。そんなこと言うとどっからかまたドカーンとなぐられそうだけど（笑）、そやけど何か信用できない……僕が新解釈することはどんなことなのやと、僕がやるということを置いて新解釈はないやろと思うのですがねェ。僕が長谷川伸という大先輩ですよね、頭も良かったろうし、それから芸術的な眼も確かで感受性も確かな、とても及びのつかないような方の残してくれた遺産ととっくもうというのでしょ。まともにガップリととっくむ以外ないでしょうが、これは。まァ僕はそう思いますね。

手ざわりの確かさ

実相寺　テレビはおやりになったことはあるのですか（実相寺註2）。

加藤　あのう『剣』というものがありましたね。それで野上竜雄さんが書いたシナリオをやりましたが、失格ですわ。一本で。（笑）これは実相寺さんならおわかりと思うのだけど。製作時間を十日間もらいましてね、そしたら十日間でできへん……十五日間かかってしもうて（笑）、だってかかっちゃうのですよね。でも僕はプロのつもりですからね、目算は立てたのですよ。それで東京に出てきてやったのですけれど、できないですね、その時は。今はできるようになったかもしれないですけれど……。それはね、こう芝のほうと本所のほうが舞台でね、そこに住んでいた、そして生きていた人間なのだぞとね。長屋のね、ひとりひとりね。こんなブラウン管の画だけれども。そう書いてあるのですからね。僕は演出しなきゃなりません。僕もできるだけは画にしなくてはなりませんしね。ええ。十日間でできると思ったけどダメでした。悪戦苦闘の十五日間でした。それ以後シナリオだけ書かしてもらっています。（笑）

司会　実相寺さんがテレビから映画をおやりになってとまどいはなかったのですか。

実相寺　別になかったですね。僕はテレビのスタジオドラマをやっていたのは三十八年頃ですか。その後テレビ映画の方に出されましてね。それで映画をやることによって、いろいろなスタッフと付合ったりしたことで、多少、自分もきたえられたということでしょうね。そんな違和感はなかったですね。

加藤　今、どうなのでしょうね。テレビをやっていた方たちが映画をやる。映画をやっている連中がテレビをやる。余りとまどいはないのやろと違いまっか。映画とテレビの違いというのが、色々と取沙汰されたり論じられたり、それから研究されたりありましたけれど、実際にブラウン管を見ていますと、この人達だとすぐ映画を撮れるような気がしますね。

実相寺　ええ、余り差がないみたいな気がしますね。テレビ映画と映画の場合は特に本質的な差はないですからね。製作上の過程は違いますけれどね。その辺のジャンルの違いはないという気がしますね。……とまどいがもしあるとしたら、それを構成するスタッフの違いみたいなものだけですね。

加藤　それですよね。例えば長屋の長火鉢にですなァ。茶碗がこう置いてあるとするとテレビでやっている方の仕事ぶりを拝見しますと、どうしてこんな茶碗がこんな長屋にあるんやと。すると皆さんこれでやってはりますと。皆さんやっとっても違うのだと、これをやめて違うものを持って来なさいと、すると十五日間かかちゃう（笑）。

司会　加藤さんにしても、実相寺さんにしても、おふたりがご自分の実感でね。信じられる世界とか、人間を撮ったり表現した結果が日本人であると、そういうことになりますね。初めから日本人を探って表現するのだという意図から出発するのではなくて、自分が分っている世界を描くことが結果として、日本人を描いているのだという結論になりますかね。

実相寺　結果としてということよりもね、どうやっても日本と日本人しか描くことができない、と同時にそれを描くことしか興味がないと言えるのではないですかね。だから最初から日本人の根源を探るという大上段にかまえるのではなくてね、そこに興味があるという気がするのですよ。

加藤　何か仕事として、そういうことを最初からちゃんとお考えなって、そういうことを大上段に振りかぶるのですか。そういう仕事もあり、そういう仕事も立派だと思います。だから、大変申し訳ないのですけれど、僕はそれができない、とても。それで結果としてまとめていただきましたけど……。

実相寺　まァそれはねェ、ものによっては最初から意識して作った方が、逆に頭の中、あるいはペーパー・プランの日本になることもあるし、そういうことを意識しないで、信じられたものを作った方が体質的にもっと日本人を表現できると思うし、それは作家の質と作品論へもどるし、ただしやはり、何か段々ゴッチャになってきますねェ。アメリカ的なものとか、そういうものに対しての興味は僕にはないですね。……むしろつまり、反発だけです。

司会　信じられるものというのが、今までのお話し聞いていると、手ざわりで感ずるとか肉体で感じて行くというようなものでこれからもおやりになるのですか。

実相寺　そうですね。僕なんかは加藤さんと成り立ちも違いますしね。手ざわりの確かさも加藤さんに比べて非常に薄いという気がするのですよね。だからどっちかというとおっしゃった観念の積みかさね。そいつが自分の手ざわりを確かめる方法と結びついてくるのではないかと思いますね。……まァ思うことは簡単ですけれどね。やはり論理ということは必要ですしね、だけど自分の肉体で手ざわりで確かめてみて自分のものにしたいですね。

司会　つまり、手ざわりか、フィーリングとかいうような……。

加藤　いや、手ざわりとか、フィーリングとかで分けられないものがあるでしょう。もやもやとしたものが……。そのもやもやの方が面白かったり……そんなものを探っていきたいですね。

『シナリオ』昭和46年4月号（実相寺33歳）

※実相寺註1　近江・五箇荘の、正確に申せば山本と川並。この場所は当時雑誌「建築文化」の特集記事で見つけた。最近、時計のＣＭで近江八幡に滞在した折、久し振りに旧いロケ地をたずねて見た。船板を利用した長塀が、ブロック積みに変っていたり、家が壊されて駐車場になっていたり、『無情』の時とは光も匂いも違っている。当り前の話だが。時計のＣＭを撮り乍ら、時々静止する術のない流転に立眩みを覚えた。

※実相寺註2　私はジャンルをとび越えて、いろいろなことをやって来たと思っていたけれど、それは本当か？　本来は、映画とテレビジョンは本質的に違う、と思っている。

テレビ映画というジャンルは一種の鵺《ぬえ》だろう。表現者がその違いを確かめる以前に、今やシステムが〝映像〟という括弧で括ってゆく。

ある時期、VTRからフィルムへ、という流れが合理化の嵐と共に訪れ、今やフィルムからVTRへという流れが起りつつある。表現上の美学など問題ではないのだ。現在、例えばVTRで記録番組を作る方が、フィルムよりも簡便で廉価だということはない。現在のVV、MAのシステムがフィルムよりも確実で、迅速ということもない。画質ということについて言えば、ドラマのオープン・ロケの場合、VTRの画質はむしろ不適当である。にも拘らず、表現者の選択によらず、事は運ばれてゆく。日本ではジャンルをとび越えることは、その時々のシステムに左右されていることの悲しい証しなのだという気がして来た。

最近、自分の記録番組の合間に、渋谷ヴィデオ・センターのVTR室で、ある局の外国ロケのヴィデオ・ラッシュを覗き見した。カチンコを入れ、カット毎に撮影し、映画と同様のNGを出し、やり直しをし……一体何の為にVTRロケをする必要があるのか。即物的に撮影中の画面を見ていられる安心感か、コンテを作らずに済む故か。しかし、フィルムの場合より、頭の中での空想作業が少ない。それだけに臨場感はある。それがドラマを駄目にしていることに気をつける必要がある。

現在のVTR志向は、電気メーカーとヴィデオテープ・メーカーのお先棒を担いでいる面が大きいだろう。勿論、この流れに棹をさすことなど信じられない。表現者は無力なものだ。

そう言えば、白黒のフィルムで映画を撮ることも日本では大変なことになってしまった。

千フィート巻きのフィルムは特注。下手すると現像所を探すのも一苦労になる。タイミングの技師もいなくなる。日本て国は、表現のジャンルをとび越さないよう、上手なシステムが作られているのだ。ものみな右へならえである。本来は、ジャンルをとび越えることは、反体制的なものである筈だ。危険な匂いにみち溢れていなければならない筈だ。

『闇への憧れ　所詮、死ぬまでの《ヒマツブシ》』昭和52年12月号（実相寺40歳）

アメリカが束になってかかって来ても

〝人生劇場〟讃

それは、錦絵のようなものであった。あざやかにも赤く血塗られた世界と、まぶしい程に奏でられる多彩な色の音楽といったもの。その濃密な色の彼岸に、ひどく淡いやさしい感情が切々と息づいているように思えたからである。そして、時折、京都の古本屋の片隅で思わず発見する忘れられた世界。無雑作に重ねられた錦絵の汚点に、遠い時間と幻を嗅ぎ取る感覚。手にとって、薄く積ったほこりを乱すこともはばかられるような夢。……自分のものとして買い取ることが、錦絵の死を意味するのではないか、と、ためらってしまう。あの一種なつかしさの正体を教えてくれるような匂い。……古本屋を飛び出して、それを外光と外気にさらした時、錦絵は消えてしまうのではないか、という恐れで、とどのつまり、そっと、元の棚へとおさめておく、といった体験。

加藤泰監督の『人生劇場』は、私にとって、そんな匂いのする映画であった。そして映画を観終った後、……人知れず、己れの胸のうちに、そのあざやかな色を彫り込もうと努める。他人と口を利くのもはばかられ、じっと眼を閉じて、走馬灯のような世界をくり返し心の中で再現してみようという気持に、私を導いていった。

……なつかしいということは、あこがれみたいなものですからね。……昨年の四月に雑誌「シナリオ」の対談で加藤監督にお会いした時、こう言われたことを思い出してしまう。私にとっては、なつかしさということで『人生劇場』を掌中にすることはできない。あの絢爛たる画面のどこかの隅に、なつかしさでひっかかれる人間は、むしろ私にとっては羨しい限りである。そのことが、今、ひどく残念なことなのだけれども、あの世界に繋がった記憶を持ち合せていない昭和生まれの悲しさなのである。何という不幸なめぐり合わせなのだろう。『人生劇場』へのあこがれをそっと映画館の闇の中に戻しておくということは。……そして、めくるめく車の洪水へと身を投げ出す時、私の身体を通っていった二時間四十分が風化しないように、それをとどめる術を見出そうと必死に努めるのは。……つまりは、私は未だ何も日本を知っちゃあいないし、何も見ていないということの証明に、うろたえてしまったのである。私の持っていた日本へのあこがれは、まるで形なしであった。

……僕はあまり新解釈というものを信用しないのですよ。……そうなのだ。それが正しいのだ。と、つくづく思った。この言葉も、前掲の対談の折に、私の伺った言葉である。今回の『人生劇場』は、余りにも堂々としていて、それに尽きるひとつの世界の提示。私には、その衒《てら》いのない真剣勝負のようなきれい味がとても嬉しかった。新解釈というものにつきものの、時代への媚態が全く感じられない。明治と昭和の谷間にあった大正の色と空気は、呆れるばかりの精緻な感触で迫ってくる。そして、映画は実に丹念な作業に終始していた。劇的想像力が歴史への記録にすらなってゆくのではないか。それがひとつの陶酔として、私には映画の原点を暗示していたのである。

　勿論、錦絵の世界を、肉眼と感触で知らないのと同様、加藤監督の描いた世界も大正の色も、あこがれの範疇ではない。むしろ、拒絶されることが解っていながら映画館の暗闇で瞳をこらして陶酔しようとする、あの他者としての感覚を抱きつづけたのである。飽く迄も、その位置で、ひたすら渇きを癒そうと努める。

こんな見る側の立場をはっきりと決定づけるような映画にめぐり逢ったことは、大いなる幸福であった。その幸福感の第一等の要因が『人生劇場』は新解釈でなかった、ということなのであろう。あの大正の感触も、あこがれではなく驚きに近かった。

……僕は完全に大正ですからね。……ですから僕はひどく大正的でモダンだったらしいのですけれど……今やモダンにはあんまり関係ないみたいに見えるけど……

この加藤監督の立場というものを、単純に垣間見て、どういう理解が出来るのであろうか、と次に私は彷徨した。大正の感触云々といった所で、それすらもひとつの自分勝手な錯覚ではないか、と。ただ単に、私が大正の空気に触れた気持ちでいるだけで、実際は触り方も知らないのではないか、とすら思えて来たのである。だから、余計、私はこの映画の細部にわたった解釈をしても意味がないし、又無用だとも思ってしまった。大陸育ちの原罪を背負った人間にとっては、故郷の空想に、戸口で節穴から内側の賑《にぎわ》いを覗こうと必死になっている己れを見出すことになる。加藤監督の知っている世界、知っている日本、知っている大正というものを、極端な引け目で指をくわえつつ眺めてしまうようになった。陶酔と錯覚は、そんな裏返しの醒め方をも私にもたらしたのである。……ということは……

大正のパトリオティズムを私は持ち合せていない、ということだ。そのことが決定的な差じゃないか、と思えたのである。だから私には加藤監督のように描くことが出来ないのである。パトリオティズムいうものの崩壊が、昭和生まれとしての私のイメエジなのである。ひとつの要請で作られた歴史的な段階での観念としてのナショナリズムは色濃く身に纏わりついているかも知れない。しかし、結局、その観念の残滓では、日本を語る事も、描くことも出来はしないのだ。そう思うこと自体が、そう試みようとすること自体が、昭和生れの、故郷喪失者の感覚なのではないか、と思った。人間の郷土感情をミヘルスという人が「鐘楼のパトリオティズム」と名づけている、ということを私は橋川文三氏の著書で嘗《かつ》て教えられたことがある。それを読んで、ああ何と私の持ち合わせていない感情の源泉よ……と、眼の前が眩む思いにとらわれたのであった。そして、はっとふり返って見れば『人生劇場』の世界は、どうしても浅草の十二階に象徴される大正のパトリオティズムなのだと思えて来たのである。そして、大正的なる人々の抱いている鐘楼は、早稲田大学の大隈講堂の時計台をも青春の薫りで満たすことが出来るであろう、とすら考えた。パトリオティズムとナショナリズムは全く別の代物であり、前者は狭い身のまわりの地域と結びついているとは言っても、そういった原始的愛情の芽生える土壌が、確かに大正という時代にはあったのだろう。その頃の日本にはあったのだろう、と、私は推論するしかない。何故なら、少くとも大陸育ちの私には、鐘楼の感覚というものがまるでなく、果てしのない平行線の感覚しかなかったからである。そして、おまけに根無し草ときている。辛うじてあるものはパトリオティズムからナショナリズムへという段階のない、一足飛びの観念としてのナショナリズムの残滓だけだからである。子規の目に映ずる天守閣、シャトーブリアンの言葉で言えば教会の塔、という具合に橋川文三氏の書いているパトリオティズムのやみ難い感情が、私には欠落している。そして『人生劇場』にはそれがあったのだ。むしろそれが基調であり、全体の歌なのだ、と思えた故に、素晴しいなアという羨望が先に立ってしまったのである。

加藤泰監督の描く、義理も人情も、男のうしろ姿も、それらのすべては自然にかたち作られ育まれて来たものなのであろう。それは日本及び日本人についてのやさしい記憶と感情であることが諄々と画面で説かれる。そこにはナショナリズムといった人工的な飛躍の一切が存在していない。任俠というものも、情緒というものもすべてはそのやさしさの記憶の具現にすぎない。私には、吉良常も、飛車角も、宮川も、すべてが、そのやさしさの人格化と受け取れたのであった。そして、彼等を見ているような竹脇無我の青成瓢吉は、また何と加藤泰監督の横顔に似ていたことだろう。ここまで考えた時、**……こんな時には街はこうであった。僕たちはこんなことをした。こんなことも全部伝えられない。**……という加藤監督の言葉が私の心に沁みてきた。それでもなお、監督の心の内側に、溢れるばかりのかたちにならないやさしさが詰っているのであろう。そしてなお言い尽せぬもどかしさに、監督は身ぶるいする想いなのであろう。

……魚ひとつ、お惣菜ひとつ、お漬物ひとつにしても、そんなものどんどん変って行くもんなんですなァ。変っていって良くなればいいけど、良くなりませんしねェ。ひどくいいものを僕ら知っている。それを伝えたいと思う。……

そしてついには、私には、この言葉が『人生劇場』そのものだと思えたのである。そして、日本を知らない空洞に、今、その言葉が甦ったのである。三島由紀夫は戦後右翼の喪失したものにナショナリズムがあると長嘆息したけれども、この言葉に見られる加藤泰監督の立場はそんなナショナリズムを問題にしていない。むしろ、ナショナリズムと対立している故に、人間のやさしさについての記憶につながっているのではないだろうか。左様、パトリオティズムからナショナリズムへという段階ではなくてその両者はしばしば相反するものなのである。大正のデモクラシィというものの実体を私は知らないけれども、それが脈々と息づいているならば、恐らくナショナリズムに対するパトリオティズムの論理が力強く高まっているからなのであろう。いや、そんなパトリオティズムの昂揚が、現在の加藤作品に流れている生命力かも知れない。自民党を新たに支えんとする任侠路線とは真向から対立する根は、この辺りにあるのではないだろうか。日本列島改造論が人工的なナショナリズムだとすればそれに激しく立向うものは「鐘楼のパトリオティズム」なのであろう。どうやら、私たちはナショナリズムの残滓を捨てて、日本を再見してゆく転回点に立たされているようだ。そのことを、最も新しく教えてくれた映画が、私にとっては『人生劇場』だということになりそうである。

私の師匠である真船禎監督が、〝呑むほどに、酔うほどに歌うものは〝人生劇場〟であった。♪やると思えば、何処までやるさ、……皮肉なことにこの歌は、殆んど風化してしまったパトリオティズムをつらぬこうとする映画監督の業を、その困難な道を歌っているように私には思えてくる。その歌を、鮮かに、決意を持って、加藤泰監督もまた高唱したのである。対談の折、私の胸につき刺った言葉をもうひとつ引用させて欲しい。結びのかわりに。

……ひどく僕が見た記憶に残っていることはしぶとくてね。……それこそアメリカが束になってかかって来てもね、なかなか消えてなくならないようなね。……

アメリカが束になってかかって来ても、……そうなのだ。やると思えば、何処までも、である。その見果てぬ夢故に、錦絵の世界は絢爛としている。今もなお、……片隅で。

♪やるだけやったら、肩叩きあい、お疲れさん、……という、見事に合理主義を象徴した歌がテレビジョンからは日夜流れている。しかし、映画監督には、その歌は無縁の世界なのだ。〝お疲れさん〟は決してない。何故ならば、そこには狂に到る道筋がないからだ。

『映画芸術』昭和47年10月号（実相寺35歳）

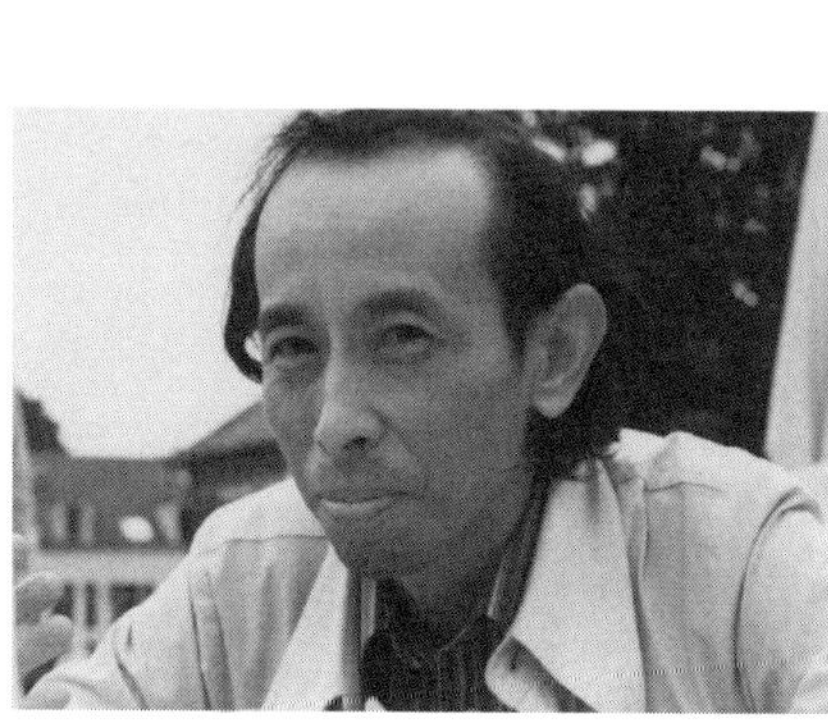

人と人との、はかり難い距離についての編年体的寓話

大岡さんに映画の脚本を書いて頂いてから三年余りの時が経った。

無理矢理にお願いした脚本だけに、大岡さんとしては、忘れたいと思われているかも知れない。或いは、脚本と出来上った映画を、厳密に区別して欲しいと思われているかも知れない。こんなことを私が書くのも当り前のことだ。何しろ、私は大岡さんの脚本を滅茶滅茶にしてしまったのだから。

けれども、私の監督生命にとって、決定的な脚本というのは『あさき夢みし』に尽きている。いつか、もう一度、あの脚本を映画にしたいと思っている。三年の時は流れたが、日日、その脚本を土台にして、私は別の映画を空想している。勿論、再び挑戦したところで、脚本に見合う演出の確証がある訳ではない。ただ、あの頃よりは多少物が見えているのじゃないか、と思うばかりだ。

＊

三年前。脚本の執筆を承諾して頂いた日、天気は晴だった。あれは確か御茶の水あたりのホテル。午後の斜光がロビイにさし込んでいて、春のあたたかな空気が一面に匂っていた。そんな日、珈琲は特にうまい。これは余計な話。……窓枠と樹々の輪郭が作る影は映画の将来を暗示しているように思えた。私のお目出度

い錯覚から、いつも映画は出発する。

が、……出来上った映画には、その日の幸福な予感はみち溢れなかった。曇天の、何処かに影を盗まれたような光の拡散が、結果として残ってしまった。

まア、結果のことは良しとしよう。私が天気のことを書くのは、ムシルを気取っている訳ではない。それが人との関係の上で、大切な感覚だからだ。それ以来、不思議と、大岡さんにお逢いする日は、晴のことが多かった。……勿論、雨の日もあったろう、折畳式傘の中途半端な長さを持て余しつつ、約束の場所に急いだこともあったかも知れない。しかし、今、私の記憶の中で、すべては晴の日になっている。出会いの時の気象状態は、ロケハンをする場所の気象状態と同じく、人間の印象を決定づける。

私にとって、最初から大岡さんは晴の人だった。ただ、晴の意味を全く誤解していたことが、後になって解った。

＊

脚本をお願いしようと思った頃、私は〝晴天の日の、つき抜ける虚空の彼方から蓮の花弁が散り、法悦の楽の音に身を任ねる感覚〟を映画化したいと思っていた。

その頃、私の中世への憧れには、失ってしまった不可視の空間への望み、幻視能力への期待、予知能力の回復、といった幸福な要素が多かった。晴の日、空を見上げる度、私の身体の何処かで、辛うじて残っている退化した機能の痕跡がうずいていた。

打合せの最初に、小説『金色の夢』を読ませて頂き、浅薄にも私は、ますますそんな思いをつのらせていた。彼岸の眩しさに身を浴びる日も近い、と錯覚していた。

昼の輝く晴間ばかりではない。中世の闇の受け止め方も表面的だった。……月の夜、波底に照る月の感覚、水鏡。水の中に燃える火の逆説。闇の映写幕に投射される闇の映像……。しかし、これらも、何と幸福の匂いにみちみちていたことだろう。こんな私なりの中世への憧れは、大岡さんとのお附合いを深めるにつれて、崩れ去っていった。

＊

何回目かの打合せの席上、大岡さんが、

ふかき夜の花と月とにあかしつゝ
よそにぞ消ゆるはるの釭《かりも》

という『拾遺愚草』の歌を例にひかれた折、中世の映像化など、私の及ぶ所ではない、と解った次第である。でも、動き出した現実の歯車は止まらなかった。

現在、私は新しい映画の撮影中なので、典拠を確かめる術もなく、朧気な記憶をたよりに記してみれば、〝彼岸もあだな願い。他界も修羅〟といった大岡さんの言葉に晴の意味は宿っていたのだ。春のあたたかい空気に包まれた幸福な予感なぞ、阿呆な話だ。底冷えのする光と影が、大岡さんの晴だった。

＊

大岡さんが脚本で照らされたものは、フィルムのもつ機能を根底から問い正すことだった。脚本に書かれた言葉は、私なりの慣習で映像の焦点を結ぶには、余りにも遠くを走っていた。

映画を作った年、それは今から三年程前、私が大岡さんの脚本を滅茶滅茶にした冬、『声が極と極に立ちのぼるとき言語が幻語をかたる』という詩を読んで衝撃を受けたことを想い出す。

その中の数行、……

語ハ音ト化シタ森羅万象ノ光デアル
音ト化シタ森羅万象ノ光トハ何カ
音ト化シタ光ハ消エル　……

が、私の目にとび込んだだけで、私の「あさき夢」は、新たな迷妄へ旅立ってしまったから。

＊

『新古今』の解説だったと思う。大岡さんは「現実と呼ばれる可視の世界に拮抗している言葉の方舟」といった緊張を書かれている。これが絵画性に到る鍵かどうかは解らない。けれども、大岡さんにとっての映像性は、底冷えのする有心の世界であり。晴の日に凍結した風景であるようだ。及ばぬと知りつつも、もう一度映画を作りたいという私の気持は、そんな世界も覗きたい欲求にある。

その「たちばなの夢」は、

花散る里に家居せしより
夏もなおあはれはふかしたちばなの

という俊成の感触だろう。

現在〝大岡さんは晴の人〟という感覚の中味は、全く逆転してしまった。そのことで、私には、ますます大岡さんが眩しい。

大岡さんと私との距離。かりそめの脚本家と監督という関係からはじまって、緊張する宇宙の極と極。

……

その間の光年は、最早測ることも徒労になりつつある。


『ユリイカ』昭和51年5月号（実相寺39歳）

『幻の映画』のための打合わせ風景〈対談〉大岡 信

なんとか大岡信さんに書かせるための対談

大岡　『歌麿』（注『歌麿 夢と知りせば』）を見損なって申し訳ないんですけど、どうでしたか？

実相寺　スポンサーつきでやっているので、なかなか、密室作業のA・T・Gみたいにはいかないところがありますね。

大岡　なるほど。でも、そういう条件というのはまた、何か、他の要素を生みだすきっかけになるってこともあるんじゃないですか？

実相寺　そうですね。他人任せで気楽にモノを直せるというところはありますね。つまり、こうじゃないかと思って作ったところを、いや、この方がいいだろうっていわれると、すぐに直しちゃう。（笑）それが、ま、〝商売〟たる所以ですけど。

大岡　予算の問題も大きいでしょうね。

実相寺　そうですね。やっぱり、映画の条件でしょうけど……

大岡　〝直し〟に関していえば、ぼくらの方が多いでしょうね。なかには、ゲラ（注・本になる一歩手前）の段階で

さえ真っ赤に朱《アカ》(直し)を入れちゃったりする人もいますからね。(笑)

実相寺　けど、詩を書かれる場合は、自分で推敲するということはあっても、他からの〝圧力〟というのはありませんでしょう?

大岡　いわゆる〝圧力〟はありませんね。圧力はないけど一種の〝ヒント〟は時にあります。面白いヒントもありますよ。以前、マリリン・モンローについての詩を書いたんです。そしたら、ゲラ刷りの段階で誤植があった。自分で初めに何という字を書いたか、今では忘れちゃったんですが、ゲラではある字が、誤植のため国という字になっていたんです。「すべての涙もろい国は蒼白な村になって」という風に。直そうと思ったら、その場に居合せた友人が、ここで〝国〟という字が出てくるのはおもしろいというんですよ。読み直してみると、確かにおもしろい。ま、偶然だったんだけれど、偶然のもっている必然性というんですか、誤植というのは馬鹿にならないと思いましたね。圧力というよりは、神様の意志みたいなもんですが……

実相寺　そういうことは、よくあるんですか?

大岡　ときにはありますよ。

実相寺　映画の場合は多いですね。たとえば、編集段階で、カットの順番の番号を間違えて編集し、意味が全くちがってくるのに、その方がおもしろいというようなことが……。誤植を計算しておやりになることはあるんですか?

大岡　いやいや、それはできませんね。ただ、雑な字を書く人だと、誤植の可能性が非常に高いから、必然的に、そういう場合が多くなるということはいえますね。

実相寺　そういう意味じゃ、はじめてですね、ぼくは、ああいう形で映画を作ったのは。つまり、誤植の連

続みたいなところで作ったのは。（笑）

ところで、映画というのは、観るのもそうだけど、作るときも、そのときどきの自分の生理状態と一番、密接なんですよ。だから、たとえば、映画の中で何処を長くするとか、何処を短くするとかは、全部、その時の自分の生理状態に近くなりますね。

僕なんか撮影、編集、ＤＢ、それぞれの段階で、生理状態が全く違っちゃってるんです。妙な言い方をすれば完成した時には、その時の自分とリズムが違っていて、疎ましく思うこともしばしばです。テレビ育ちの故か、すごく不安定です。

大岡　それは、ぼくも、非常に納得できますね。詩を書くときが、全く、その通りですから。たとえば、前の晩に、ここまで書いて、どうしても駄目だったら、今日は、そのつづきをやろうと思いますよね。ところが、その日、寝不足した状態で、頭がボケッとしていたらまるでいけません。頭の方では、先が見えている筈なのに、ひとつも言葉がでてこない。言葉を押しだしてくる元になっている一種の根本のリズム感みたいなものが、最初から欠落しているんですね。詩を書いているときはとりわけ、モノを書くっていうのは、肉体の条件に、非常に密接だなと感じますね。

実相寺　ということは、詩を書かれるときには、ロジックから割りだされることは、あまりないんですか？

大岡　ないですね。もとになっているものは、もっとヴァイタルな生命力みたいなものじゃないかと思いますね。そういうものがきっかけとなって、それから先は、もちろん論理的な能力も大いに必要になってくると思いますけど。最初のきっかけとなる部分、また、最後までそれが基幹となっている部分は、動物的な生命力ですね。それは、ただ単に、暴発的にあるんじゃなくて、動物性自体が正常なリズム感をもっているんですよ。そういうリズム感をもっているんですよ。そういうリズム感をはっきり感じているときには、言葉がドンドン自然にでてきますね。言葉を無理して押しだすようにして書くということは、最終段階に入ると、あり得ますけど、最初からやるということは、無理だと思います。病身の詩人とか文学者は、このむつかしさをよく知っているでしょうね。

堀辰雄の場合などは、病身であることを受け入れる、受け入れ方が非常にうまかったと思いますね。だから、あの人はすごくヴァイタルです。『風立ちぬ』という作品がありますが、学生時代にあれを読んで感じたことがあるんです。多くの人はあの小説について、死から生に向かってよみがえってゆく魂の記録というような読み方をしていた。ぼくは、そうじゃなかろう、死の中へ、何処まで入っていけるかってことをあの人はたえず試みていたんだ、それがあの人の病気の状態にうまくマッチし、それ自体がエネルギーになっているんだ、と思った。病気のときは、病気のエネルギーを逆に利用する方法を編み出してゆくのが一流の文学者なんじゃないかという気がしますね。

ま、言葉を書くということは、肉体の力をすごく必要とするということだけは確かなんじゃないか。また、病気というのは、肉体のエネルギーが、すごく燃えて病気になっているわけだから、それをうまく利用することが肝心なんですよね。

実相寺　健康な側の生理というものも日々刻々と変わりますよね。それが、つまり、言葉とか映像がでてくるもとになっている。前の日と、今日と明日とでは、生理状態が全然ちがうわけだから、肝心なのは、どこで〝断念〟するかってことになってきます。映画の場合は〝断念〟がキーポイントになるわけですけど、断念の仕方みたいなものは、詩の場合にもあるんですか？

大岡　詩の場合ですと、ちょっと様子がちがうかもしれません。いろんな映像が頭の中で交錯しながら、いい感じで秩序ができていく。昂揚して頭の中が白熱化したような状態になる。そんなときは「やめてもいい」という判断を下しますね。音のことはあまり知らないけれど、たとえば白色雑音というんですか、ホワイト・ノイズの状態が頭にできているときが一番いいんじゃないかという気がする。そこまでは、とにかくやってみなきゃしょうがないんですよ。だから、断念というよりも、全力を投入して力尽き、いい気持ちで、くたばるというのが最高にいい状態ですね。

実相寺　映画の場合、時がたつと、手を入れられないということがありますね。ま、入れてもしょうがないということもありますけど。（笑）ところが、詩とか、音楽の場合は、たとえ、十年たったとしても手を入れられますね。それがいいか、悪いかは別問題だけれど……。

大岡　ぼくの場合は、一旦、活字で本にしてしまったものは、まず、全くといっていいほど、手を入れませんね。けど、ノートの状態で、半分やりかけで、何日も放りぱなしにしてしまったケースは随分、多いですね。で、ある日突然、机の上とか本箱の片隅につっこんであったやりかけの詩をみつけて、そのときにパッと何かがひらめくときには、その先をつづけてみます。きっかけは昔につくった断片なわけですが、それを一度こわして、最終的には、それをうまく利用した形で、別のものに修正するわけです。

最近、学生の頃に書きかけていた詩がみつかって、それを使って何篇か書いたんですよ。これらはみな、何行かの詩句が間に入れば完成するはずのものだったんですが、昔は入れられなかったんですね。ところが、いまは、距離感を置いて見るから、間に何が足りないかということがわかる。けど、それまでに、なんと、二十年もかかっているわけで……

実相寺　空白のまま放っておいた方が、ひとつの座標になるということもあるんじゃないですか？

大岡　それは、どっちともいえないという気がするな。やっぱり、そのままのものとしては駄目だったんですよ。読めば今でも、二十年以上前にそれを書いていて行きづまった時の苦しい気持ちが甦るくらい、駄目だった理由はやっぱりあるんですね。ある時代のぼく自身に於けるひとつのステップというような意味でそのまま残すには、あまりに明白に駄目なんです。けど、概していうと、一旦発表してしまったものは、手を入れたくないという気持ちはありますね。

実相寺　映画で一番問題になるのは〝流通機構〟なんですよ。詩の流通機構は映画のそれとは、また、違いますね。詩の方が、程度が高いんだな。

大岡　それはどうかな!?　活字に印刷されたものは非常に正確にそこにあるように見えますけど、実際に読者ひとりずつの中では、僕なら僕の詩は実にふしぎなものに変わって受けとめられている場合が多いですからね。そういう意味からすると、映像は、もっと正確に見て貰える部分が多いんじゃないかという気がするんですけど……。

実相寺　映像は正確に受けとめられるかもしれません。しかし、受け手をそれだけ規制しちゃう、ということが言えるんじゃないでしょうか。受け手が映像と向き合っている時間は、その形から言って、別のものに想像力を働かせてゆくということはしがたいと思います。次から次へとカットの洪水だし、気儘に好きな所から見るという訳にはいかないし、くり返して見たり、ちょっと自分の意志で一休みしたりすることもできないし、……

　まあ、これから、ヴィデオなどが発達してゆけば、映像も詩に近づくということになるかもしれませんが……

ところで、大岡さんとぼくとで三年前、映画（注『あさき夢みし』）を作ったわけですが、いくらＡＴＧの密室作業といっても諸々の条件があって、結局、断念とはいえないようなところで、つまり、適当なところで手を打たなくちゃならなかった個所が沢山あるわけですね。大岡さんは、そういう映画の流通を一度体験されたんですが、どうですか、金輪際、映画はいやだみたいな心境ですか、いまは？（笑）

大岡　そういうわけじゃないです。（笑）いや、ぼくに映画的才能がないというのが、第一の問題で、とても、流通機構にまでは考えが及ばない……（笑）

実相寺　一つのシナリオにあった台詞は、役者が肉体を通して喋るとき、読むのとは違う形になって、幻になってゆくわけですが、そういうことが、生理的にしっくりいかないということはありますか？

大岡　それは、役者にもよるわけでしょう。

実相寺　それは、舞台とも、随分違うと思うんですよね。

大岡　そうですね。この間、ぼく、ちょっと、早稲田小劇場の『トロイアの女』という作品のヨーロッパ公演にくっついてパリとローマへ行ってきたんです。台本を半分ぐらい担当していたもんですから、台本は、ギリシア悲劇のユーリピデスの『トロイアの女』をベースにして、ぼくが書いた詩や台詞をそこに混ぜ合わせたものなんです。で、女優の白石加代子が、ぼくの詩を劇中で何個所も朗誦するわけなんですが、おどろくべきことに、同じ詩が毎日違うんですね。同じ詩が多様に変化してゆくんですよ。白石加代子のその日その日の肉体的条件とか、劇場の広さ、音響効果、観客の数によっても随分ちがう、そういうことが実によくわかったんで驚きました。

そういうのを見てると、台詞というものの、関係を通した場合の一回性ということがよくわかりましたね。一方、映画の台詞というのは、決定的に、あるひとつの状態に定着されますね。つまり映画は、これこそ最高、普遍的だ、という台詞を撮らなきゃいけない。そこに、つらさがあるんじゃないかと、すごく思いましたね。

実相寺　そういう意味じゃ、映画は活字そのものというか……固定したものに非常に近いんですね。だから、ぼくは、テレビの方が、実は、おもしろいと思っているんです。テレビの方が、そういう変化がある。駄目なら駄目なりの変化があるから、わりに、折ふしの肉声をビビッドに伝えられる部分があるんです。映画というのは、舞台よりも文学のエピゴーネンみたいなところがあります。映画そのものが、エクリチュールであるみたいな規定すら、四十年代にはあったんです。そうすると、どうしても、固定した普遍性みたいなところで、勝負しなきゃいけない。そこに、さっき、いった断念がからんでくるところが、すごくあるんです。

大岡　その場合、映画監督は、自分一人で映画を作るわけじゃないですよね。役者さんそれぞれのタイプとか資質とか体力、また、神経のにぶさとかするどさとか、そういうものを全部総合した計算をしなけりゃいけないわけでしょう。大変な仕事だと思いますね。

実相寺　シナリオを書かれたときのおもしろさみたいなものは……？

大岡　それはおもしろいですよ。ぼくは、撮影中に台詞を実際に喋っている場面は見ませんでしたが、編集段階で観て、間の取り方のうまさにおもしろさを感じましたね。実相寺さんが、取りだめフィルムを何度も見て、間を担当計算して作ってらっしゃるなと感じたときのおもしろさですね。一回しかできないものの普遍性を追求するという作業が、わかる範囲でいうと、よくわかりましたね。

芝居の場合ですと、その晩の役者の体の調子が悪いようなときを見ているのはスリルがありますね。すぐれた役者は、おそらく駄目な役者なら支離滅裂になってしまうだろうというようなときにも、重心を低くしといて全部を一定の調子でうまくまとめていくんですね。これは、映画の場合とは、全然違いますね。映画の役者というのは、おそらく、一種のオブジェに近くなる部分もでてくるんじゃないでしょうか。

実相寺　そうでしょうね。

大岡　芝居の役者というのは、一人で、どんな役でもこなせられるのが、すごい名優ですよね。ところが、映画の役者、映画俳優というのは、ひとつの役に固定したものを、いろんな作者に書かせちゃうという人が、スターですよね。たとえば、マリリン・モンローという女優は、どんな役をやっても、モンローでしかないところがあるわけです。一方、芝居の名女優というのは、どんな役をやっても、どんどん変わって別なものになってゆく部分があって、そういう違いがものすごく、ありますね。その辺を見てても、映画というのは、役者をすぐれたオブジェとして、提出するのかもしれないと感じるんです。

言葉でも、仮に、芝居と映画のそれがちがうとするなら、映画の言葉は、美事に磨かれて提出されるオブジェであると感じますね。それと、ぼくは、自分で書くときに自分の言葉が肉声になって聞こえているかどうかは、非常に疑問なんです。ただ、肉声ではないんだけど、何か、声があるのは確かなんです。それが実際に肉声になるのは、自分でぶつぶつつぶやく場合を除けば皆無なわけで、頭の中で声が鳴っているという感じしかない。で、それが、映画の場合にはこう、芝居の場合にはこう、活字の場合には、読者が声を予想しながら、読んでくれるというように、いろんな変化があるから、ま、書く奴ってのは、一番トクしていますね。

実相寺　じゃ、大岡さんは、まんざら映画に絶望しているというわけでもないんですね。（笑）だったら、大岡さんに、もう一回、シナリオを書かせたいという気もあるんで、それは、詩的領域の拡大という意味でも、……。

大岡　この間の映画は、ぼくが、余計な文学的台詞を一杯入れちゃって、実相寺さんが、また、それをひとつも削らずにおやりになるという大胆不敵なことをおやりになったんで、ぼくとしては、申し訳ないことをしたと思っているんですよ（笑）。ま、おそらく、映画でやれることは、日本語の問題ひとつを考えてみても、まだ随分ありうると思いますけどね。

実相寺　さっき、映画には、エクリチュール的な固定化がある、と言ったわけですが、本来、詩というものは、そのときどきの朗誦なんかと密接なもんですよね。そういう意味じゃ、どうなんですか？　質問ですけど、印刷された活字の塩梅とか、行間のあけ方などで、詩が成り立つなんてことはありうるんですか？　それとも、大岡さんの場合、ご自分でひとつの詩を口にされたときに、はじめて本来的に成り立つんですかね？　まア、藤原公任の時代とは違うわけですから、宴《うたげ》的なひとつの法則があるわけじゃないと思うんですが……。

大岡　ぼくの場合、自己流の規則のようなものは作ることもあるんです。たとえば、二行ずつを連ねてゆく形の詩を今は書いていて、それで次の詩集を作るつもりです。僕は詩を肉声で発声することにはいろいろ関心をもってますが、その場合に、ぐっと立ちあがって迫ってくるような言葉を書きたいので、それにはこのごろ気をつかっています。けど、そんなことは、何処までいっても個人的なことで、一般的な法則には今のところならないわけです。現代詩というのは、自分自身が、その場その場でつくるある種の法則みたいなもので、自分自身をしばってゆくほかないところがあるんですね。平安朝の和歌とは正反対な一般状況にあるわけです。しかし詩には何らかの法則性があるということはたしかにあって、そこで現代詩人も自家製のルールを自分で編み出してそれを試みるようなことをやっていくわけです。

実相寺　詩には肉声的な部分が多々ありますよね。だから、ぼくらの側からいうと、詩人にシナリオを書かせるおもしろさというのは、肉声からでてきた言葉のリズムを映像の一回性に固定させるという作業だということが、この間の映画でわかりましたね。

大岡　ですけど、詩を書いてる奴が、シナリオを書く場合は、いつも書きなれた場から、一旦外へ出なきゃならないむつかしさがありますね。興行形式をとる以上、映画というのは、結局のところ、お客さんを集められなきゃ、どんなにいいものを作ろうと、駄目ですからね。だから、自分勝手に詩を書いているのと同じ状態でそのまま書くわけにはいきませんね。

実相寺　ぼくがさっきいった、流通機構の部分が、なにがしか、あるわけですね。

大岡　そりゃ、ありますね、おもしろい話を作らなきゃいけないとか……。けど、詩を書いている奴は、大体、ストオリイ作りが苦手ですよ。というより、むしろ、ストオリイなんか必要としない世界を欲しているから詩を書いているともいえるわけですね。ストオリイを書くということと、詩を書くということは、真向から対立する部分もあると思うんですよ。だから、シナリオを書く場合は、ほしいままな空想に走る我儘を極力押さえて、広い範囲の人々に共感されるような何かを作らなきゃいけないという、一種の義務感みたいなものがでてきますね。

実相寺　つまり、それの軸になるのが、ストオリイ性ってやつなのかしら？

大岡　そうとばかりはいえないけど、しかし、ストオリイを全然、無視するわけにはいかないでしょう。そして仮に、ストオリイが必要ということになれば、ほんの少しだけのストオリイということはありえないんだから、やっぱり、ひとつのストオリイをきちんと作らなきゃいけない。という形で、自分がいつもやっているところから、だんだん遠いところへ、遠いところへはみ出して行くということはありますね。

実相寺　この間の映画に関していえば、ぼくなりに、何が何んでもいいんだという部分、そして、これはこういう形で作るんじゃなかったという部分とふたつあるわけです。けど、そういったこともひっくるめた中で、一番、ぼくが失敗だったなといま思うのは、あの映画を現在の興行という形の末端にのせちゃったということなんです。だから、そういうことをとっぱらった上で、再度、大岡さんに肉声の部分でシナリオをお願いしようと、今日は思っているんですよ。極端にいえば、誰も見ない映画であってもいいわけなんです。

大岡　なるほど……、ぼくにしても、自分の書いたものの中で、もし、自分が映画監督なら、これは映画にしたいなと思うものが、いくつかあったことはありますね。それは全く抽象的な観念的なものが多くて、映像にしたらどうなるのか、全然見当がつかないんだけれど。

実相寺　それに関して、この間の映画のことを喋ると、一遍上人風の遊行僧の目に赤い線が入っているという箇処は、具体的に見せたかったなという気が、ものすごくしてますね。それをひとつの形で見せることが必要だったと思うんですよ。

大岡　それは、技術的に、いろいろと工夫が必要でしょうね……。

実相寺　それが具体的に固定されないと、あのシナリオの大岡さんの声が映像にならないという気がするんです。

大岡　それは確かに、ああいう部分は、言葉で書くときには、それこそ一番大事な意味になっている部分ですね。けど、一方では、これは絶対映像にはならないぞと思い乍ら、書いている部分でもあるわけですよ。

実相寺　そこが、実に、くやしいですね。

大岡　「目に赤い線が入っている」というのは、異常な人格というか、人間を超越した性格をもった人間であることのひとつの象徴ですよね。だから、それが、画面にパッと表現できれば、それだけで、他に何もいわなくてもわかるということがある。そういう意味で、映像というのは、猛烈に強いと思いますね。

実相寺　ただ、強い映像になるには、プロセスが非常に大変なんですよ。目に赤線を入れれば……くだらない結果を産むという危険もありますから。

大岡　まんが風になるかもしれない。実際にはできないだろうなと思ったのは、そういう意味ですね。ま、やればできるだろうけれど、やった結果が全然逆効果になるおそれがある。しかしぼくの場合、さっきいった。自分でやってみたいと思っている作品は、結局すべてそういう性質のものですね。『彼女の香る肉体』とか『螺旋都市』といった、散文詩風の作品なんですけど……。もし映像にできたら、相当、おもしろいはずだと自分では思うんですよ。けどまた、そういうのに限って、映像にはとてもできないだろうと思う部分が随分あるから、無理だろうという気はしてるんですが……。

実相寺　ただ、映像の可能性ということでいえば、その領域は広げなくちゃいけないんで、そういうものに喰いつきたい願望は、絶えず持ってるんですけどね。

大岡　考えてみれば、ダリがブニュエルと一緒に作ったいくつかの映画とか、そういうもののシナリオを見てみると、大概、一種の散文詩ですね。ま、ああいうのでいいとすれば、やれないこともないような気もしますね。
実相寺　だから、上映時間に関わりなく、映画というのは成りたつわけで……。
大岡　そうなんですよね。
実相寺　だから、シナリオをお願いしたときに、大岡さんが言われていた「天空から蓮の花弁が落ちてくる」というイメエジは、映画的に、空想すると、ある感覚としてわかるんです。けれども、具体的な映像ということになると、すごくむつかしい……。
大岡　それを具体的にしたら、陳腐な画になりかねないし……。
実相寺　しかし、もし、その画が一枚撮れれば、あの映画じゃ四条になってるけど後深草院二条の出家の内面は、一瞬で〝撮れる〟んじゃないかという気もするんです。だから、作る方はつらいといえばつらいですけどね。
大岡　言葉というものは、モノについて書いていて、あるものを描写している。だけど、そのときに、本当の意味で、そのモノがそこにあることになるのかどうか、はなはだ疑問なんですね。
　大体、言葉というものは、現実よりどんどん先に動いちゃいますし、そうすると、むしろ言葉そのものがもうひとつ別の〝モノ〟になってしまう。ぼくなんかは、それの方に密着してつきあっている感じがするんですね。モノである言葉と、それが形容している現実のモノやイメエジとの間の関係は、つねに揺れ動いていて、ひどくつかまえどころがないわけです。ぼくが「池」と書いても、その時よび出されてくる現実の池のイメエジは、百人が百人、みなちがうでしょう。
　ただ読む人が、ぼくの言葉から、その人にとっての池を想像してくれるから、ぼくの言葉と現実の池との間にある関係がなりたつわけです。けど、それを「ほら、これが、ああいう言葉になっている池なんですよ」といって、そこに連れていかれるとしたら、ガックリしてしまう。それは、言葉の本質からいえば、むしろまったくの誤りなんですね。特定のものとは関係が切れたところで、言葉の世界は成り立っていると思うんです。

実相寺　しかし、ほんとうをいえば、映像の世界もそうなんじゃないですか？

大岡　そうですね。映画に於ける映像というのも、厳密にいえばモノとは別なんだと考えなきゃいけないんでしょうね。しかし、言葉の方が、映像よりもおそらくもう少し、モノからの距離が遠いから、そこに、想像力が自由につけ込む余地があるんでしょうね。映像の方は、池の映像がでてくると「これが池だ」と誰もが思っちゃいますからね。言葉だと、池だと書いてあっても、ほんとうは「心の池」だと読むこともできるわけで、そのあたりが、映像と言葉に於ける、モノとの関係のちがいのような気がしますが……。

実相寺　今更、変な質問をするんですが、『とはずがたり』を基に書こうと思われたときに、距離感みたいなものは、すごくあったわけですか？

大岡　『とはずがたり』そのものとの……？

実相寺　大岡さんとの『とはずがたり』の距離感というものは？

大岡　ちょっとむつかしい問題ですね。ひとくちには言えないな。

実相寺　じゃ、質問を変えて、なぜ、『とはずがたり』を基にされたか？　中世を描く時の素材は一杯あるわけですけど、その中から、『とはずがたり』をひっぱりだされた理由みたいなものですね。

大岡　ひとつは、中世というものの意義を考える場合に、主人公を男にするか、女にするかという問題があるわけです。ぼくは、男にした場合、観念的な問題があまりにも多く登場してしまうだろうと思ったんですよ。シナリオにすると、ぼくのことだから、相当、観念的な議論を書いちゃいそうだ、無理だと思った。とはいうものの、女の場合にも、中世ということをいうと、どうしても、ある種の概念でとらえてゆくことにならざるを得なかろう。そういうものを最初からだすよりは、人間の最も赤裸々な愛欲とか名誉欲とか物欲とかそういうものに取巻かれながら日常を送っている女をだし、そういう女が非日常的な観念の世界へ昇華してゆくという基本的な図式はどうかと考えたんです。そういう風にして、いわば日常から非日常への斜面みたいなものを作っておいて、その斜面にいろんなものが関わってくるというのが、おもしろいんじゃないかと思ったんです。

実相寺 そのおもしろさは、すごくわかるんです。その通りだと思うんですよ。ただ、その斜面を作られたというのは、監督としては、非常につらいですね。どういうことかというと、たとえば、『とはずがたり』というのは、ふたつにわかれてますよね。つまり、前段と、出家したあとと、シナリオの骨格もそうなっていますけど。で、出家したあとにいろんなものがでてくるわけだけど、四条は、鎌倉にいって、自分の肉体を意識せざるを得ない状態に陥ち入る箇処がある。そこで、大岡さんが、彼女の内なる声として、この相手が「時宗公であったらどうであろう」というような台詞を書かれた。その台詞というのは、実に斜面がうまく構成されているのがわかるんだけれど、映像にするには一番、難しいところなんです。ところが、そこが、また、一番、肝心な部分でもあるわけです。ぼくは、大岡さんに、謝らなきゃいけないんだけど、それは、その箇処を映像的に昇華する方法を見つけられなかったということですね。

けど、どうすればいいんでしょうね。つまり、『とはずがたり』にとっても、一番、大きなことでしょう。

『とはずがたり』についての解釈という問題もあるわけですけど……。

大岡　むつかしい問題ですね。

実相寺　たとえば、『とはずがたり』は、石清水八幡宮かどこかで、また、後深草院に会いますね。そのときに、後深草院と再び関係ができたんだという説と、いや、そんなことはないとか、いろいろありますね。そこでおもしろいのは、作家の瀬戸内（寂聴）さんは、御自身出家されたわけですけど、何かの雑誌で、出家する前には、当然、関係はあったと書いたけれど、出家してみたら、そんなことはなかったんだと思うと言われてるんですよ。

大岡　そんなことを書いてらっしゃったですね。

実相寺　あの映画でも、その部分が一番大きかったんじゃないかと感じるんです。そうすると、「時宗公であったらどうであろう」という台詞は、あそこじゃ、やっぱり、生きてなかったなという感じがしてしようがないんです。

大岡　ぼくも、今、あれを書いたときの前後の脈絡は正確に憶《おも》いだせないんだけど、ともかく主人公が尼さんになって諸国を巡り歩いたのちに、鎌倉へ辿り着き、そこのある家で、都風の礼儀作法などまるで知らないような女たちに、京風の着物の縫い方や着方を教えるところがありましたね。すると、その姿を見て、その主人の好色な武士が、夜半に挑みかかって、強姦する。が、彼女は、何も感じないわけですよね。つまり、肉体というものに対する意識が、彼女にとっては、かつての肉体に対する意識とは別物になってしまっているということです。だけども、もし、時宗のような人物が忍び込んできたら、私ははたして今この男に対して冷然としているような具合に冷然としていられるだろうか、というような思いも彼女の意識をよぎるわけです。つまり、今まで知っていた京都の貴族階級や皇族とはちがって、中世の代表者たる武士、その棟梁たる時宗ほどの人間が自分に惚れてくれるなら、それはそれで許せるという女の気持ちですね、そういう心の揺らぎもまた、この時女にはあったのではないか。そんなつもりでぼくはあそこの台詞を書いたと思うんです。

実相寺　それは斜面的構成の中での女のひとつのほころびとでもいえるものでしょうね。

大岡　そうですね。愛欲というものを、彼女は、出家して否定した筈ですからね。もっとも、日本に於ける出家というのには、愛欲に捉われない状態に入る、ということから、愛欲をも平然と一視同仁的に肯定するという具合に転じてゆく考え方もあるんですがね。あの台詞は、書いたぼくにとっても、本当は、結論のない台詞で、思わず、ポンとそこへ投げ込んでみたという意味の方が強いですね。

実相寺　だから、もし、舞台でやるように、あの台詞を、毎日上演していったら、その意味とか強さとかリズムとか随分ちがってくるでしょうね……。

大岡　それは毎日ちがうでしょうね。

実相寺　それが、ああいう形で、あの程度のしぼみ方で、映像に固定されたわけだから、ぼくにとっては辛いんですよ。もう一回、あの台詞をいいかえしたいというのか……。

大岡　つまり、こういうことでしょうね。本来いくつもの意味を含んでいる言葉が、ある瞬間のタブローに固定されちゃったわけですね、そのイメエジも声も、だけど、本当は、画面として、ひとつの絵が決まっている一方で、声の方は、ひとつの声でありながら同時に主人公のすべての過去、また現在をその中にとじこめているような、そういう声をだしたいわけですよね。

実相寺　それと同時に、その日その日で台詞をいわせたいという状態が、解釈によっても随分違ってくるだろうと思うんです。つまり、愛欲を完全に捨て切って、透明な形で台詞を喋るのと、捨て切れずに喋るのとですね。それから二条が、途中でもし、観念的なそういう構成に入ってゆくとして、春をひさぐ比丘尼のように、町々で、本当に愛欲を解脱して、体を与え乍ら歩いて来たとしますね。すると、鎌倉にやってきたとき、問いかけの質はちがうと思うんですよ。だから本当は、出来ることなら、三重、四重に声を聞かせたいんですね。

大岡　ぼくが台詞を書くときには、どうしてもそういう部分に興味があるから、そこがポイントになっちゃうんですね。そこがむつかしいところですけど……。

実相寺　だから、映画はどこかひとつをとりあえずという形で……。

大岡　あの台詞は、ポイントだと思って書いたことは書いたんです。唐突にでてきて、でてきてみたら、非常に重要な、色んなことを考えさせられるという、そういう効果を狙ってあそこに置いたわけです。

実相寺　ところが、もっと考えれば、画面の方も、もっと違う形で、与えることもありうるわけですよね。

大岡　滑稽なことにならないように、ほとんど同じような画面を何度も繰り返して出すとかね。そしてその時、響いてくる声も色んな異質な声であるとか……。

実相寺　『あさき夢みし』では、そういうことをやって然るべきだったし、これからもそういうことをやりたいですね。

大岡　そういう問題に関していえば、映画監督は、未来派の画家がかかえていたのと同じような問題をいつもかかえているのでしょうね。未来派の画家は、たとえば、走っている犬の足は四本じゃなくて十六本もあるのだといってそういう足の動きをほんとに画いたわけですけど、映画監督も、それほど馬鹿正直にやることはないにしても、それに近い映像の上での渇望をもたざるを得ない存在のような気がしますね。

実相寺　そうですね。その渇望も充たしてくれるような触媒としてのシナリオを、もう一度、書いていただけませんか？（笑）

大岡　お約束はしないですよ。（笑）

実相寺　でも、それは中世を扱うときのおもしろさでもあるんじゃないですか？

大岡　そうですね。中世というのは、非常に多義的なんですね。一人の人物の生き方というのが右から見ると、こうしかないという風に見えるんだけど、裏返してみると、全然、別の相貌があらわれてくるでしょう。

実相寺　だから、ぼくは、大岡さんにお願いしたときに中世なら、何でもいいといったんですよ。つまり、その中には、そういう多極性というのが、こちらが歩ける距離の多様性というのがある。ぼくとしてはそんな中世への熱い想いを籠《こ》めて、お願いしたつもりだったんですけどね。

大岡　実相寺さんがはじめに期待していたようなものと、まるで違うものになったんじゃないかと心配してたんですがね。

実相寺　さっき、絵の話がでましたけど、映像性と絵画性というのは、かなり曖昧に使われている気がするんです。たとえば、いま、ぼくらなんか、和歌を教えられると、よく絵画性ということをいわれるんですが、内なるタブローという感じで想定されますか？

大岡　ぼくの感じる絵画性というのは、そうじゃないんですけどね。むしろ、いくつかのイメエジが、明確にあり乍ら、それらが同時にひとつのタブローの上で集まったり離れたりしているような状態を、わりと考えますね。ぼくは、あるひとつのイメエジに固定されたものはあまり好きじゃないんですよ。絵画というものは、見る人の前でたえず何枚かの絵に変わっているもんだと思うんです。いい絵というのは必ずそうなんですね。だから、ぼくが、絵画性という場合、固定されているものというより、むしろ、イメエジがそこで非常に動いているものといった感じが強いですね。ただ、その、こちらに刺激を与える時に、それが音楽的なものであるよりは、絵画的なものをという、その程度の違いですね。

実相寺　絵画的なものと映像感覚とは、別に無縁じゃないわけです。人間が根源的にもっているひとつの映像感覚、つまり、動いてゆくもの、変化してゆくもののどこか一瞬をスパッと切りとってみたいということが、絵画性に近いと受けとめてもいいんですかね？

大岡　固定するということは、動きの中でしかできないという風に思いますね。逆にいえば、固定されたもののなかには、必ず、動きがあるということになります。

実相寺　フィルムなんか、逆にいえば、固定した一コマを連続的に流すから動きになっているわけですけどね。

大岡　絵とそれとは、逆だと思うんですよ。一枚の絵は、いくらでも、動かせるんですよね。見ている絵の細部というのは、見れば見るほど、色んな深さとか、でっぱりとかが見えてくる。絵は平面なんですけど、深さという面を考えると、突如として、数枚の絵にもなるということですね。

実相寺　とすると、どうなんですか？　たとえば、貫之の歌なんかは。貫之は、水なら水にうつったそのものじゃなく、うつった状態をおもしろく詠んでいるわけですよね。そういったことも、大岡さんの仰有る絵画性に近いんですか？

大岡　そうですね。

実相寺　その辺ですね。ぼくが、タブローの中へ、絵画性ということが閉じ籠められるのを、いつも疑問に思っているのは……。

大岡　ぼくが、貫之の歌で、たとえば水の底にうつっているものを歌っている歌とか、何か、こう、屈折してから目に入ってくるものに彼が敏感に魅かれていたというのに興味をもったのは、結局、モノを複雑にする見方を彼が知っていたということへの興味ですね。ひとつのモノを見るのに、それをいきなりストレートに見るんじゃなくて、一旦何処かにうつって、それが、自分の目に映じたときにおもしろいと感じる見方は、結局、視界を複雑にするということですよね。複雑にするってことに、ぼくは関心があるわけなんです。

絵を見る場合でも、一枚の絵が何枚にも動くといいたくなるのは、それがあるわけです。いってみれば、ぼくの目の網膜にうつった絵が、もう一度、ぼくの目の前にある絵にぼくの方から投げ返されて、それがまた、こちらに返ってくるという、いわば、何度もバウンドする状態を〝たのしみ〟といっているわけなんですよ。

だけど、モノを複雑に見ようとする見方は、ぼくの個人的〝たのしみ〟だけじゃなく、ある普遍的な問題も含んでいるはずです。貫之の時代に、既に、そういう見方があったという事実がハッキリあるわけですから。時代が下がるにつれ、たとえば紫式部の時代になると、小説の形でそれをやるようになる。もっと時代が下がって、たとえば、俊成、定家の時代になると、モノを複雑に見るということ自体、珍らしくも何ともなくなってしまうんです。はじめから、頭が複雑にできちゃっている人間がゾクゾクでてきたわけです。となると、そういう人たちは、今度は、逆に、単純さを尊ぶようになっていくんですね。

俊成は、物事をものすごくたくさん知っていたわけですが、息子の定家には、歌を作る場合、学び知っていることを全部書くなんてのは駄目だよというんです。若い定家は、おそらくそれに反撥したにちがいない。複雑な歌を一杯作った。ところが、その定家も、晩年になると、複雑な構成の歌から離れてゆこうとする。

定家は、晩年、単純さの深さに魅かれていったわけなんですね。平安朝というのは、最初はモノを複雑に見ようといういちじるしい傾向があり、それが極限までいくと、逆に、自分の中にいっぱい複雑さをもっているんだけど、原則としては単純がいいんだ、という人間がでてきた。こういうことだと思うんですね。

実相寺　その辺のことは、大岡さんに説明して戴かないと、なかなかわかりにくいところがあるんですよね。大岡さんも、非常に複雑にぼくらを悩ませるわけですから。（笑）ところで、新古今の歌人というのは、なるべく、直接的な表現というのか、直接的に言葉を使おうとしたみたいなことが、あったような気が……。

大岡　そうですね。古今集にくらべると……。

実相寺　新古今の特色は、彼岸とか、láu-delá にあるわけですが、そのことをあわせ考えてみると矛盾した複雑さを、逆に感じますね。そこに到るプロセスを理解するのに時間がかかるし、また、そういう複雑さが、ぼくらを中世の映像化にむかわせる何かが、あるんですがね。

大岡　新古今時代というのは、結局、ものごとを複雑にするという動きと、そういうものをすべてひっくるめて、脱色する動きというのか、とにかく、全ての色を集めておいて、それらをパッと漂白してしまうとでもいえそうな、そんな動きが進行していた時代ですね。

実相寺　宴《うたげ》というものはなくなっていたんですかね？

大岡　いやいや、やっぱり、すごくあるんです。

実相寺　かっての公任時代の宴とは随分、違うでしょう?

大岡　公任の頃は、いわば、平安朝の一番華やかな時期で、地上の生活にすごく満足できた時代ですよね。だけど、平安末期になると、貴族たちは、段々、地上生活の豊さだけでは、自分達の精神を支えきれなくなってきたわけです。そして、少なくとも、言葉の世界では、そういう複雑さを両方生かして、ひとつの宴的な世界を作ろうとしていたんですね。だから、歌の内容は、現世の豊かさは意味がないということを、一所懸命いうわけです。つまり、環境としては、宴的な世界の中になお生きながら、その中に、宴を否定する契機も求めていった、というそういう状態だったんじゃないでしょうか。だから、新古今というのには、日本の文芸の歴史において一回しかあらわれなかったような、複雑なおもしろさがあるんですよ。

実相寺　宴自体に対する。無力感みたいなものが、すごく複雑に裏打ちされているわけですね。ところで、古今集というのは、言葉を複雑にしてゆくという特色があるんですけど、それを、映像的に考えると、モンタージュの世界だという感じがするんですよ。つまり、色んなカットが寄り集って、ひとつの世界が構成されていますから、たとえば、土佐日記にある「影見れば波の底なるひさかたの空漕ぎわたるわれぞわびしき」というのは、「ひさかたの」という枕詞が、一番、映像になりにくいんですけど、無理やり映像化しようとすれば、それこそ、水面に反射された月を撮ってもいいんだから、単純なことで構成できるわけです。映画でどうやって撮るかということを一所懸命考えてゆくと、古今集の場合、複雑さへの願望が、ロジカルなものだったんじゃないかという気がしてしようがないんですが……。

大岡　そうです。論理性に素直に関心を寄せてますね。

実相寺　ところが、平安朝の盛りから中世に移りかわってゆく中で、それを映画にしたらどうなるのかと考えると、ひとつのモンタージュの組みたてでは、どうにもうまくいかないという部分がでてくる。ここが、新古今の特色じゃないかって考えるんですがね。

大岡　そうですね。結局、平安時代の、とくに初期、中期というのは、まだまだ一般に知的興味も地上的なんですよね。現世的といってもいいですが、ところが、中世に入ってきた、新古今の場合、現世のオブジェの組みたてだけでは、到底なりたたない世界が、もうひとつ、見えてきちゃったんですね。

実相寺　それと同時に、さっきの一遍上人風の僧侶の赤い筋じゃないけれど、それを画にするとマンガにしかならないぞという世界と、もうひとつ、それを通り越した世界があるような気がするんです。つまり、何気なくカメラを向けたとき、撮れる映像、何もモンタージュしない画面ですね。モンタージュのふたつが、同時に併存しているという感覚が、新古今にはあるという感じがしてます。

大岡　それは、定家の世界じゃなく、西行なんかが、まさにそういう感じの存在ですね。とにかくあの時代は、異質なタイプの人が一杯いますね。

実相寺　みんなが、そういう要素をもっていたような気がするんですが……。

大岡　そうですね。定家なんか、とくに若いころはそういう感覚を一所懸命磨いていこうとしたけれど、西行はまた別の生き方をあざやかに示してますね。それは結局文学的な教養の問題というんじゃなく、生活の違いによることだと思うんです。俊成とか、定家は、京都の歌壇の中だけで生きていた人だし、片や、西行は、もとが武家で、出家してから吉野山にこもり、また日本中を歩きまわり、京都の外に生きた人ですね。そういう違いは、決定的にあるような気がしますね。ただ、こういうことはいえますね。定家は、西行の世界の意味をも理解しようと、非常に努力した。その意味で、そういう世界を分かち持ったと。ただ西行は、自分の富と地位を捨てて、一介の歌僧になって諸国を歩きまわったけれど、お公家さんの定家に、それを真似しろといっても、絶対、できなかったでしょうね。

実相寺　ただ、何というのか、感覚的な領域の複雑さというものは、ものすごくあるわけですね。

大岡　それはあります。西行の失恋の歌なんて、すごいですからね。誰に失恋したのかは、今では、全くわからないわけだけど、彼の失恋の歌というのは、新古今の誰よりも激しく、われわれの胸に沁み入る歌ですね。出家した男が、失恋の歌で一番すごいというのは、おもしろいんですが、あの時代はそれだけ、生活とその美的形象化の関係が複雑なんですね。

実相寺　新古今を読んで仰天するのは、現在映像にある技法のすべてが含まれているということですね。つまり、現実の対象を見ているとき、非常に複雑な映像感覚というのがある。たとえば、草の上に一杯露が落ちているときに、その露が、ひとつひとつのミクロの世界をうつしているんですよね。で、うつしている世界の上に、さらに、稲妻がうつるというようなことを見る。これは、一方では、彼岸への通路なのかもしれないけど、ひとつの情景としても、非常に優秀な映像感覚なんです。〝風わたる浅茅が末の露にだにやどりもはてぬ宵のいなづま〟という藤原有家の歌ですが。だから、この前の映画も、もっと、映像を複雑にする必要がありました。ああいう時代は、単純なモンタージュでは捉え切れなかったという気がしますね。

大岡　でも、そういう感覚というのは、それこそ、貴族じゃないと作れなかった感覚でしょうね。というのも、はかない露にうつる稲妻に着目できるというのは、あまり広い世界を歩かずに、じっと季節の移り変わりだけを庭で眺めているような、そういう生活をしている人たちの自然観でしょう。式子内親皇の歌なんかに、そういう要素がはっきりとあるのも男より女の方が、生活の中での動きが少ないし、また生活的にもじっと庭を眺め暮すような姿勢で強いられてきたということが大きく作用していると思います。
式子内親皇という人は、たとえば、葉っぱに露がついているとき、その露が、風に吹き払われるまさにその一瞬前を歌うというようなモチーフのえらび方をしているんですね。落ちかかる露を歌うことで、ほんとうは、自分の心を歌っているわけです。けど、彼女は、そういう歌い方を、いろんな歌い方の中から意識的に選んだというよりは、もっときびしく、そういう状態に追いこまれていたんですね。もちろん、そういう歌い方が、すごい迫力をもってくることを彼女は熟知していたと思いますけど。つまり、彼女は、自分のイメエジを言葉に置き換えた瞬間、肉体に、戦慄が走るのを実感したと思うんです。それは言いかえると、肉体をもっている生活者としての意識が半ば消えて、言語世界に体が半ば溶けかかっているのが、自分でもわかるという世界、いってみれば〝彼方の世界〟ですね、それへ彼女はのめり込んでいたんですよ。新古今のある種の歌人にとっては、言葉の世界にそういう形でのめり込むことは、非日常的な彼方の世界、言葉が人を誘いこんでゆく修羅の世界へ入り込んでいくということにほかならなかったでしょうね。そこに、日本語の歴史が持ち得た、じつに凄みある時代が生れる理由があったと思うんですけど……。
実相寺　言葉と同時に、映像的にも凄みがあったということを確かめたい気がするんですが……。
大岡　ただ、その先は、行き着くことのない空白でしょうね、真っ白の……。
実相寺　ぼくが、平安朝も含めて中世を考える場合、真先に浮かぶのは〝闇〟なんですよ。歌でいうと、よみ人知らずの「むば玉のやみの現はさだかなる夢にいくらもまさらざりけり」です。幸福な時代から、段々、感性的に、さまざまなものが押し込められていって、闇が遂に真白になってしまう。そこのところを、大岡さんとの距離で、もう一度、シナリオにできないかな、という気がするんです。

大岡　なるほど、そういうことでいえば、歌を二十首くらい並べて、何もパラフレイズせずに、その間を別の言葉でうめていけば、一首のシナリオができるんじゃないですか？

実相寺　ただ、限定された二十首を選ぶことはひどく大変だという気がします。ぼくが、いま、作ろうとしている映画は、大岡さんの肉声、つまり、詩人のもっている距離みたいなところに興味があるんですよ。たとえば、『うたげと孤心』の『公子と浮かれ女』でしたっけ、公任と和泉式部のふたりの心のうねりの描写に、とりわけ公任の内面への光のあて方に、詩人的な奔放さを感じます。僕の言う距離への興味は、距離をのりこえてゆく想像力への共感ということでもあるんです。ああいう部分というのは、学者は怒るんですか？

大岡　誰も、何ともいわなかったですね。（笑）丸谷才一さんなどはおもしろがってくれましたけどね。

実相寺　大岡さんの詩人としての作業をいろいろと空想するわけですが、やって戴けないですか？

大岡　いややるとなると、これでなかなか固くなりまして。（笑）『うたげと孤心』の中で、公任と和泉式部を対比して考えたんですが、一方は、学問がたくさんあって、文学というものを宴の世界の中で見ている男ですよね。もう一方は、そういう世界のおもしろさは熟知しているが、自分をそこへはめ込むことができない野性的もの、荒々しい渇きをもっている。そういうふたりをかみあわせるのはおもしろいだろう、と思ってやってみたわけです。現実に二人の間で交された歌の贈答をきちんと下敷きにして、そこから引き出されてくる想像の糸を順々にたぐっていったわけで、結果として一つのストオリイのある小説のようなものになりました。しかし、あらたまってシナリオを書けといわれると、すごく考えちゃって、窮屈なものになりそうな可能性があるんです。そこが、ぼくにとって問題なんだな。

実相寺　やっぱり、それは、シナリオのもつフォルムに、しめつけ方があるんですか？

大岡　ありますね。けど、それがあるから、シナリオを美事に書ける人もでてくるんですよね。多分、シナリオはかなり自由な形式のひとつですけど、一方で、映像にならなきゃならない宿命を持っていますでしょう。そこが、むつかしい。ぼくなどは、映像になりえないようなところに、一番、興味をもちますからね。

実相寺　ぼくも、同じような意味で、映像になりにくいところに興味をもつんですよ。なりやすいところは興味ないんですね。ところが、いまの映画をなりたたせているものに、余計なものを省いて、単純化し、ひとつの類型にしてゆくという傾向があります。特に、最近の映画の方向はそうで。複雑化とは相反しているんですね。表現というのは、複雑にならなくちゃ、いけないと思うんですが……。なかなか、大岡さんを説得するのは、大変だな。（笑）

大岡　そうですよ。それは、（笑）ぼくなんか、イメエジを考える場合、二次元、三次元の世界だけじゃなくて、時間というものの関与をいつも思うので、どうしても、固定化することがいやなんですね。言葉は書きつければ、その場で固定されるわけなんだけど、その固定作業をやり乍ら、その言葉を呼びだしてくるイメエジは絶対、固定したくない。そこで、勝負したいんですよね。ぼく自身の性格の問題に帰するところがあるのかもしれないけど……。

実相寺　そういうことに対しては、世界各国で、いろんな試みがなされてますね。たとえば、八時間、カメラを据え放しに置いて、ある特定の街角を撮るとか……。しかし、ぼくらの場合、日本の中世のおもしろさを身に沁みて感じていても、なかなか、自分たちの映像感覚の中に、それをうまく継承してゆけないという、ジレンマみたいなものを感じますね。

大岡　一般的に、日本人の場合には、イメエジの固定を嫌うという傾向が強いんじゃないかと思いますけど、どうかしらね。

実相寺　ぼくは、映像に於ける一カットというのは、無力だと思うんですよ。たとえば、綺麗な夕焼けをカラーにうつしたら、綺麗にあがりますよね。しかし、その夕焼けに込められる思いとか、夕焼けの向こう側にある人間の心といったものは、どうあがいたって、一枚の絵じゃ表現できないからなんです。だから、その場合、出来ないといってあきらめるのか、また、モンタージュ的に組みあわせて、なんとかだそうとするか迷うんですけど……。

大岡　ヨーロッパ人というのは、それでも、必死になって、油絵なら油絵に、一枚の夕焼けの絵の中に、思いを込めるという作業をやっていますね。

実相寺　一枚で駄目だったら、何枚も組みあわせるとか……。

大岡　つまり、連作ですね。十九世紀ドイツ・ロマン派のカスパル・ダヴィッド・フリードリッヒという絵描きは、夕焼けや夕景を多く画いているんですが、どんなときにも、人物を後からしか画かないんです。背中を見せた人間に、夕焼けを主観的な色合でかぶせて、その思いを語らせるんですよね。その場合、また、夕焼けという現象の微妙な味を、猛烈に微細に書き込むんです。ところが、日本の場合、大体においてこういうのとは反対のゆき方をしますね。ものの濃淡などもボカして、ニュアンスと化した空白の部分を増やしてゆき、その空白そのものの彼方に包まれているものを感じてくれ、という状態にまでゆくんです。そこには、日本とヨーロッパのはっきりした違いがありますね。

実相寺　実際に、微細にうつしとることによって、逆の世界がでてくるということもありますね。

大岡　ありますね。超現実の世界が、それです。中国とかヨーロッパのいき方ですね。ところが、日本の場合だと、たとえば、霧を画くことによって、その奥に超現実があることを暗示するような行き方ですね。霧を画く、乃ち、深遠な白の深さを画くということになるんですよね。けど、中国やヨーロッパでは、最初から、白を画くなんて考えない。どうも、その辺りが違うんですね。思うに、日本人は、白という色をさまざまな色を含んでいると考え、その結果が、空白の重視ということになるという、そういう感受性の型があるみたいですね。それはひとつには日本の風土が水蒸気が多いということに関係あるんでしょうけど……。

だから、逆にいえば、映像の捉え方でも、日本独自の工夫の仕所があるのかもしれませんね。たとえば、古今集に「つれづれと空ぞ見らるる思ふ人天くだりくるものならなくに」という歌があって、空の彼方を眺めながら、自分の恋する人を思っている。雲の彼方に住む手の届かない人がやってきてくれればいいな、と思いつつも、やってくることは、信じていない。それにもかかわらず、やはり空にいつまでもぼんやり見入ってしまうという歌なんですが、そういった心の状態をうたう歌が、日本の場合多いですよね。ところが、これが、芭蕉の時代になると、また、違ってくるんです。『七部集』の中の『曠野』で、芭蕉は、「あやにくに煩ふ妹《いも》が夕ながめ」という弟子越人の句には付けた句でこう歌っているんです。「あの雲は誰《た》が涙つつむぞ」。つまり、平安時代だったら、ただぼんやりと雲を眺めているだけだったものを、あの雲は誰の涙をつつんでいるのか、と、いわば意味をも映像をもぐっと複雑にしているんですよ。伝統的にそういうモノの見方を踏まえて、さらに工夫しているわけです。ほんのちょっとの工夫なんだけど、うまいもんだし、情感がきりっとしまって鋭くなっていますね。平安時代の雲を眺めている男と、元禄時代の雲を眺めている男と、その眺め方に質的に決定的なちがいがでてきているんですね。

実相寺　そうですね。その中間の時代に「くれないの千入の真振」のような空を凝視めた実朝とも、随分、違いますしね。

大岡　それぞれの時代で、それぞれの詩人たちが、伝統的な同じ題材を使い乍ら、工夫しているんですね。そういう意味で、現在の映画も、日本の伝統的なそういうものの見方から何か受けつぐことができたら面白かろうとは思いますね。

実相寺　そういわれると痛いんだけど、今日の対談の結論めいたことをいわせてもらえるなら、現在の映画には、闇にしろ、白にしろ、空白が許されていないということはいえますね。

大岡　空白を作るということは、一番、複雑で、最もデリケートですからね。複雑な要素が加わった上での空白でないと、空白のおもしろさはでませんね。

実相寺　それは、映画技術の上でも、一番、複雑です。

大岡　いま、思いだしたけれど、フランスの小説家のマンディアルグが、日本の画家の菅井汲さんについて書いた文章に「菅井の絵は日本や、イタリアの最もデリケートな味のする料理を想い出させる。それは、色でいうと、白だ。目の前にでてきたときには、ただのおかゆみたいだが、実際に味わってみると、実に豊かで複雑な味を含んでいる。複雑でデリケートでありながら、外観はじつに簡素だ」ということを言っている所があるんですよ。菅井さんという人は、ちょっと、日本人離れしたところのある人なんですが、本質的には、日本人のもつデリケートな感性の特色を、とてももっている人なんですよ。で、実にうまいいい方だなと、感心したわけなんです。ま、そういう部分で、勝負することができれば、非常におもしろいんだけど、現在の映画が、空白のおもしろさでお客さんを呼べるとも思えないんだな。（笑）

実相寺　だから、お客さんは、別に呼ばなくていいわけですよ。

大岡　作れればおもしろいんですけどね。

実相寺　そういうものを是非、作りましょうよ。

大岡　返事は致しません。返事は空白ということで……。（笑）

『闇への憧れ　所詮、死ぬまでの《ヒマツブシ》』昭和52年7月収録（実相寺40歳）

■加藤　泰（かとう・たい）

映画監督、脚本家。1916年生まれ。代表作『瞼の母』『沓掛時次郎　游侠一匹』『真田風雲録』『緋牡丹博徒シリーズ』『江戸川乱歩の陰獣』『人生劇場シリーズ』など、数多くの時代劇や任侠物の名監督として知られる。極端なローアングルとクローズアップの映像作りは、実相寺昭雄とはまた違った独特の映像美を醸し出している。1985年没。

■大岡　信（おおおか・まこと）

詩人、評論家。1931年生まれ。代表作『蕩児の家系日本現代詩の歩み』（藤村記念歴程賞）『紀貫之』（読売文学賞）『折々のうた』（菊池寛賞）など数多くの賞や叙勲を受ける。戯曲や歌劇、映画のシナリオも多く手掛け、『水炎伝説』（オペラ）『あさき夢みし』（映画）では実相寺昭雄と組む。実相寺が脚本を渇望してやまなかった書き手の一人。2017年没。

第2章

音楽・テレビ・映画

音楽・テレビ・映画〈対談〉冬木 透

実相寺 あなたは突然大学の先生になっちゃった。クラシックのどういう先生に就いて、どういう道筋だったのか。なんでTBSにいたのか。そういうことを今まで、事あらたまって聞いたことがなかった。

冬木 TBSにいたのは偶然なんですよ。僕はエリザベートという広島の短大を出て、今は4年制の大学になったけれども、その1期だった。作曲をやっていて、2年で卒業して、あとは助手をやったり、専攻科へ行ったりしながら、もっと作曲の勉強を続けたいと思っていた。その広島へ教えに来ていた市場幸介さんという恩師が東京の方だったので、頼って出てきた。

この人が、今でいえばいわゆる劇伴の大家だったわけですよ。TBS——当時ラジオ東京と言っていた——の人脈の中に満州というのがひとつあって、市場先生は満州で、僕も満州。市場先生がTBSのラジオ、テレビの仕事を盛んにやっておられた。僕はその頃、4年制の大学の3年に編入して作曲の勉強をしたいと思って、先生を頼って出てきたんだけど、親は病身で無職だったから、自分で生活のことを考えなければいけなかった。

じゃ、TBSに入れと。TBSの当時の音楽資料課長が自分の朋友だから、そこでアルバイトしろ、資料課へ行けばスコアもあるし、レコードはあるし、勉強できるだろう、アルバイトしながら大学へ行けということだった。そのつもりでTBSへアルバイトで入ろうと思ったら、たまたまそのときに効果団の採用試験があって、それを受けろと。ただアルバイトで入るのではなくて、それなら一応正規に入る格好になれるから。受かったら音楽資料課に引っ張ってやるという課長の話だった。

じゃあと受けたわけだ。効果団なんてどんなことをやるんだろうと思っていたら、試験官だった効果団の大先輩の石川さん、石井さんという人たちが、おまえ、1年でいいから効果をやらないかと言われて、「そうですね」と始めたわけだけど、1年経ったときに、面白いからこのまま続けると言って、そのまんまずっと効果団にいたんですよ。

実相寺　大学はどうしたわけ？

冬木　それを1年やって、2年目の春に国立（音楽大学）の編入試験を受けて入った。月謝が安いから本当は芸大（東京芸術大学）へ行きたかったんだけど、芸大は編入できない。1年からでないとだめだと言う。また4年間月謝を払うのはしんどいなと思って、しようがない、国立へ入った。

実相寺　国立音大へ編入してからは、仕事をやりながら作曲を学んだ。

冬木　そうそう。これは社内でも問題になった。あいつは学校へ行きながら仕事していると言われたし、学校でも出席が悪いということで問題になった。

夕方からTBSへ入るわけですよ。当時はまだVTRがないから、放送終了が12時ちょっと前で、夜中は放送がなかったから、翌日の準備をして、夜中の2時か3時頃タクシーで家へ帰る。当時国分寺に住んでいて、朝8時半に国立の大学へ行って、午前中の授業を受けて、午後はTBSへ行く。そういう毎日だった。

実相寺　国立にいるときはさすがに作曲のアルバイト、劇伴のアルバイトはしてなかったんでしょう？

冬木　1回だけしている。まだラジオに行っていた頃、ラジオの番組を一つやらないかと女のプロデューサーから言われて、やったことがある。
実相寺　そのときにはもう冬木透という名前でやっていたわけ？
冬木　そのときは名前はまだない。
実相寺　冬木透という名前はいつから使っていたんですか？
冬木　『鞍馬天狗』（昭和31年にTBS＝当時のKRTにより初テレビ化）からです。
実相寺　僕が入社してADに就いた『屋根の下に夢がある』というホームドラマで、テーマ音楽は違う人だったけど、劇伴は全部あなただった。
冬木　そうそう。
実相寺　クラシックの番組も昔はあったし。TBSはその頃、東京交響楽団を事業部で応援していて、冠が付いていた。そういうものには関わってなかったんですか？
冬木　直接はなかった。効果は専らドラマのほうだから。冬木透という名前でつくったのは宮本さんの『鞍馬天狗』のとき。
実相寺　僕が入る前だ。
冬木　途中から、おまえやらないかと言われて、やったんだ。ところで、名前は本名を出すわけにいかないということになって、社内の人間だから。酒飲みながら一晩考えたのが「冬木透」という名前なんだ。
実相寺　『鞍馬天狗』のときは国立は卒業していた。
冬木　卒業していた。

実相寺　子どもの頃から作曲を志望していて、西洋古典、クラシックにはずっと惹かれていたわけですか。

冬木　親父が、昔のシェラーク盤のレコードを満州で何枚か持っていて、それは専らクラシックだった。ベートーヴェンがあったり、ワーグナーがあったり、大した数じゃないけど、それをもの心つく頃から聴かされていたから、音楽ってすごいなという気分があって、音楽をやりたいなあと3歳か4歳の頃思っていたのは覚えている。

実相寺　音楽をやりたいというと、最初は楽器に行くんじゃないの？

冬木　楽器をやりたかったけど、戦争中で、満州だし、楽器はハーモニカぐらいしかないし、男の子が音楽をやるという雰囲気じゃないから、面と向かって言いだせないでいたわけだ。でも、終戦になる前に何ヵ月かピアノを習いに行ったことがある。学校の音楽の先生の家が近所だったから、習いに行きたいと言って、習ったことはある。その程度だ。

実相寺　親父さんは音楽に関係していたの？

冬木　医者だった。

実相寺　ＳＰがいっぱいあった。

冬木　まあ、ね。終戦後、高校1年のときに苦労して引き揚げてきて、そろそろ将来のことと言っているときに、親父はてっきり医者にしようと思っていたんだけど、「おれは音楽をやりたい」と言ったらえらい怒られて、それから3年ばかり口もきかなかった時期があった。

実相寺　作曲を真似事から始めたのはいつ頃なんですか。

冬木　中学の頃かな。中学は、僕は満州にいて終戦直後のどさくさだから、まともには行ってない。何もやることないから、真似事みたいなことをやっていた。五線紙もないし、書き方もわからない。自分で釣糸を板の上に張って、お琴みたいなものをつくって弾いたり、そんな程度ですよ。

実相寺　満州は、朝比奈隆先生じゃないけど、亡命したロシアの人がいたり、そういう関係で音楽は日本より進んでいたんじゃないかと思うんだけど、子どものときにそういう音楽を聴いたことはあるわけ？

冬木　ないねえ。市場先生が当時満州で、新京放送で音楽をやっていた。森繁久彌さんがアナウンサーをやっていた時期で、宮本さんもその頃向こうへいたのかな。石川甫さんとか。その頃の話を、僕は後になって市場先生から聞いた。僕は小さな子どもだから、全然関係のない世界だった。

実相寺　SPレコードは向こうへ置いてきちゃったわけだ。

冬木　もちろん。

実相寺　SPで聴いていたベートーヴェンは誰が振っていたの？

冬木　それは思いださないんだけど、テレフンケンだからワインガルトナーかなあと、今思ったりしていますよ。

実相寺　僕が一番好きだったのは、ベートーヴェンでいえば7番というシンフォニーで、家にアルバムがあって、それはメンゲルベルクだった。

冬木　メンゲルベルクかもしれない。

実相寺　本格的に作曲をし出したときには、これだけ劇伴をやるとは思ってなかったでしょう。

冬木　もちろん。

実相寺　どういうものを書きたいと思っていたわけ？　シンフォニーを書きたい、室内楽を書きたい、いろいろあるでしょう。

冬木　あの頃は中学生、高校生だから、ベートーヴェンみたいな音楽家になりたいという感じだよね。

実相寺　こっちへ帰ってきてから、日比谷公会堂へ行ったり、音楽とは接していたわけ？

冬木　東京へ出てきてからは行きましたよ。乏しい小遣いの中から行った。ストラヴィンスキーがやってきてN響を振った演奏会は感激したね。日比谷公会堂で自作を振った。忘れられない。

実相寺　全然知らないな。僕は子どものときに、ヒンデミットがウイーン・フイルを連れてきてやったのを日比谷に聴きに行った記憶がある。あの頃は、いろんな音楽が聴けなかったのが一気に戻って、わーッと。

音楽だけじゃない。輸入されてなかった名画がうわーッと入ってきたり、子どもだからお金はないんだけど、消化不良を起こすぐらいいろいろ行きましたね。しかも、日比谷公会堂ぐらいしかなかった。

冬木　日比谷公会堂しかなかった。それと、僕は満州から帰ってくる前に1年間上海を経由しているんです。その頃上海で映画を観た。

その中に『カーネギー・ホール』という映画があった。これを観たときに僕はびっくりして、それまで考えられもしなかったような内容の映画で、日本に帰ってきてから何年か経ってまたそれが来て、また観たけど、あれはちょっとした一つの体験だった。

実相寺　僕も日本では観たけど、あまりよく覚えてない。『オーケストラの少女』とかあった。

冬木　ああいう音楽映画が何本か来た。

実相寺　ジャン＝ルイ・バローがベルリオーズを演じた『幻想交響楽』という映画もあった。パガニーニの映画もあった。

冬木　あった。あれもジャン＝ルイ・バローじゃなかったかな。ヴァイオリニストの話で、『すすり泣き』？

実相寺　じゃない、『しのび泣き』。世に出られなかった天才ヴァイオリニストの話だ。いい映画だった。音楽映画じゃないけど、ヴァイオリニストの話で。懐かしいね。

冬木　懐かしいねえ。

実相寺　つぶちゃん（円谷一《はじめ》さん）とは、効果と演出という感じで知り合ったわけ？

冬木　そうそう。

実相寺　円谷プロ以前のもので一番最初に円谷一さんと音楽の仕事をやったのは何ですか。

冬木　たぶん、『おかあさん』かな。

実相寺　円谷さんが『おかあさん』なんてやっていた？

冬木　うん。岩崎さんが入っていて、初めて演出をやらされたことがあった。それがきっかけかな。

実相寺　ベートーヴェンのような曲を書きたいと思っていた人が、15秒とか、時には5秒とか、長くても1分10秒ぐらいのものをたくさん書かなきゃならないという状態になったときはどうだった？

冬木　市場先生から何となくそういうことは聞かされていたし、市場先生の仕事を覗いていて、こんなものかあという予備知識はあったから、そんなに違和感はなかったけど、実際にやってみろとやらされたときには戸惑ったよ。

実相寺　でも、独学ということはないでしょう。誰かの『管弦楽技法』を読んだり。

冬木　もちろん、それは予備知識がないと書けないから。
実相寺　あるいは、リムスキー＝コルサコフのものを徹夜で勉強したとか、そういう技法は誰に一番影響を受けていますか。手習いというのは、何でも真似事から始めるでしょう。
冬木　一番最初に僕が勉強した、あるいは真似をしたスコアは《未完成》なんですよ。
実相寺　へぇー。
冬木　これが、《未完成》しかないんですよ。広島の田舎の学校の音楽部にたった1冊だけあったポケットスコアが《未完成》なんです。それがお手本だった。その頃はなぜクラリネットが違う調なんだろうとか、移調楽器なんて知らない。わけわからなくて、クラリネットはこう書くのかと。教えてくれる先生もいないし、そういう具合だった。
実相寺　その頃、ポケットスコアは今みたいに自由に買えたり、手に入ったりしたんですか。
冬木　まだ少なかったです。でも、楽器屋へ行けばぼろぼろのわら半紙みたいな楽譜があって、ベートーヴェンのシンフォニーも5番と6番ぐらいはあったという時代で。
　なぜ6番を買ったかというと、N響が演奏旅行で来るとき、クルト・ウェスという、僕が生で聴いた最初のまともな指揮者だったんだけど、その人のプログラムの中に《田園》が入っていたから、《田園》を少し勉強しようと、おれが初めて買ったスコアだよ。
実相寺　コンサートにもそのスコアを持っていって、見ていた。
冬木　持っていって、見たよ、暗い所で。
実相寺　昔はたくさんいたね、日比谷でも。

冬木　いた、いた。

実相寺　今みたいに、簡単にCDで聴いて勉強するわけにいかない。しかも、音楽会ではくり返しはやってくれないし、みんな真剣に聴いていたんだろうね。

冬木　必死ですよ。

実相寺　おれはその当時わからないから、キザな野郎だなと思っていた。

　ところで、前に伊福部昭先生と話していたら、伊福部先生が、特撮もので怪獣が出るから、いろいろ勉強をした、つまり普通のホームドラマでは音楽がうるさいというのはできないけど、イベールのとか、大シンフォニーのものが――特撮ものではできるじゃないですか。そういう面白さがあるということを聞いたことがある。

冬木　僕は伊福部さんのような意味では、最初に意識しなかったけど、実際に始めてからはそういうことは感じたね。こういう音楽にするといろんなことも実験できる、勉強できるなと思った。ただ、『セブン』の音楽のスタイルに関しては、最初に制作意図を円谷一さんから聞いたときに、これはかなりスケールの大きな表現ができなければいけないなということはまず感じた。楽器編成はクラシックの――というのはポピュラーじゃないという意味だけれども、オーケストラ編成が基本になって、いろんな楽器が使ってということを考えた。

＊　＊　＊

実相寺　『ウルトラセブン』以前に、あなたはモーツァルトのこととかいろいろ言われて、僕も当時はモーツァルトおたくの時期もあったから、あなたにモーツァルトそのものも録音してもらったことがありますね、ディヴェルティメントなんかを。

冬木　そうだね。

実相寺　そういう意味では、パスティッシュというんじゃないけれども、そういうことにずいぶん影響されている感じがあるけれども、あなたはこういうものにモーツァルトを使うことを意識したのはどれぐらいからですか。僕が覚えているのは、フランスのアニエス・バルタの映画でモーツァルトのクラリネット・クインテットを使っていたものがあって、それと前後して、K.467のピアノ・コンチェルトの2楽章の旋律だけを『みじかくも美しく燃え』とかいう映画で使っていた。それに円谷一さんがいたく感動していて、こういう手のものもいる、いいよ、と言っていた記憶はある。たぶん、それと同じ時期だと思う。

冬木　そうかもしれないね。

実相寺　当時から僕は、あなたの透明感のある音が好きで、これ以前に、僕は途中で下されたけど、スタジオで『でっかく生きろ』をやって、あなたが全部音楽をやって。僕はあのテーマのマーチだけはいつかもう一回復活させたいと思っているんだけれども、そういうものの中にも非常に賑やかなもの、悪ふざけしているものと――僕はそういうものがわりと好きなんだけど――鬱じゃないけど非常に静かなところと、そのコントラストのある音楽をあなたがつくるのが僕は楽しみだった。そういう静かなものに近いものを何度もくり返して使った記憶もあるんです。あなたがつくってくれたモーツァルト風のものもずいぶん気にいって。

冬木　僕から言うと、あなたの撮った絵の中にそういう透明感を感じて、それに触発されてそういう音楽を書いたことは何回もある。

実相寺　『レモンのような女』もほとんどあなたと一緒にやっているんだけれども。

冬木　懐かしかったね。

実相寺　あの中で、学者か何かで、死んだ伊丹十三がやっている、もてない男が掏摸《すり》の岸恵子に向かって、仮想の疑似的な恋愛のときに、あなたが《魔笛》の20番のアリアの「恋人か女房が、いればいい」をテーマとバリエーションのように楽器でやってくれた。ああいうことはほかの人に頼めないという感じが僕はあった。それがこの辺と密接に繋がっているんだけど。

冬木　そうだね。

実相寺　あなたにはモーツァルトのことをずいぶん教わりましたよ。素人に教えるというのは大変だけど、このレコードを聴けとか。

冬木　そんな意識は全然なかった。勝手なことをやっていたというよりは、むしろあなたから触発されて、こうしろと言われていた。

実相寺　そんなことはないです。

冬木　言葉でじゃなくて、絵でそう言われていたような気がする。

実相寺　どういう絵ができてくるかを予測しながら書くわけでしょう。

冬木　そう。

実相寺　でも、どんな絵が出てくるかは正確にはわからない。間尺も違うだろうし。間尺にある程度合うような形でつくっておくわけですか。どこかスポッと抜けるように、ということはないわけ？

冬木　それは出たとこ勝負だよ。そこまではできない。
実相寺　あなたは職人的な面もあるから、わりとそういうことをさ。
冬木　それはそのときそのときに考えるんだよ。あらかじめはできない。
実相寺　毎回毎回絵ができて、それを見て、音楽が付けられてというような幸せな状態じゃないでしょう。13本をまとめて全部、どんな監督のも音を70曲ぐらい録っちゃうわけじゃないの？
冬木　そう。でも、こういう――『ウルトラセブンのような』――シリーズの場合は、登場人物とか設定はほとんど変わらないわけだ。相手の怪獣がどんな怪獣になるか、ドラマの設定、ストーリーという部分では、もちろん一話一話全部違うけれども、「ウルトラ警備隊」「セブン」「ウルトラマン」とかは、出てくる歌のフォークは変わらない。その部分につける音楽はいっぱいある。それは大体こっちに任せてもらえるわけだ、よほど見当外れじゃない限り。監督さんがこだわるのは、今度出てくるあの役のあの女の子にこういう音楽をつけたいという部分じゃないですか。それはあらかじめわからない。そこは僕も困るよ。女の子が出てきたら毎回同じ音楽ではつまらないし。例えばあなたのように、今度音楽を録るんだと、全然関係のない音楽のときにも録ったことがある。
実相寺　たしかあるね。
冬木　そういうことで何とか解決していくしかない。苦しいのはそこの部分だね。
実相寺　『ウルトラセブン』をやっている頃は先生になっていたの？
冬木　なっていた。
実相寺　桐朋の先生になったのはいつだったたですか。

冬木　僕は、昭和31年から37年まで、７年間ＴＢＳにいたんです。
実相寺　そんなに早くやめた？
冬木　あなたのやめるちょっと前よ。
実相寺　僕はそれからまだだいぶいますよ。37年というと、僕があなたと初めて劇伴の仕事を一緒にやった年です、『おかあさん』で。
冬木　あと２〜３年してからです、桐朋に行ったのは。
実相寺　そのときは最初から作曲法を教えるということで行ったんですか。
冬木　最初から作曲を教えていた。作曲以外のものも教えたけど。その頃作曲を教えた人が今はもう大家になっていますよ。作曲家としてじゃなくて。
実相寺　いろんな面であなたに教わったという人に会う。オーケストラの中でもいるし。その頃、作曲以外にどんなものを教えていたんですか。
冬木　作曲以外には、和声、和声以外の音楽理論。わりに自由な講座があって、例えばグレゴリアン・チャントを教えたこともあるし、オルガンの音楽の歴史をやったこともあるし、バッハの作品ばかり取り上げたこともあるし、ベートーヴェンばかり取り上げたこともある。そういう分析、スコアを読んでいくような授業とか、いろいろですよ。
実相寺　それを週に何回ぐらいやっていたんですか、こういうことをしながら。先生がアルバイトをしているわけだから。
冬木　専任だったから、週に４日は少なくとも行っていた。

実相寺 じゃ、TBSを辞めざるを得ない。
冬木 行くという話が起こったのはTBSを辞めた後だけど。

＊＊＊

実相寺 あなたは効果音も専門家だったけど、効果音に関しては全然口は出さなかったんですか。
冬木 いろいろ言ったよ、もっとこうしたらどうだろう、もっとこうしてみようとか。一緒につくったことはある。
実相寺 最初の『ゴジラ』は、伊福部先生もそうだったらしい。音、怪獣の声は、コントラバスで弾いて、それをテープに録ってから先生がいろいろ。
冬木 僕は毎週スタジオへ入っていたし、特撮の撮影のときにもひまがあると覗いていたから、好き勝手に好きなことを、ああでもないこうでもないといろんな人と言った。そういう意味では面白かったね。
実相寺 劇伴のことは、最近はいろんな作曲家の作品が出るようになったけど、学生に教えることはないんですか、アルバイトのしかたとか。
冬木 ないね。作曲科の学生は、最近はそういう仕事がないわけですよ。僕らはそういう仕事でアルバイトしながら生きてきたようなもので、勉強も音出しの現場で勉強してきたようなものだから、そういうチャンスが少なくなった今の学生はかわいそうだなと思って、そういう機会をつくってあげた。例えばNHKの仕事が何か来たときに若い連中を2～3人集めて、議論しながらつくっていくのはどうですかと提案したり、そんな仕事も何回かやらせてもらったけど、そういう場が少なくなっちゃったからね。

今は専らシンセサイザーで一人でやってという仕事が多くなった。

実相寺　昔の名を成した作曲家はみんな劇伴で食っていたものね。あの頃のＴＢＳのドラマを見ると、錚々《そうそう》たる名前が音楽で出ていた。大山さんのドラマにしても、武満徹、間宮芳生、牧野由多可とか。

冬木　みんなそれで勉強し、それで食ったんだから。僕は恵まれた時代にいたんだなあと思いますよ。

実相寺　一番影響を受けた作曲家はいないの？　ストラヴィンスキーの演奏会を聴きに行ったときに影響を受けたとか。

冬木　断片的にいろんな部分に絞っていくと、例えばストラヴィンスキーに楽器の使い方を教わったところもあるし、あるいは、ある種のドラマティック的な表現にワーグナーをお手本にしたところもあるし、いろいろですよ。

実相寺　ぼくが最初に長編の映画を撮ったときに、バッハの無伴奏のパルティータか何かをつけてくれた。テーマの最初のトップタイトルのところがそれだった。ああいうものを発想するというのが面白いなあと思って。

あれもたしか、新しくそのときに録ったんだよね。

冬木　そうだよ。あの映画は何だったたっけ？

実相寺　『無常』だよ。

冬木　何年も経ってから、大学へ教えに来た若い人あるときに突然あの『無常』の話をして、「いやー、あなたの『無常』を観たときにはびっくりしましたよ」「何が？」「いや、バッハが出てきたときにはガーンと殴られたような気がしました」と。そんなふうに思って観くれたのがいたんだと、うれしかった。

実相寺　既成の音楽を使ったときにあるツボにはまというのはひとつの快感なんだろうね。
冬木　うん。はまると愉快だよね。
実相寺　あまりイメージが強い人には逆に危険なことある。それは確かだ。そういう意味では音楽は、打合するときに全部違うと同じように、なかなか絵と音は……。
　実際に学校で教えたら面白いと思うけど。
冬木　そうねえ。
実相寺　ただ、一つのパターンはないからね。
冬木　そうなんだよ。それが体系化、体系づけられるかどうかが問題だ。

＊　＊　＊

実相寺　確かに、時代は変わっているんだけれども、この『ウルトラセブン』の音楽は相当残ると思いますよ。
冬木　何人もの監督さんが監督しているわけだけど、こんなに限られた音楽しかなくて、でも、それぞれみんな個性が出るんだなあと、見ていて感心することがある。最近見てないけれども、今思うと……。演出というのはすごいものだなあと思う。同じように音楽を使っていて、不自由していても。
実相寺　あの頃、劇伴を頼むときに用語があって、例えばテーマ。ドラマ全体に関わるタイトルバックが流れるところにドラマ全体の性格を音楽が補足する形でテーマ音楽が必ずあって、それに歌が付くことがある。劇伴としては、シーンの初めにまずイントロがある。それから、コンマというのがある。タッチみたいなもので、３秒とか。何か物を落として、コローンとするものもあるし。あるシーンとシーンを転換するときのブリッジ。それとコーダ。これだけをディレクターから習う。これが僕はよくわからなかった。その当時の言葉はまだ何かありますか。３秒のものをどうやって作曲するんだろうと思っていた。

冬木　そんなものでしょう。あとは秒数が伝えてくれるから、この泣きは１分、２分とかいう言い方で。

実相寺　あと、ＭＥというのもあった。音楽で表現するサウンド、効果音。

冬木　音楽というよりは、音、みたいな。

実相寺　映画のときには、パルティータでも全部録ったじゃないですか。あなたと一緒に、ヴィヴァルディの《四季》を全部録ってもらったこともある。映画でもし、レコードを援用すると莫大な金がかかる。テレビは、今は知らないけど、音楽著作権課にこれだけ使ったと出しておくと、それで通用した。今は違うんだろうね。

　あの頃は、レコード資料室にあれだけレコードがあったことは、そのレコードを使って申告しておけばいいということだから、誰でもレコードを使っていた。

冬木　ニュースに盛んに使っていた。ニュースは、当時全部ＬＰですよ。

実相寺　特に、内閣改造なんかがあると必ず《カルミナ・ブラーナ》が流れたり。その音楽を当てるのがまた実に上手なんだ。あれは生でやっているんだから。

冬木　今はなくなったけど、東宝系の新日本映画社で記録映画をつくっていて、何本も記録映画の仕事をさせてもらったけど、それこそ仕上げのときは徹夜で、一生懸命書いて、録音して、合わないところが出てくる。そうすると、選曲の人が手持ちのＬＰを持ってきて入れかえてくれる。これが合うんだな。はあー、こんな曲があるのかと落ち込んだよ。

実相寺 専門に選曲の人がＴＢＳでもいましたね。

冬木 いましたよ。

実相寺 その人に頼むと、ここのときにこれをかけなさいと持ってきてくれる。

冬木 短い、20秒ぐらいのところでもヒョッと拾いだしてやるんだ。すごいよ。

実相寺 『ウルトラセブン』のＣＤでホルンを使っているのがあったね。

冬木 いっぱいありますよ。

実相寺 特に、宇宙的な広がりを表現する描写的な音楽のところで、あった。あれはなかなかよかった。あれをなんで僕は使わなかったんだろうと思う。

冬木 そういうシーンがなかったんじゃないのか。

実相寺 そんなことはないですよ。もう一回まじめに聴き直して、自分で入れ直してみるかな。

冬木 それも面白いかもしれない。

実相寺 この中に、当時の現代音楽と言われていた音楽の雰囲気もちょっと感じたんですけど、作曲家としてはその時代の現代音楽も意識していらっしゃったのかなと思ったんですが。

冬木 そういう意識というよりは、これをどう表現しようということですよ。どうしたら一番的確に表現できるかという。だから、いろんなことをやるんです。

実相寺 電子音楽、シュトックハウゼンとかにはあまり影響は受けなかったの？　当時、勉強している頃は一番盛んだったでしょう。

冬木　勉強しなくはないけれども、これは少し違うなと思った部分はある。特にアコースティックな楽器と一緒にやるときには、それなりの時間と手間をかけてやれば、例えば地球と違う世界を表現するというときはいいけれども、それも大変な作業だからね。僕は、それはやらなかったわけじゃない。ローランドが創業したばかりのときに、まだシンセサイザーが普及する前にローランドのスタジオへ行って、全部いじらせてもらったことがある。それは発信機から操作しなきゃ音が出てこないような段階だから、これは大変だなあ、発展性は感じるけれども、オルガンのようなイメージでやったらどうだろうと。パイプオルガンがストップをいっぱい持っていて音を組み合わせるでしょう。そしたらなんと、当時の技術部長——その後重役になったけれども——が「私は芸大のオルガン科を出ているんです。おっしゃるとおりのことをイメージしているんだ」「やっぱりそうですか」と話したことはある。それは最初期ですよ。そのうちにだんだん楽になってきて、何でもできるようになって、ほかの仕事ではいろいろやった。

実相寺　シンセサイザーはずいぶん使いましたか。

冬木　使ったよ。

実相寺　『帰ってきたウルトラマン』の頃からですか。

冬木　あのシリーズでは使わなかった。このシリーズではスタートがスタートだったから、むしろアコースティックに限定した。一つには、『セブン』を最初やって、その頃にはそんな意識はなかったけど、シンセサイザーもまだ発展途上だからどうなるかわからない。そういうものは時代性というものが出すぎちゃうような気がした。それを使ったときに、その作品はその当時の表現であって、今はもうやらないことみたいなものを残していくわけで、そういう点ではクラシックな編成はある程度普遍的なものを持っているでしょう。

例えば、流行歌が1曲入っているだけでその時代がわかる。そういうふうになるのはまずいんじゃないかという気はあった、後のほうでは。

『レコード芸術』平成12年1月号（実相寺63歳）
「ファンタスマ～実相寺昭雄・映像と音楽の回廊　パンフレット」より改訂　2000年3月

ウルトラQ ザ・ムービー 星の伝説 〈対談〉佐々木 守

〝また地球からお呼びがかかりました〟のコピーで、衛星放送の深夜枠で再放送されているウルトラ・シリーズ。オーストラリアで新シリーズが製作されていたり、ここ数年再燃しているこのシリーズの原点ともいえる「ウルトラQ」が、劇場版として蘇った！ 監督を実相寺昭雄、脚本と佐々木守と『ウルトラマン』『怪奇大作戦』でみせた絶妙のコンビネーションの二人が、『ウルトラQ』をどう料理するのか興味は尽きない。おなじみ池田憲章氏を司会に、お二人に昔について新作について語ってもらった。

池田 実相寺監督も脚本家の佐々木さんも『ウルトラQ』のシリーズは確かおやりになっていないんですよね？ その辺で〝撮れなかった思い〟みたいなものはありましたか。

実相寺 そういった思いはあまりないけど、『ウルトラQ』は脚本を書いただけで、しかもそれが実現しなかった。僕は『ウルトラマン』からだから、シリーズの一番最初である『ウルトラQ』をこのタイトルのまま、監督できるというのは嬉しいね。

佐々木 僕もね『ウルトラQ』はまったくやっていないんですよ。円谷プロとのつきあいというのは、「『ウルトラマン』っていうのをやらないか？」と、ある日突然、実相寺監督から電話がかかってきたのが最初だから。今回『ウルトラQ』の映画版に参加するということは、ヒットした〝ウルトラシリーズ〟のいわば原点ともいえる作品をやれる、という嬉しさはあった。ただ、僕自身としては、〝TV〟ではなくて〝映画〟ということで、別の物であると思ってやりましたけどね。

池田　キャラクターは名前としては残すけども、ということですか。

佐々木　そう、名前は名前として。だから映画版でも万城目たちは出てくるんだけど、俳優も当然変わってるし、設定にしてもTVでは新聞社中心だったのが、今回はTV局になってる。そういう意味で言うと、登場人物はTVを踏襲しながら、でもこれは映画だからまったく違うんだぞ、と思って脚本を書きましたね。

池田　実相寺監督が円谷プロに来た頃というのは、『ウルトラQ』を放映中でしたか。

実相寺　いや、放映前でしたね。正確にいえば『ウルトラQ』の脚本を頼まれたのがきっかけなんだ。とても異例なことだったんだけど『ウルトラQ』は放映枠もまだ決まらないうちに全部出来あがっていたんだよね。僕は、製作に入る前から円谷プロには出入りしてて2本脚本書いたんだけど「お金がかかりすぎる」って言われてボツになった。だから僕は『ウルトラQ』ではなくて円谷一さんの助監督をやったりしてたんです。

佐々木　その辺りのことは、僕が脚本を書いて、去年TBSで放映された『ウルトラマンを作った男たち』に出てくるんだけど、途中で『ウルトラマン』が決まるんだよね。

池田　ウルトラマンが怪獣を倒すのはおかしい、怪獣の方がテーマを持っているのであって、それをウルトラマンが倒すのは主客転倒じゃないかと、前からおっしゃられていましたが、今回の脚本では、ストレートに怪獣が万城目たちと向かいあっているように感じるのですが……。

実相寺　ウルトラマンという存在は、必然的に出て、全部解決しちゃう非常に〝便利な存在〟なんだよね

（笑）。ドラマという点から見れば、出てくると〝判断中止〟みたいになってしまう。そうではなくて、ヒーローを出さずに怪獣と向き合う、というものをやりたかったから、今回とっても楽しかった。〝怪獣もの〟をやるならヒーローとの対決をやった方がおもしろいんだけれど、今回はそうでないものを、と思ったからね。

佐々木　ＴＶの『ウルトラＱ』もほとんど怪獣が出てくるけど、ヒーローは出てこない。

池田　そうですよね。逆に怪獣で魅きつけられて、後で振り返って考えると「ああ、話も良かったな」という感じでしたね。

実相寺　やっぱりさ、ウルトラマンにしてもスーパーマンにしてもヒーローにはなかなか我々の心情は託せないものだけど、怪獣にはわりと託しやすいんだよ。だからといってあまり人間的な怪獣になっても困るけど。怪獣にはそういうおもしろさがあるからね。

佐々木　やっぱり、僕なんかも脚本頼まれて『ウルトラマン』の時もそうだったけど、どういう怪獣を出そうかって所を一番悩むわけですよ。だけどそれを考えている時が楽しいんだから、どんな怪獣にしようか、ってね。

実相寺　幸い、佐々木さんも怪獣物というジャンルの言い方で差別されたと思う人じゃないからね（笑）。心理ドラマとかと較べて、酷《ひど》く劣る物をやらされた、みたいに意識する人もいるからね。そういった俗物性の無い人とこういうものはやらなくちゃいけないですよ。

池田　今回は怪獣は火か何か吐くんですか？

実相寺　火を吐きますよ。やっぱり何か吐かないとね〜何も無いっていうのは（笑）

池田　今回はほとんどオールロケーションで撮影されたんですね。

実相寺　そうだね。やはりなるべく現実の世界、建造物とか空間とかを取り入れたかったから。1シーン、ハイビジョンで撮ろうかどうか迷ったんだけど、どうもそこをハイビジョンで撮る理由がみつからなかったのと、合成だけでハイビジョンを使うのはどうかと思ってね。使うとどうしてもブルーバック撮影しなければいけないからセットに入らなきゃならない。そうするとそこだけ現実の空間から切り離されてしまうから止めたんだ。

池田　ロケーションというのはどうなんでしょうか。どうですか日本の絵というのは。どう切り取るかにもよるでしょうけど。

実相寺　それはやはり切り取り方じゃない。最近の二作は、『帝都物語』にしても『悪徳の栄え』にしても時代設定が時代設定なんだからロケが無くって、外《ロケ》に出たくてしょうがなかった。それに絵にならないところをどういう風に撮るか、っていうことは大事だと思う。現実感を出すためにもね。どうもセット中心だと浮き世離れしてしまって。

池田　夜間ロケなんか多かったんですか。

実相寺　多かったですよ。やっぱり怪獣だすなら夜じゃないとね。でも寒かったね。天気は悪いし、雪で悩まされたし。

池田　海からやってきた人々、ワダツ人の村は結構狙い通りに撮れましたか。

実相寺　そうですね。この場所は探したよ。ワダツ人の村はおもしろいと思うな。

池田　脚本を書く時は、やはりこれまでお調べになった事やなんかを入れるんですか。

佐々木　そうですね。やるならとにかくいろいろ入れようと（笑）。

池田　以前、佐々木さんから静岡県や山梨県の伝説のお話を伺ったことがありますが、意外と知られていない伝説、脚本家として膨らましがいのある伝説、というのは多いんですか。

佐々木　こういう時代から、埋もれてしまった伝説は多いね。でも僕はその中でも浦島伝説と羽衣伝説に興味がある。オーバーな話になるけど、この二つは日本の全体的な国家体制に関わってくる。

池田　『三日月情話』ですね（笑）。

佐々木　ええ。これを考えていくとわりと大事な意味を持ってくる気がするんですよ。だから今回それに絡めて〝海人族《あまぞく》〟についても描いた。僕が思うに、古代日本人が抱いていた伝説とか〝常世の国〟といった思想、それからすべてに神があるといったアイヌ民族の思想や物の見方、というのは全部大和朝廷が奪ったんですよ。そしてそれを自分たちの中に取り込んでしまった。浦島伝説や羽衣伝説というのは、結局、日本の民衆が持っていた海の向こうや空の向こうに感じたユートピアであって、それを大和朝廷は自分たちの正統にしてしまった。

池田　押えつけられた民族の反乱ですね。今度の脚本を読んでいると、あまり科学を全面に押し出していない点が印象に残ったんですが。こういう話ですとどうしても開発と自然、といった対比関係に置かれがちですよね。例えば遺跡と開発、といった具合に。でも今回は内的な部分、「自分たちは誰なんだ？」「自分たちは何処に向かって歩いているんだろう？」「全員がそっちの方に歩いていっていいのか？」といった方向ですよね。その象徴としての怪獣が出てくる。

実相寺　それはさっきの伝説の話と同じで今回の狙いですよね。まあ科学万能に対する疑問というのかな、今の世の中の効率性とか便宜制への疑問ですよね。その辺については、2作目で描きたいと（笑）。
佐々木　もう少しストレートに。
池田　ストレートにですか（笑）。
実相寺　科学に対する疑問というのは、『怪獣聖書』の方がストレートだよね。
佐々木　そうだよね。それを実相寺監督と僕とでもう一歩進めたのが『モンスター・コンチェルト』だった。
実相寺　だからその辺は、僕と佐々木さんとの年来のテーマとしてある。今回の作品もその線からは逸脱はしていないけど、取り組み方が違うから。ただ、科学の問題を全面に出すかどうかってことは、次の作品の構図で出せるように〝取ってある〟（笑）。
池田　そういった夢に魅かれていく気持ちと、逆にこれでいいのか、といった揺れる思い、その衝動に飲まれる男・浜野を一人出すことによって、逆に万城目は二重の意味で揺れますね。
実相寺　だから今回一番難しかったのは、万城目と宇宙人の女性との恋愛でしたね。そこの描き方が脚本より薄くなってしまったかもしれない。ラッシュ見て佐々木さんに怒られるかもしれないな。
佐々木　いやいや、それは脚本の構造として、間に浜野がいるから仕方ないよ。主役の万城目に、そこの部分を描き込めないというところがあっただけに、逆に監督には申し訳なかった、という意識は僕の方にもある。
実相寺　万城目の心根にもっとグサッと入っていくことが一番難しかったし、ちょっと匂いが薄いとすればそこかもしれないね。
池田　脚本を読んでると『怪奇大作戦』の匂いをとても感じるんですが、撮影されている間、頭の中にチラチラしませんでしたか。僕は『京都買います』になるんじゃないかと……。

実相寺　多少はしましたよ。でも『京都買います』にはならないけどね。怪奇的味つけは『ウルトラＱ』だから当然入ってきてもおかしくない。怪奇のニュアンスを引き摺りながらだんだん『Ｑ』の世界にもって行く。そう意識して撮った箇所もありますからね。

佐々木　松竹の方が脚本読んで「もうちょっと怪奇的な味つけないですかね」と言ってきた時に監督は「フィルムの上で、きちっとそれはなりますから」って言ってくれたんで安心しましたよ。僕は、オドロオドロしい、読んですぐそういう感じになる脚本を書くのが苦手なもんですから。でもラッシュを見るかぎり、かなり味つけはされてますね。

池田　その怪奇的な味つけという意味では、〝謎の殺人事件〟から始まるというのは〝王道〟を行く！　って感じですね。

実相寺　そうだね。

池田　過去、『空の大怪獣ラドン』にしろなんにしろ、大体出だしで不思議な殺人事件がおきる（笑）。ところがこれが普通の殺人じゃないと。ここでの死体にはぽっかり穴が開いているという風になっていますが、特殊メイクは原口智生さんですよね。

実相寺　原口君には今回いろいろやってもらったよ。傷口のメイク、特殊メイク、ワダツ人の手に浮かび上がる不思議な紋様……人間だけじゃなくて車のタイヤにまでメイクしてもらった（笑）。

池田　『ウルトラＱ』というとやはりオープニング・タイトルが毎回凝っていましたが、今回はどんな風になるんですか。

実相寺 オープニングはわりとデザイン的になってるけど、エンディングは違うね。最初は宇宙に飛び立ったロケットで終わろうと考えてたんだけど、やはりこの作品の一つのテーマとして〝自然〟というのがあるから、日本の自然のショットを重ねながら終わろうかな、と思っています。〝滅びゆく自然〟という……。

佐々木 雰囲気のあるブナ林かなんかが撮るといいんだけどね。

実相寺 まあ、綺麗な海だよね。

佐々木 そうだね。今回は〝海人族〟が出てくるしね。

池田 タイトルなんですが、〈星の伝説〉というサブタイトルは……。

実相寺 やけにタイトルにこだわるね（笑）。

池田 何か漠然と不思議な感じですよね……このサブタイトルは。

実相寺 よくない？

池田 いや、ああ（笑）。

実相寺 綺麗なタイトルでしょ？

池田 完成品を見せていただかないと、分からないですね（笑）。

実相寺 でも出来上りにピッタリですよ。

池田 そうですか。話は変わりますけど、宇宙船なんかをオープンセットで撮られたって聞いてホッとしたところってあるんですよね。というのは今の日本の特撮は、どうも解放感が……感じられないんですよね。

佐々木 解放感がないというのは、どういうこと？

池田 なんと言ったらいいのか……10メートル先にホリゾントを感じるというか、箱庭みたいなんですよ。

実相寺　平面的なんだよね。

池田　ええ。

佐々木　この間の『ゴジラVSビオランテ』をまだ見ていないんだけど、あれなんかもやっぱりそうですか。

池田　いいカットもあります。大阪の件りは、広がりが出ていました。新しい作り方を一から作っていくしかないようです。

実相寺　どうしても特撮物って本編もさ、特撮との絡みがあって、セットでやらざるをえなくなってしまうからね。セットでやればどうしても箱庭的な狭さになってしまうから。それを解消する意味もあってロケにしたんだ。だから特撮班にも随分撮影現場に足を運んでもらったよ。

池田　怪獣の部分の特撮についてはいかがですか。怪獣のシーンは結構長いんですか？

実相寺　長くはならないと思う。登場時間の長さよりも、印象の問題だからね。

池田　怪獣が出てきて町を壊すというのをスクリーンで見るというのは、『ゴジラ』は別として、一体何年振りだろうという感じがするんですが。

実装時　そうだよね。久し振りじゃないかな、そういう怪獣が出てくるのは、ただ、怪獣としては今回物足りないんじゃないかな。そんなに大きな町を壊してないから。でも、次でやりますよ次で（笑）。

池田　漁村ですもんね（笑）。でも懐かしいですね『ファイヤーマン』みたいで（笑）。地割れから出てくるところを少し見ましたけど、なかなか楽しいですね。スパークがバババババ！　とか飛んでくると（笑）。続編の予定なんてあるんですか？　あるとするならもっと怪獣を全面に出したものとか、あるいはまったく出さないとか、いろいろアイディアとしてはあるんじゃないですか。

実相寺　もちろん。次はね……もう少し古い伝統的な意味で金比羅像を破壊するやつとか（笑）、考えてますけど。

池田　一方で『ウルトラQ』だったら『あけてくれ！』のような話のものを見てみたいという気もするんですか。

実相寺　そうだね。ただああいうのは一時間半以上の映画にするのは難しい気がするね。佐々木さんもそうだけど、TVの『ウルトラQ』というのは尊敬はしてても、今作る上では意識していない。ただ、TVの思い出で劇場に来てくれた人たちが、新しい怪獣が出ても満足出来ない、ということだと嫌だから、自分の中でTVを消化して取り組んだつもりだけどね。

池田　『ウルトラQ』も『怪奇大作戦』も根は同じですからね。

実相寺　根本的なところはね。まあ、怪獣を出したかった、怪獣物を作りたかった、という念願の一つをかなえたのが今回の作品というところだね。

佐々木　その監督の念願によって、第一稿から決定稿に到るまでに怪獣のシーンはかなり増えましたよ。僕の第一稿というのは、意外と怪獣の出番がなかったんです。

実相寺　映画始まって20分位の間に怪獣出現の予感を観客にさせたかったんですよ。ですから佐々木さんは不本意かもしれないけど、そういうシーンをちょっと入れたりしたんです。……でも、佐々木さんと仕事するのは久し振りですよね。

佐々木　いつ頃からやってないだろうね。でも脚本は『怪獣聖書』もあったし『モンスター・コンチェルト』もあったから、ずっとやってるんだけどね。

実相寺　実現したのは久し振りだね。

佐々木　『シルバー仮面』以来かな？

池田　そんな前になりますか。昭和46年ですけどそんなに離れていたんですか。

佐々木　いや、なんとなくつかず離れずで、付き合っていたけれど、一緒に仕事して完成まで行き着いたのは、たぶん『シルバー仮面』以来だよね。

池田　そんなに経つとは驚きですね。

実相寺　だって、僕がその間にたいして撮ってないんだから、ドラマや映画は。

佐々木　それと、その間でも、難しい映画撮る時は、石堂さんと組むからだよ（笑）。

実相寺　でも、さっき話に出た『モンスター・コンチェルト』なんて、スタッフルームまで出来て取り掛かっていたら潰れちゃったからな。

佐々木　でも結構会って映画の話なんかしてたもんな。

池田　今回の『ウルトラQ』で万城目を演じる柴俊夫さんとも、ひょっとすると『シルバー仮面』以来ですか。

実相寺　彼は、『シルバー仮面』の2年後くらいに『あさき夢みし』に出てるから。それでも15年振りですけどね。

池田　今回、脇役がいいですね。浜野役の堀内正美さんとか。

実相寺　浜野役は岸田森をイメージしてたので、似た人ということで堀内さんをキャスティングしたんです。

池田　そうなんですか（笑）。ＮＨＫの少年ドラマシリーズの一本で、筒井康隆さん原作の『七瀬ふたたび』でも、何かから逃げてる予知能力を持つ青年を演じていて印象に残っていたんです。だから今回の脚本を読んで浜野を「誰がやるんだろう」と思ってたら、堀内さんと聞いて、あまりにもピッタリでびっくりしましたよ。なにか影にそういう感じする方ですよね。

実相寺　彼とはこの作品が初めてなんだけどね。

池田　監督の次回作は何か決まってるんですか。

実相寺　5月にオペラの演出が一本あるけど、その後はまだね。アダルトでも撮るか（笑）。その次はまた佐々木さんとやりたいね。せっかく復活したんだから。

佐々木　ボクにアダルト書かしてよ（笑）。そうそう、昔ね若松孝二の演出だったたんだけどATG作品で『聖母観音大菩薩』って書いたんだよ。これ結構評判良かったんだ。これ一本しかないんだよね、アダルトは（笑）。

実相寺　それはいかんなあ。もっとやった方がいいよ。

池田　でも最近ああゆうアダルトものって話が無さ過ぎますからね。まあそういう目的で売ってるんだからいいんでしょうけど、やっぱりそれもちょっと寂しい気がしますよ（笑）。

実相寺　やっぱり「にっかつ」がそういう作品をメインで作らなくなって、ボルテージが下がったからじゃないかな。

池田　どうせだったら大金かけて、大アダルト大会やったらいいんじゃないですかね。

実相寺・佐々木　（笑）。

「キネマ旬報」平成12年4月下旬号（実相寺40歳）

近い昔の物語　ウルトラマンとウルトラセブン〈座談〉市川森一・毒蝮三太夫

あのころの円谷プロは梁山泊だった

特撮テレビドラマの金字塔として、熱狂的なファンが多い『ウルトラマン』『ウルトラセブン』。監督として数々の名作を生み出した実相寺昭雄さん、両シリーズに唯一レギュラー出演した毒蝮三太夫さん、『セブン』で異色の人間ドラマを書いた市川森一さんが、「特撮黄金時代」の知られざるエピソードを語る。

実相寺　きょうはラフな話でいいんでしょう？　カタい話はできないよ。

毒蝮　俺を呼んでるぐらいだから、大丈夫だよ。（笑）

市川　この中で『ウルトラマン』とのかかわりがいちばん古いのは実相寺監督？　どういうことで『ウルトラマン』とかかわるようになったんですか。

実相寺　僕はＴＢＳの社員でディレクターだったんだけど、日劇で美空ひばりが歌ってるときの中継とかで、あんまり出来がいびつだったんで、ホサれたんだよ。

市川　「日劇美空ひばり事件」ですね。ステージ中央で歌ってる美空ひばりをまず超ロングで撮って。もう寄るか、もう寄るかと思ってると、なかなか寄らない。ついに寄ったと思ったら後ろ姿。正面からのアップはただの一度もなしに終わっちゃった（笑）。僕がTBSで学生アルバイトをしてたときだったもので、それで覚えたんだ。「実相寺」という名前と、ああいう画《え》を撮る人だということを（笑）。『ウルトラマン』（昭和四十一年七月放映開始）より前の話だけど。

実相寺　昭和三十八年の暮れだね。あのころ、日本テレビで四人の女が出るシャレたドラマをやってて、それをまねしてTBSで昭和三十九年の頭から男四人でドラマを始めたんだよ。『でっかく生きろ』というタイトルで、杉浦直樹、古今亭志ん朝、寺田農、岡田真澄で一クール。それが半ばでおろされちゃった（笑）。「おまえにはやらせない」ということになって、二年間ホサれた。ディレクターからADに逆戻りだよ。そうしたら、円谷一《はじめ》さんが僕のTBSの先輩で……。

毒蝮　円谷英二さんの長男ね。いまの円谷プロ社長のお父さん。

実相寺　その一さんが「今度『ウルトラQ』というのが始まるから、おまえ、ホン（脚本）書かないか」と言ってくれて、それで拾われたんですよ。

毒蝮　俺も原点は一さんですね。一さんがTBSにいなかったら、TBSで『ウルトラマン』をやることはなかったわけだから。最初、弟の円谷皐《のぼる》さんがフジテレビのディレクターだったんで、フジテレビに話を持ってったんだけど、「こんなもん、カネがかかるだけで、当たりっこねえ」って言われて、それでTBSに持ってきたという話を聞いたことがある。栫井《かこい》（巍《たかし》）さんは、当時TBSのディレクターですよね。

実相寺　そのころはプロデューサー。

毒蝮　梼井さんのドラマに俺はよく出てたの。「石井伊吉」という本名でね。そのとき、今度『ウルトラマン』ってのが始まるという話があって、梼井さんが「うち（TBS）のほうからは、石井という、元気で丈夫でヒマで安い役者がいるから、それを出そう」と言ったらしい（笑）。あとで聞いたら、五人のキャスティングは、TBSから一人、新劇から一人、東宝から三人というバランスだったって。要するに組閣と同じよ。TBS側からは俺を出して、『ウルトラQ』からスピンオフで桜井浩子を残しましょう、みたいな感じだった。

市川　そのとき毒蝮さんはいくつ？

毒蝮　三十歳。

市川　最初、抵抗なかったですか？　あの制服着て。

毒蝮　抵抗あったよ。オレンジ色の制服でさ。カラー調整みたいな色なんだもん。恥ずかしくてさ（笑）。カネがないから日曜日にTBSの中でロケをやるでしょう。友だちの役者に会わなきゃいいなと思ってると、そういうときに限って出くわして、「あれ？　石井ちゃんじゃない。どうしたの？」って。みっともないんだ（笑）。それで、『ウルトラマン』から『ウルトラセブン』になるときも、スピンオフで一人だけ残すというスタイルで俺だけ残った。名前は「アラシ」から「フルハシ」に変わったけどね。

円谷って、すげえやつらの集団じゃないかと思ってた

市川　僕はお二人がつくっている『ウルトラマン』を憧れを込めて見ながら、日本にも、ただの子供番組じ

ゃない、本格的なＳＦ番組をつくるプロダクションができたんだなと思ってました。当時の僕は脚本家志望だったんですけど、プロットをあちこちに持ち込んでも、シリアスなドラマって全然受け入れてもらえなかったんですよね。で、家賃が払えない、いよいよ都落ちというときに、日本テレビで放映される『怪獣ブースカ』の企画書を、プロデューサーのデスクから盗んできたんですよ。その企画書を読んで、キャラクターをのみ込んで、プロットをつくって、円谷プロに五、六本持ち込んだ。そうしたら企画室にいた金城哲夫、上原正三が読んでくれて、「一本書いてくれ」と。それで「ブースカ月に行く」というプロットを書いたら、運よく通って。そのあと、なんだか調子よく次々に書けて、いつのまにか『ブースカ』のメインライターになっちゃってた。

毒蝮　いちばん多いの？

市川　そうなんです。あのころの円谷プロは『ウルトラ』のＴＢＳ側が主力で、日テレの『ブースカ』はあまり人手がなかったということもあったけど。僕は二十四、五歳で、ライターとしてはずいぶん早い幸運なデビューだったと思いますね。時期的には『ウルトラ』が終わって『ウルトラセブン』にかかるころかな。そのころ、僕は『怪獣ブースカ』を書きながら、目は『ウルトラ』のほうに行ってました。

毒蝮　『ウルトラ』を書きたいなと思ってたんだ。

市川　僕が円谷プロで書いてると、「オールラッシュだ」「試写だ」といって、実相寺組とかが企画室をダーッと通っていちばん奥の試写室に行くわけ。狭い企画室で『ブースカ』の打ち合わせしてたのに、「『マン』の打ち合わせだ。みんなどいてどいて」みたいな感じで追い出されてたんだから（笑）。外様の思いをしてたんですよ。でも、それだけじゃなくて、『怪獣墓場』とか『空の贈り物』とか、実相寺さん演出のものにはみんな関心があったんですね。だから実相寺組のラッシュだというと、僕らも見に行ってた。
やっぱり少しはうれしいわけですよね。「俺たちが出入りしてる円谷プロって、ひょっとしたらすげえやつらの集団なんじゃないの?」と思って。ライターだって、佐々木守だの藤川桂介だの、売れっ子の作家たちで。そこに自分も出入りしてるんだなと思って、ちょっと晴れがましい気分でしたよ。「俺は円谷プロで仕事をしてるんだぞ。あの『ウルトラマン』をつくってるところで」「どんな仕事を?」「『怪獣ブースカ』」(笑)。だから早く『ブースカ』を卒業したくて、『セブン』のライターに起用されたときには、本当に待ちに待ったという気分だった。

毒蝮 そういう気分で円谷プロに来てた市川さんを、実相寺さんは見てた?

実相寺 僕は知ってたよ。市川さんが『ブースカ』でいらしてたのは。

市川 そんなに頻繁には出入りしてなかったんですけどね。あと、円谷プロは監督を大事にしてた。もとは技術屋集団だから。技術者にとっては監督が神さまなんですよ。「特技の神さま」と言われるあの円谷英二さんですら、監督には敬意を払うわけ。本田宗一郎か円谷英二かという感じで、技術屋魂を持った明治生まれの男という感じでしたね。

毒蝮 俺たちは、テレビがないころに芸能界に入って、まず映画をやってたわけだよ。だからテレビになっても、演出するのは「ディレクター」じゃなくて「監督」だと思っちゃう。そういう感覚が円谷プロにもあったね。実相寺さんもTBSにいるころは監督じゃないんだよ。一社員でディレクターだもんね。それが円谷プロに来ると監督として扱われる。そういうのがうれしいという気持ちはあった?

実相寺 僕は学生時代から、もともと映画界に入りたかったからね。桜井美千夫さんという人がいたじゃない。

毒蝮　ああ、ＴＢＳの専属殺陣師。

実相寺　あの人に「おまえ、局、やめるよ」って言われた。「おまえは映画のほうが合うよ」って。

市川　円谷プロの中での実相寺さんの立ち居振る舞いは、サマになってたな。監督然として、後光が差していた。

毒蝮　「よーい、スタート！」「オッケー」というのが言いたかったんでしょ。

実相寺　そういうわけでもないんだけど、生のドラマをやってたせいか、テレビっていうのはフィクションにならないという気がしてたのよ。フィルムなら、現像液を通ったところでフィクションになるという感じがあったからね。

市川　テレビだと、引きか後ろから撮るしかない。(笑)

実相寺　一さんなんかも、ああいうところで育ってるから、フィルムはすごく上手だったよね。でもスタジオのドラマは、何本もやってるけど、下手だったね。(笑)

毒蝮　円谷プロに行くと、カメラマンも技術の人も東宝から来るんだよ。みんな「技師」なんだよね。照明技師、録音技師、クレジットにちゃんと「技師」で名前が出るような人ばっかり。そういう人が「もう一回いこう」なんて言うと、なんか重みがあるんだよ。機械も、英二さんが「いいのをそろえろ」と言ったらしい。

市川　特撮の光学機械ね。

毒蝮　英二さんは、特技監督として黒澤明と並んでクレジットに出ちゃうぐらいの人だったから、それで円谷プロはやりやすかったということはあるね。英二さんの威光だよ。

実相寺　前に僕が書いた『円谷英二物語』ってドラマを、あなた（毒蝮さん）やったよね。

毒蝮　やった。ＮＨＫで、もう二十年近く前。

市川　それは知らなかった。円谷英二の役を？

毒蝮　そう。円谷英二しか出てこないドラマなのよ。

市川　そう言えば、なんか感じが似てるよね。帽子かぶって眼鏡でもかけたら。

実相寺　似るというのは、演技がうまいとか、そういうんじゃないね（笑）。僕がＮＨＫの人にあなたを推薦したんだよ。僕が書いた『星の林に月の舟』という小説があって、それが一時間半ぐらいのドラマになったことがある。そのときは西村晃さんが円谷英二の役をやったんだ。西村さん、上手なんだけど、円谷英二のイメージとはどこか違うんだよ。

市川　英二さんのあの朴訥《ぼくとつ》な福島人のキャラは、器用な役者じゃダメですよね。小芝居しないやつのほうがいい。

実相寺　芝居できない人のほうがいいんですよ。（笑）

ハヤタ隊員にスプーンを持たせたのは単なる思いつきだったんだよ

毒蝮　『ウルトラマン』『ウルトラセブン』は、いまから三十六、七年前だよね。当時の六本木とか赤坂とか出てくるじゃない。いまや昔の雰囲気は跡形もないからね。だからあれは東京の時代考証にもなる。実相寺監督が撮った、大八車で柱時計を持って逃げるシーンもそうだよ。

実相寺　当時だって、そんなのなかったよ。（笑）

毒蝮　ないのにやったんだ。ひどいね（笑）。やってみたかったの？

実相寺　うん。本多（猪四郎）先生の『ゴジラ』とかいろいろ怪獣ものを見てて、唐草の風呂敷に柱時計を包んで逃げたり、五球スーパーラジオを持って逃げるというのをやりたかった。ところが、そのときは知らなかったけど、『ウルトラマン』というのは一九九〇年代の設定なんだね。放送時点から三十年ぐらい先の話だったんだ。

市川　あの時代でもおかしいのに、その上、さらにおかしかったんですね。（笑）

毒蝮　いまだったらつくれないよ。会社が許さないよね。

市川　実相寺演出って、役者さんからすれば、何をどう撮ってるか、わけがわかんなかったんじゃないですか？

毒蝮　わかんなかった。「はい、アップいくよ」って言うから、化粧して待ってると、口だけとか耳だけとか鼻だけのアップなんだよ。だからアフレコのときもだれがしゃべってるのかわかんない。「あの鼻は俺かなあ」とか。（笑）

実相寺　この人がばかなことを僕に聞くんだよ。「ここで怪獣に襲われたときは、どういう気持ちで芝居すればいいんですか」みたいな。だから「俺はそんな目にあったことないからわかんない。適当に考えてやんなさいよ」って。（笑）

毒蝮　そのくせ難しいことを言うんだよ。『セブン』の『狙われた街』では、俺がたばこを吸うと、そのたばこに幻覚作用があって、吸ってるうちにおかしくなっちゃうんだけど、実相寺さん、「急に変われ。焦点の合わない目になれ」って言うんだよね。俺、新劇でそんな稽古したことないからさ。（俳優修業法の）スタニスラフスキー・システムじゃやんないよ。どうやったらいいんだと思って、いろいろやってると、「それじゃ目が寄り過ぎだ」とか言うわけ。

実相寺　トンボをとるみたいに、「これ見てくれ」とかやったよね。クルクル回るやつ。（笑）

毒蝮　あと、実相寺さんは撮影現場のライトを画面に入れたまんま撮影しちゃうの。だから五キロとか十キロワットのライトが逆光でそのまんま映ってるのよ。俺たちはシルエットになっちゃって、だれだかわかんない。

市川　逆光は多かったですね、実相寺さんは。

毒蝮　桜井浩子のフジアキコ隊員なんて、顔を魚眼レンズで撮られて、ガーッと広がっちゃってさ。「私だって女優よ！」って怒ってた（笑）。まともな画がないんだもん。

実相寺　失礼な！（笑）

市川　実相寺作品だけは映像を見ただけでわかりましたね。だれも撮らない画づくりだから。

毒蝮　変だったねえ。来たホンだってよくわかんねえしさ（笑）。『ウルトラマン』のとき、椿山荘でお茶会のロケがあったんだ。科学特捜隊がみんな制服脱いで私服を着て、桜井浩子は着物を着てるんだよ。「けっこうなお点前です」なんてやってると、二瓶正也のイデ隊員にウグイスの糞が落っこってくるんだ。みんなまじめな顔してやってるときに糞が落っこってきて、こんな画を撮ったってどうしようもないんじゃないの？　と思ってさ。（笑）

実相寺　『空の贈り物』だ。

毒蝮　それがサゲなんだよ。あと、ムラマツ隊長（小林昭二）が歩いてると雨が降ってきて、「隊長！」と言ってハヤタがこうもり傘をビートルから落とすのがあったじゃない。あれは「なんである　アイデアル」と同じ発想だったって。（笑）

実相寺　あれはいまだったら絶対許可されないみたいね。

毒蝮　どうして？

実相寺　公的な機関を私的なことに使った、とか言われて。

毒蝮　公的？　ああ、科学特捜隊というのは公なんだ。税金で俺たちは食ってたのか。（笑）

実相寺　その自覚がなかったでしょう、あなた。

毒蝮　ない、ない（笑）。『ウルトラマン』で、ハヤタ隊員がベータカプセルとスプーンを間違えて変身しようとするというやつ（『空の贈り物』）、いまや名作だといわれてるんだけど、あれはどういうアイデアだったの？

実相寺　思いつき（笑）。今度、ＤＶＤの『ウルトラ』劇場映画偏というのが出たんだよ。その宣伝で、このあいだ佐々木守や黒部進さんと対談したんだけどね。実は『空の贈り物』で、黒部さんはいったんカレーのスプーンを置いて出て行ったのに、屋上でまたスプーンを持ってるのよ。

毒蝮　ほんとはおかしいんだ。

実相寺　おかしいの。ほんとならスプーンを置く前でカットしなきゃいけない。ところが、先に科特隊のシーンを撮ってしまってるんだ。そのあとでＴＢＳの屋上に行って、そこで変身しようとするときに、僕が思いついたんだね。

市川　いかに思いつきが多かったかということが、これで証明された。（笑）

実相寺　で、何十年ぶりにそこだけ撮り直したわけ。それで黒部さんを呼んだら、黒部さんは自分がスプーンを置いてきたことを怒られると思ってさ、「監督、あれは名作ですよ」って僕をなぐさめてくれるんだよ。（笑）

毒蝮　だけど、あなたが監督のときには視聴率が落っこったっていうよ。（笑）

実相寺　落っこった。でも、落ちたときは電車の事故があって、ＮＨＫが実況中継やったの。だから演出のせいじゃないんだよ（笑）。ただ、あまりにも落差があったからね。いつも四〇％ぐらいとってるときに、僕は三〇％ぐらいだったから。

毒蝮　視聴率、気にしてつくってたの？

実相寺　ううん。（笑）

毒蝮　俺たち役者も気にしてなかった。ただ、三〇％とかになってくると、あのオレンジ色の制服がカッコよくなっちゃって、子供たちがついてくるんだよね。これじゃ立ちションベンはできねえなと思ってさ。（笑）

市川　『セブン』は二〇％台に落ちたけど、『ウルトラマン』は特別のお化け番組だからね。そのあとの『帰ってきたウルトラマン』から何から、大体二〇％ぐらいでしょう。

毒蝮　でも『ウルトラマン』は四〇％を切ったら問題になったんだよね。演出部にビラが貼ってあって、「実相寺、三〇％台に落ちた！」って書いてあった（笑）。いまじゃ視聴率三〇％とったら万々歳だけどね。

実相寺　「コンスタントに四〇％いったら、みんなでハワイ旅行に行く」って言ってたね。実際に何本か超えたんだってさ。そしたらハワイの「ハ」の字も出なくなったけど（笑）。その当時、円谷プロは苦しかったもんね。カネが出て、カネが出てしょうがなかったわけだ。

市川　つくればつくるほど赤字になる。英二さんがいるから、恥ずかしいものは出したくない。それで光学機械には凝るしね。職人のプロダクションだから。

『セブン』のフルハシ隊員はチャールズ・ブロンソンを意識してた

市川　僕が『ウルトラセブン』に入ったとき、一つうれしかったのは、『ウルトラマン』の延長線上でやってるんだという実感があったことですね。毒蝮さんが残ったことで連続している。『セブン』は「続ウルトラマン」なんだという。

毒蝮　匂いは消えてなかったんだ。それがスピンオフのいいところだね。

市川　ほんとは毒蝮さん以外に、もう一人残ってるんですよね。ウルトラマンの中に入ってた人が、着ぐるみを脱いで隊員役で入ってきたから。

毒蝮　アマギ隊員の古谷敏ね。『ウルトラマン』のとき、「あのスタイルのいい背の高い彼はだれですか」という投書がいっぱい来たのよ。それで『セブン』では顔を出して隊員にした。

市川　こっちはそれがうれしくて。おっ！　ウルトラマンが隊員にいるんだ、みたいな気分があった。隊員一人ひとりのエピソード集を書くのが僕の役回りみたいになって、一回目はキリヤマ隊長の友情物語みたいなものを書いて、二回目がフルハシ隊員、つまり毒蝮さんを主人公にして『北へ還れ！』というのを書いた。初めてドラマらしいドラマが書けてうれしくてね。それまで『ブースカ』だからさ（笑）。市川春代さんなんていう、サイレント映画からの憧れの大スターが、毒蝮さんのお母さん役で特別出演してくれたり。それを書くというのは、震えるぐらいうれしいわけ。

毒蝮 俺もキャスティングを見たときにびっくりしちゃったよ。飯田蝶子さんとか清川虹子さんならまだわかるけど、市川春代さんだよ。いまでも市川春代さんがお袋役をやってくれたことは、俺の勲章だもんね。

市川 でも、さすが毒蝮さんだと思ったのは、『ウルトラマン』のアラシ隊員はどっちかっていうと三枚目でしょう。ところが、『セブン』のフルハシってシリアスなんですよね。剛直で、若き日の藤田進みたいな感じ。『北へ還れ！』にそれが顕著に出るんだけど、ものすごくシリアスな役。『セブン』は全然おふざけがないいんだもん。

毒蝮 それは意識しましたよ。バート・ランカスターかチャールズ・ブロンソンみたいな感じでいこうと思ってさ。

市川 チャールズ・ブロンソンだな、あのころでいうと。

毒蝮 ジョン・ウェインにはなれないから。（笑）

実相寺 市川さんのホンで初めてそういうキャラクターが出てるわけ？

市川 いや、それは最初からですよ。

毒蝮 市川さんが書いてくれた『北へ還れ！』というのは、俺の操縦しているウルトラホークが、宇宙人のせいで操縦不能になっちゃう。それで乗客三百人を乗せた旅客機の進路と俺の進路が一緒になって、俺がよけなきゃいけないのに、よけられない。俺は「自爆する」と言って自爆装置に点火するんだけど、脱出装置もやられて脱出できない。旅客機にぶつかる寸前に宇宙人の遠隔操作が解けて、俺が急旋回して三百人の乗客を助ける……。

市川　それで、たまたま基地に面会に来ていた市川春代さん扮するフルハシのおっかさんが、その一部始終をずっと見守ることになるわけ。おっかさんはそういう事情を全然知らない。フルハシはもうこれが最後だという思いの中で、しかし、おっかさんにそんなこと言えないから、交信で「すぐ帰るから、おっかさん待っててよ」と言う。

毒蝮　俺、やってて、これは高倉健だなと思った。（笑）

実相寺　感謝しなきゃいけないよね。（笑）

毒蝮　そのときお袋が俺に「北海道の牧場に帰ってこい」と言うんだよね。故郷の話とかお袋の話が出てくるのは、唯一俺だけなんだよ。「フルハシシゲル」ってフルネームで出てくるのも、ダンとアンヌ以外には俺だけなんだ。

市川　おっかさんに呼ばせるから、いちおう名前をつけなきゃならなくて。

毒蝮　「シゲル！」って呼ばれるんだよね。そのとき初めて、ああ俺はシゲルなのかと思ってさ（笑）。お袋は俺を北海道に連れ帰ろうとして来たんだけど、ウルトラ警備隊の作戦室を見て、「シゲルはこんなにも世界のために戦ってるのね」と言って帰っちゃうんだよ。で、俺は助かったあと、北海道のお袋の牧場の上空を旋回して、「俺はいま、お袋の上を飛んでるんだよ」って言う。

市川　ふつうだと対面して抱き合って終わるんだけど、一回も会わせないんですよ。なかなかシャレた終わり方なんだ。

実相寺　それはやっぱり当時だからできたんだよ。ほんとは公的なものを私的に使っちゃいけないんだから。

（笑）

毒蝮　そうだよな。公的なものを使って「お袋、いま上空にいるよ」っていうのはまずいんだ（笑）。ほんとは無線も使っちゃいけない。（笑）

市川　『セブン』になんでそんなに人間ドラマが求められたかというと、「とにかく安くあげろ」って、それだけの理由だったんですよ。特に僕みたいな新人のライターはね。『セブン』の予算は『ウルトラマン』のたぶん何分の一かでしょう。『北へ還れ！』でも、「新しい宇宙人はつくるな」って言われたんだから。「人間ドラマで延ばすだけ延ばせ。毒蝮で引っ張るだけ引っ張れ」って。暴れるのも宇宙人じゃなくて、既成のカプセル怪獣。

毒蝮　ウィンダム。

市川　ウィンダムもかく乱されて敵側に回って、結局、ウルトラセブンはウィンダムと戦うわけ。『セブン』はそういうふうに節約させられたの。あのころ英二さんには、いまみたいにオモチャをつくれば売れるという発想はなかったんですよ。だからつくればつくるほど赤字。

毒蝮　あとで取り返せるなんて気持ちはなかったんだ。

市川　つくる分だけ赤字だから、「できるだけ倹約してくれ」って。それで『北へ還れ！』みたいに、セブンと宇宙人が戦わない回をたまに書かされた。実相寺さんや佐々木守みたいに実績のある人は予算をふんだんに使っていいけど、市川のは宇宙人なしでいけって。

毒蝮　実相寺さんは「上」で、市川さんは「並」なんだ。（笑）

市川　僕が書いたのは、そういうのが多いですよ。『盗まれたウルトラ・アイ』なんていうのは、弾道ミサイルが宇宙から接近してくるというだけの話。でも、おかげで、人間ドラマを書くぶんにはお目こぼしというか、少々つまらなくても、「あいつには倹約させてるからいいだろう」って。

毒蝮　でも市川さん、『ウルトラマン』より予算を削られて人間ドラマを書かされたというのは、いい結果を生んだよね。

市川　僕にとってはうれしかったですよ。『ひとりぼっちの地球人』とか、けっこうシリアスなものが書けて。あとで『セブン』のマニアたちに、「よくあんな人間ドラマを書けましたね。ずいぶん抵抗したんでしょう」って言われてさ。僕はそれを否定はしませんけど、ほんとは単なる倹約の苦肉の策で。（笑）

毒蝮　冷や飯しかねえから、チャーハンにしようか、おじやにしようか、いろいろ考えて、ふりかけをかけてみたら、「おい、うまいじゃない！」ってなもんだ。（笑）

俺たち役者は、『セブン』が人間ドラマになってうれしかったよ

毒蝮　実相寺さん、覚えてる？　宙に浮いた目玉のビル。

実相寺　ああ、覚えてるよ。僕が撮った『ウルトラセブン』の第十二話、『遊星より愛をこめて』（注）。

市川　あ、欠番になってる話？　あの「幻の十二話」の話は僕も聞きたいですね。

毒蝮　東名高速の入り口の岡本町に、サイコロみたいな四角いビルがあったの。コンクリートの柱が四本あって、その上に四角い箱がのっかってて、四面に球体の窓が十個ずつぐらいある。変わったビルなんだ。そこでロケをすることになって、ビルの持ち主も最初は喜んで貸してくれたんだけど、いざホンを見せたら怒っちゃった。だから俺たち、こっそり撮って逃げるように帰ってきたんだ。

市川　どうして怒ったの？

毒蝮　ミニチュアでそのビルをつくって、ドッカンドッカン壊して、そこから宇宙人が出てくるんだよ。それでビルの持ち主から文句が来て（笑）。いま、そのビルはないけどね。

市川　『遊星より愛をこめて』だけは、僕も見てない。なんで欠番になったんですか。

実相寺　よくわからないけど、話としては、宇宙のある星で原爆騒ぎがあって、宇宙人の血が汚染されたんだよね。それで地球人の血を集めに来た。時計を配って、その時計から血を吸い取るという宇宙人の話だった。佐々木守らしいホンだけどさ。宇宙人は放射能に汚染されてるから、多少ケロイド状になっていて、それで被爆者をおとしめているという投書が来たんだよね。でも、佐々木守のところにも僕のところにも抗議がないし、佐々木守だからそういう意図で書いたわけでもないしさ。

毒蝮　その宇宙人の本拠が、岡本町のあのビルだったんだよ。

実相寺　そこを壊してバーンと出てくる。

市川　それじゃビルの持ち主が許すわけない。（笑）

実相寺　『ウルトラセブン』は全部で何話あったっけ？

市川　四十九話。そのうち僕は七本ぐらいだと思います。

毒蝮　実相寺監督は？

実相寺　僕は『セブン』は四本。『ウルトラマン』は六本。

毒蝮　あ、そんなものなの？

市川　みんなそんなものだよ。作家が多かったから。

毒蝮　『ウルトラセブン』は対象学年も四年ぐらい上げたんでしょう？　小学生から中学二年ぐらいに。

市川　『ウルトラマン』の主題歌は子供の合唱だけど、『セブン』は大人のコーラスだもんね。全体にちょっと大人っぽくなって、相手も怪獣じゃなくて宇宙人、侵略者になった。それでみんなちょっと混乱するのね。ちょうどベトナム戦争下だから、企画者の金城哲夫からして「侵略者」という言葉にこだわり始める。怪獣にしておけばいいのに、「本当の侵略者って何なんだ」みたいなことを、みんなが考え始めてさ。

毒蝮　俺たちもわからなかったんだもん。宇宙から来る侵略者なんて。『ゴジラ』ならわかるけどね。水爆実験で出てきた怪獣だというのが。

市川　宇宙人が侵略者なら、ウルトラセブンだって侵略者の片割れじゃないか、みたいなことを考えだすわけ。当時はベトナムで戦争やってるから、「ベトナム人にとってアメリカは侵略者じゃないか」「ウルトラ警備隊というのは自衛隊で、それを助けるウルトラセブンはアメリカ第七艦隊で、われわれがやっつける相手はベトコンか」「よし、ベトコンの味方をしよう」というんで、あるときはウルトラセブンが悪者になったり。しかも、金城哲夫とか上原正三という『セブン』のメインライターが沖縄出身者だから、「沖縄はヤマトンチュー（内地人）に侵略された」と言って、そこでも侵略にこだわる。『ノンマルトの使者』というのがいちばん顕著なんだけど、金城哲夫は『セブン』の企画者であるにもかかわらず、企画の根底を覆すような、「本当の侵略者は人類だ」みたいな話まで書いてしまう。だから『セブン』のラストは『ウルトラマン』のように明るくなくて、いつも暗い。ダンが「はたしてこれでよかったのだろうか」って、いつも悶々として終わっちゃう。（笑）

毒蝮　『ウルトラマン』と『セブン』では、知能指数、ＩＱが違うよ。『ウルトラマン』にはそういうのがないもん（笑）。ガヴァドンみたいな、ただイビキをかいてる怪獣だったりさ。可愛いんだよ。

実相寺　『ウルトラマン』と『セブン』が大きく違ったとすれば、市川さんがさっき言ったように宇宙人を「侵略者」にしたからだよ。それと、貧乏所帯だから人間ドラマの形に持っていこうというところ。

市川　本来から言うと邪道なんですよね。下手な人間ドラマなんか書いちゃいけないんだよ。もっと想像力豊かに、日常からどれだけ飛翔できるかということが、本来のウルトラシリーズの精神なんだけど。

毒蝮　でも、俺たち役者からすれば、ドラマチックに書いてあるからうれしかったよ。「子供番組だ」ってばかにされて、レインコートで衣装を隠しながらメシを食いに行ったことを思えば、こういうドラマになったことはうれしかったね。

市川　結果としてはバランスがとれたのかもしれない。実相寺・佐々木守作品みたいなシュールなものがあるかと思うと、少し人間くさいドラマもあることで、『セブン』全体の評価を、決しておとしめてはいないと思いますけどね。

日本のスピルバーグ、ルーカスを生み出してたかもしれない

毒蝮　いま思うと、当時の円谷プロは、気取った言い方をすれば梁山泊みたいな感じだったな。市川さんが書いたドラマ『私が愛したウルトラセブン』にもあの雰囲気が出てたよね。

市川　あれは僕の企画じゃなくて、われわれのドラマを観て育ったＮＨＫの若いプロデューサーやディレクターが、自分たちの原風景としての『ウルトラセブン』を見たいということで企画した。それで「あのころの思い出話を書いてくだい」って僕のところに持ってきたの。だからあれは大威張りの脚本でしたよ。ウソ

もホントも僕しか知らない世界なんですから（笑）。金城哲夫も上原正三もみんな実名で出てくる。ただ、一つ困ったのは、あんまりいい人ばっかりを描くわけにもいかない。スケこましだの、ずるいやつだのを出さなきゃバランスがとれない。だれにしようかと思ったら、結局自分しかないんだよね。

毒蝮　だれがやったの？「市川森一」は。

市川　香川照之。局側から推薦されて来たすごいキザなライターで、トラの威を借りて金城哲夫や上原正三と何かにつけて対立するやつ。小ずるくちょこちょこ立ち回るかと思えば、アンヌ隊員のケツを追いかけてフラれたり。これはフィクションだから、みんなジョークとして受け止めてくれるだろうと思ってそう書いたの。ところが、放送されたら上原正三から電話があって、「さすが自分のことはよくわかってるね。いちばんよく描けてたよ」（笑）。上原正三は僕をあんなふうに見てたのかと思って愕然とした。（笑）

毒蝮　よく書いたら、何を言われたかわからない。（笑）

市川　梁山泊と言えば、僕がいちばん最初、胸ときめかせて円谷プロに『ブースカ』のプロットを持ち込んだとき、すげえビルだろうと思ったら、あばら家みたいな建物で、「えっ！」と思った。ただ、外見はどうでもいいというのが、英二さんの人柄だったんですよね。

毒蝮　ほんとは「円谷ビル」ができててもよかったんだよね。

実相寺　当時、模型があったんだけどね。一さんなんかが、こういうビルをつくるんだという夢を持ってた。

市川　当時の精神でもう五、六年やっていれば、円谷プロは日本のスピルバーグやルーカスを生み出すプロダクションになってたはずなんですよ。僕は後年『E.T.』を見たときに、本当なら円谷はここへ行きたかったんだなと思って、悔しい思いをしましたね。

毒蝮　日本のディズニーになれてたかもしれないよね。

「論座」平成15年10月号（実相寺66歳）

昭和三十年代のニュース映画を見る。〈対談〉泉 麻人

報道だけど娯楽でもある。

泉　昭和三十年代の映画館でやっていたニュース映画を、私が監修したＤＶＤの制作で、実相寺さんといっしょに見る機会が最近ありまして、今、改めて見るとおもしろい映像がいろいろ見つかりましたね。

実相寺　ニュース映画っていつ頃まであったんでしょう。

泉　平成のはじめ頃までは撮っていたらしいですよ。以前は渋谷の東急文化会館の地下にもニュース映画の専門館があったとか。

実相寺　日劇にもありましたね。そういう専門館ではニュースばかりを一時間くらいずっとやっているんです。朝日、毎日、中日、芸能系のスポ日など、テレビ放送が始まった頃は新聞社各社がニュース映像を提供していたんじゃないですか。

泉　出てくる風景がおもしろいですね。東京タワーを造っている映像も、タワーのふもとの風景がすごく田舎っぽいのが信じられない。あの頃の日本映画で、主人公が麻布あたりを歩いていると、坂の向こうに突然東京タワーがドバッと見えたりする。今だとビルの群れの中に埋もれているのに。

実相寺　あの時代、東京タワーを造る時の鉄骨なども、部分的に馬車で運んだりしていたんじゃないですか。

泉　初期の『サザエさん』には、道を牛が歩いているカットがよく出てきますね。サザエさんが拾ったお札を農家で飼ってるヤギに食われちゃう、なんてネタがあった。昭和三十年代ごろの話だと思いますけど。

実相寺　千住の「お化け煙突の化粧直し」というニュースがありましたね。

泉　鳶職の人が煙突の頂のところでタバコ吸ってる。あれはきっとニュースと言っても演出してますね。（笑）

実相寺　してますよ、絶対（笑）。今は「やらせ」をきびしく言うけれど、だいたいニュースなんて、やらせがないと成り立たない。

泉　自分がものごころついた六歳頃の、昭和三十七年、台湾バナナのコレラ騒動なんていうのはおもしろかったですね。バナナが今よりもあこがれの高級フルーツだったのに、それに怖いコレラ菌がついたというショッキングな事件でした。あのニュースで笑ったのは、火炎放射器でバナナを焼いている場面。東宝の怪獣映画を思わせる。

実相寺　あれだってやらせてるわけだから、なんで最近は「やらせ」がいけないんですかね。

泉　ニュース映画に関しては、あの時代、報道というよりも娯楽のニュアンスがまだあったんじゃないですか。

三十年代前半と後半で変容する街の様相。

実相寺　新幹線の試験列車のニュースがなつかしかったですね。

泉　あのデザインの新幹線に、ぼくは子どもの時あこがれたんです。車体のラインがその後の完成車よりも下のほうに入っていて、運転席の窓が角張っている。それがよく幼児雑誌に載っていて、開通する二年前くらいが「夢の超特急」って、いちばんもりあがっていた。初めて新幹線に乗ったのは開通してから二年後の小学四年生の時。

実相寺　あの昭和三十九年頃から世の中がかまびすしくなったんですよ。

泉　首都高速が東京の風景に入りこんでから、また街が一段階変わりますね。実相寺さんの撮っていらした『ウルトラマン』では、ちょうど真新しい首都高速が背景になっている。西銀座デパートの上の東京高速道路というのは、首都高速より一足早くできて。

実相寺　今村昌平さんの作った『西銀座駅前』という短い映画がありました。堀をつぶしたのが、あのへんの街の最初の変化だった。

泉　数寄屋橋のところの堀を埋めて西銀座デパートを建てた。丸ノ内線ができる時です。それまでの昭和三十年代前半の銀座はベニスみたいな雰囲気だったんでしょうね。

あと、千住の東京スタジアムが出ていましたね。いらしたことあります？

実相寺　ありますよ。ぼくは野球はパ・リーグのファンだったんです。アメリカの街中にあるような高層のスタジアムができたというので見にいきました。あれも短命な球場でした。

泉　今からその時期を振り返ると気がつかなくて、東京スタジアムもお化け煙突も同じ頃の古いものという印象になっちゃうんだけど、昭和三十年代後半においては、東京スタジアムはトレンドで、お化け煙突は消えゆくものだったんですね。四十年経つと、同じになっちゃうんだけど。

実相寺　あの頃は力道山が時代のヒーローで、『力道山物語』なんていう映画もありましたね。

泉　力道山は自分が主演のドラマもけっこう撮っていて、悪者が登った日本テレビの平河町の電波塔をゆする場面が見ものだったりする（笑）。昭和三十八年の暮れに、赤坂の「ニューラテンクォーター」で暴漢に刺されて亡くなったんですよね。力道山て、わりとテレビや映画によく出る人で、ニュース映画でも子どもたちに「プロレスごっこは危ないよ」と言っている。

あと、エノケンと八波むと志が出てきましたね。八波むと志は、僕ら子どもの間でも人気があった。

実相寺　八波さんて交通事故で亡くなったでしょう。

泉　昭和三十九年に。「チロリン村」のクマの声をやっていたんですけれど、それを幼稚園の頃に見ていて、その人が死んでしまったというのでショックだった。それから、ダークダックスが南千住の蟻の町でクリスマスソングを歌っていたのも印象的だったな。

なつかしい昭和の暮らし、思い出の風景。

実相寺　こうやって見ると、この時代は本当にのんびりしていて、生活的にもいいですね。なんだか最近になって、ちゃぶ台が流行っているんですって？

泉　ネットで仲間を募って自殺する人が使う練炭の七輪もよく聞きます。やはり実相寺さんとごいっしょした、大田区久が原の「昭和のくらし博物館」には、ちゃぶ台も七輪もありましたね。昭和二十年代に建てられた一軒家が生活史の博物館になっているんですが、あの家の階段上った二階に下宿人が住んでいたという話を聞いて、確かにあの頃って、そういうのが多かったなと思い出しました。昭和三十年代の成瀬巳喜男の映画にも、主人公の高峰秀子が下町の家を出て郊外に下宿する話があるじゃないですか。

実相寺　たいていふつうの家でも一間空いていれば、生活の足しに下宿人を入れました。

泉　下落合に住んでいた子どもの頃、友だちの家に遊びに行くと、名字の違う知らないおにいちゃんが二階にいるなんていうケースはけっこうありましたもの。小学校の名簿でも、電話番号が何々方となっていた家があって。

ニュースにも、昭和三十五年、東京の電話番号が二ケタから三ケタになったというのがあった。そのナレーションが、「東京の電話番号もニューヨーク並みに三ケタに」「東京の電話も大繁盛」って（笑）。七五調みたいな言い回しが笑える。そのほかにも、「メートルのあがった酔っ払い」とか、今の若い人には新鮮な表現なんじゃないかな。

失われた純然たる田舎。日本が広がった時代。

実相寺　祭りネタの映像が多かったですね。

泉　裸祭りなんて一年あたりに三本くらいニュースで取り上げられていて、つなげて見てもおもしろいかなと思ったんだけど、さすがにやめました。それより裸祭りで子どもが皮膚病になっちゃったというニュースがおかしい。

実相寺　衛生状態が今より悪かったんですね。

泉　純然たる田舎が残っていたんだなと思いました。裸祭りやっている村は、マスの情報と隔絶されている。

実相寺　そういうのを東京でニュース映画で見て、驚いたりしてたんでしょうね。

泉　今みたいに鉄道が速くないから、それをニュース映画で見たとしても、東京の人は簡単に観光に行かないですよ。そういう意味で日本が広かったんじゃないですか。
それから昭和三十八年のニュースの日食ブームというのはよくおぼえています。小学校で下敷き越しに観測した。でも、日食って今世紀最後のとか、いつも言われるんだけど、けっこうちょくちょくある感じですよね。

実相寺　泉さんはけっこう気象マニアみたいですけれど？

泉　実は今、気象予報士の学校に行ってるんですよ。受験しようと思って。

実相寺　昔は気象衛星なんてないから、ネコが耳の後ろまで顔を洗うと雨になるとか言っていましたね。

泉　あと、この時代はすごく水害のニュースが多かったみたいですね。

実相寺　昭和三十六年くらいにTBSで一般からドラマの脚本を募集して入賞した作品のテーマというのが水害でした。でも実際には製作されなかった。水害のシーンを撮るのがたいへんだったからでしょうか。（笑）
でも今、昭和三十年代の都市の風景を映画で撮ろうと思っても撮れない。江戸時代を撮るよりたいへんでしょう。

泉　『デイ・アフター・トゥモロー』みたく、おカネかけてCGで表現するしかないかもしれませんね。

実相寺　韓国や中国に、その頃の日本のオープンステージのいいのがあるらしいですよ。

泉　平壌で見ました。昭和二十年代の日本の街並みができている。

実相寺　最近世の中変わってきて、ずいぶん壊してしまって失敗したなと思ったところもあるんじゃないで昭和三十年代のニュース映画を見る。

すか。

泉　もうちょっと前にそういうのに気づいて一部分でも残しておけば、東京のいい観光地になったんだけど。この昭和三十年代の時代の勢いには勝てなかったんですよ。わびさびが見えていなかったから。それよりもオリンピックのためにどんどん東京を改造しようという時代だったんですね。

「東京人」平成16年9月号（実相寺67歳）

円谷英二 おやじさんはおもちゃをいじる楽しさを大事にしている人だったよ

円谷プロで「ウルトラマン」「ウルトラセブン」等監督をしてきた実相寺昭雄氏が円谷英二氏の当時のエピソードを語る。〈インタビュー・文／河崎 実〉

河崎 円谷英二監督と初めて逢われたのはいつだったのですか。

実相寺 TBSの社員時代だね。テレビ演出部先輩におやじさん（英二監督の愛称）のご長男の円谷一《はじめ》さんがいて、その関係でね。息子の会社の同僚ということで接したから、徳な立場だった。おやじさんの良き理解者である、当時東宝の副会長だった森岩雄さんのご長男伊千雄さんも、一さんの先輩でTBSにいた。

河崎 森岩雄さんは監督の撮られたドキュメント番組『現代の主役・ウルトラQのおやじ 円谷英二』（1966）にもインタビューで登場しますね。この時はもう監督は英二監督のお気に入りだったのですか。

実相寺 その前、俺は『ウルトラQ』の台本で『バクゴン』っていう夢を食べる怪獣の話を書いてるのよ。山田正弘さんと一緒に書く予定だったんだけどね。その第一稿を書いた。これをおやじさんが読んで、「夢を食べる怪獣……いいねえ」って言ってたから、気に入られてたのかね。

河崎 この番組は凄かったです。英二監督の家に行くインタビュアーがラゴンとM1号ですもの（笑）

実相寺　銀行協会がスポンサーだったけど、まあ勝手なことやらしてもらったな。おやじさんも呆れていたね。まさかそんなことをドキュメントでやると思っていない。でも俺、あの円谷家好きだったんだ。玄関入って、右手に応接間があってね。

河崎　ぼくも『怪獣ブースカ』のパイロット版でロケさせてもらいましたが、アットホームな感じがするんですよね。この番組はそういう演出も笑いましたがカメラワークが良かったですね。

実相寺　成城で稲垣浄三くんの同期だった今泉っていう、ＴＢＳ映画社にいたカメラマンが天才でね。まかせてやらしたら凄い絵を撮ってきた。おやじさんがフィルムの編集してるとこなんか、後ろから斬新に捉えてるんだ。でも天才すぎて大成しなかった。天才すぎて世に出られないってこともあるんだって思ったな。

河崎　英二監督の仕事ぶりは傍らからごらんになっていかがでしたか。

実相寺　『サンダ対ガイラ』（１９６６）の現場にずっといたんだけど、カメラを撮影が終わっているのにまだ回してたりすると怒っていたね。現場の空気はピーンとしてましたよ。でも厳しいけど、なんとも言えぬ包容力がある人だったから。この頃のおやじさんはものすごく忙しかったよ。このすぐ前は森谷司郎監督の『ゼロ・ファイター　大空戦』（１９６６）だろう。森谷さんは俺がいた早稲田の映研の先輩なんだよ。この人も早くして亡くなったけれど、残念でならないね。おやじさん、一さん、森谷さんも含めてこのへんの人達がもう少し生きていてくれたなら、俺ももう少し幸せな映像人生を送れたと思うよ。でも傍から見ていても過剰労働ってな感じだったから仕方なかったんだろうね。

河崎　英二監督が普通の人と違うのはどういった部分なんでしょう？

実相寺　アイデアが凄いよ。俺が元祖みたいに思われてるけど、ナメの絵とかキーライトを逆に持っていくとかクレーンの技術とか、いろいろとおやじさんは昔すでに時代劇でやってるんだな。『空の大怪獣ラドン』（1956）で、火山の溶岩を溶鉱炉の鉄を使って撮ったのも凄い。あとラストシーンでラドンが死ぬところでピアノ線が切れちゃうんだけど、カットしないで回させて、一旦回転を止めたサブ・カメラが次の回転が始まるまでの露出オーバーの部分もちゃんと使ってるのよ。柔軟性があるのよ。それにミニチュアに対するフェティシズム。おもちゃをいじる楽しさってあるじゃない。その精神があることを大事にしてた。単にチャチなのは嫌いだった。空気感が大切なんだな。

河崎　ここは特撮だろう、っていうところを本編でやっていたり、ヘンなところがありますよね。

実相寺　うまいんだよ。評論家の指摘なんかの裏返しのところで撮ってるから。もっとも評論家なんか相手にしていないけどね。おやじさんが亡くなった時に、本多猪四郎監督や中島春雄さんもおっしゃってたが、まさに、〝おやじさんは一代限りの人〟だね。

河崎　今に繋がるゴジラやウルトラマンは違う作品というわけですね。

実相寺　俺もそうだけど、どっか幼児性みたいなものが、あるんだよ。少年の気持ちがわかるんだな。そうそう、今の円谷プロ社長の一夫氏が、一回だけおやじさんに怒られたって言ってたな。0戦のプラモを作ろうとして、作りかけで放っぽっといたらしいんだ。凄い怒鳴られたらしいよ。やりかけたことは最後までやれと。

河崎　監督が英二監督に最後のお会いしたのはいつなのですか。

実相寺　実質上の遺作になった『日本海大海戦』（1969）の撮影現場に俺は遊びに行っているのよ。この題材になった史実の日本海大海戦で、少尉として参加していたのが長谷川清といって、後の海軍大将なんだけど、俺の祖父なの。おふくろの親父。で、その祖父の遺品の本物の勲章をこの映画のために貸したんだ。おやじさんにその時話したら驚いていたね。「因縁だねえ」なんて言っていた。

河崎　因縁って不思議ですね。監督はもし、英二監督がいなかったらどうなっていたんでしょうか?

実相寺　たぶん定年までＴＢＳの社員（笑）。もちろん並木より偉くなっていた（笑）映画やってなかったんじゃないか。因縁だよ。

「フィギュア王」平成13年7月（実相寺64歳）

■冬木透（ふゆき・とおる）
作曲家。1935年生まれ。本名：蒔田尚昊（まいた・しょうこう）。劇伴の代表作『ウルトラセブン』からのウルトラシリーズや『無常』『曼陀羅』『哥』の音楽を手掛ける。特に男性コーラスによる〝ワンダバダ〜〟は、アレンジを変え、様々なシーンに使われる名曲。実相寺昭雄とは、音楽論を交わす仲。

■佐々木守（ささき・まもる）
脚本家。1936年生まれ。代表作『ウルトラマン』シリーズ、『怪奇大作戦』『シルバー仮面』『ウルトラQ ザ・ムービー星の伝説』『シルバー假面』などTVドラマから劇場映画、漫画原作と多数。大島渚（故）監督のプロダクション所属時に実相寺昭雄と知り合い意気投合。タッグで数多くの名作を世に送り出す。2006年没。

■池田憲章（いけだ・けんしょう）
ライター、編集、プロデューサー。1955年生まれ。代表作『ゴジラ99の真実（ホント）怪獣博士の白熱講座』『ウルトラマン対仮面ライダーメガヒーロー光と影の神話』など著書多数。日本初の怪獣映画を研究する同人集団「怪獣倶楽部」に学生の頃から参加。特撮&アニメの専業ライターの草分け的人物。

■市川森一（いちかわ・しんいち）
脚本家。1941年生まれ。代表作『快獣ブースカ』でシナリオライターとしてデビュー。他に『ウルトラマンA』『黄金の日日』『花の乱』など青春ドラマを多く手掛ける。佐々木守とともに『シルバー仮面』の脚本も手がけた。2011年没。

■毒蝮三太夫（どくまむし・さんだゆう）
俳優、タレント。1936年生まれ。本名の石井伊吉で俳優デビューし『ウルトラマン』『ウルトラセブン』に出演、人気を博す。68年に現在名に改名。ラジオのパーソナリティなど多方面でも活躍。実相寺昭雄とは番組出演依頼の仲。

■泉麻人（いずみ・あさと）
コラムニスト。1956年生まれ。代表作『ナウのしくみ』『昭和切手少年』『東京考現学図鑑』『僕とニュー・ミュージックの時代　青春のJ盤アワー』など昭和のB級ニュースや交通機関に精通した著作多数。『泉麻人のウルトラ倶楽部』では、『ウルトラQ』『ウルトラセブン』の再放送の際、自ら解説を行うなど見識の広さを見せた。

第3章

昭和も遠くなりにけり

ウルトラマンの故郷　世田谷、砧の円谷プロよ永遠なれ！

円谷プロが移転する、という衝撃的なニュースを知ったのは、去年の暮れである。寝耳に水。一体何が起きたのか。何で？　何で円谷プロは移転する必要があるのか。怪獣の夢を世に広めた工房が、その根と地脈を断たれるのでは。宇宙人梁山泊の地は、幻と消えてしまうのか。ふつふつと、きれぎれに、さまざまなことが思いうかんできた。

分教場か、倉庫か、という風情の夢工場。

円谷プロは昭和三十八年四月、英二監督を社長として設立された特技プロダクションである。祖師谷三丁目の自宅内に設けられていた、円谷技術研究所を母体としている。東宝撮影所前から旧道（昔の世田谷通りの道筋）の仙川にかかる石井戸橋を渡り、〝紅葉家〟というお蕎麦屋さんの前で、祖師ヶ谷大蔵方面へ通じる小道を少し上った右手に、円谷プロはあった。それから営々と四十年ちょっとの時間が流れた。円谷プロはテレビ局との結びつきで、「ウルトラQ」にはじまる数々の怪獣、宇宙人、超人ものの故郷になったのだ。そこに怪獣を産む地脈が走っていたのである。砧七丁目四番地あたりである。わたしが訪れた昭和四十年には新東宝は砧町、東宝は喜多見町だから、円谷は喜多見町だったかもしれない。

はじめて円谷プロを訪れたときには、平屋の分教場に倉庫をつぎ足したような粗末な風情を見て、わたしは絶句した。

「まさか、これが夢の工場か？……」

と。

かの円谷英二監督が主宰し、めくるめく特撮シーンを作り出すプロダクションは、傾きかかり、壁にひびが入ったモルタルの倉庫か、とその落差にド肝を抜かれてしまったのである。

そこは実際に、映画演劇関係の京都衣装の倉庫で、黴臭く、積まれた衣装からたちこめるナフタリンの匂いが鼻をつく夢工場であった。まだ、円谷プロが入ってからも、奥の建物の半分には衣装が詰められていた。「ウルトラマン」をつくっていたころにも、衣装は置かれていたのである。

今度、移転の話を聞いて、現在は怪獣倉庫になっている嘗ての衣装倉庫を訪れると、まだその時代の名残の貼り札があったのに驚いた。打出親吾さんという怪獣修復の専門家がおられる作業台の近くに「陸軍々服類」「将校軍服」「国民服」といった墨書された札が柱に残っていた。円谷プロの元社屋には、さまざまな映画やお芝居の感情が交錯し、堆積していたのである。

本社機能というか、本拠地としての場所を変わる引越し作業中に、ふと、この建物は元々何だったんでしょうねえ、と現在の円谷プロ会長の一夫さんにうかがうと、

「病院か、サナトリウムだったんじゃないか、と思いますよ」

という返事だった。

「病院の受付窓口、と思われるものと薬の投与などに使われていた窓口の跡が残っていますから」

「ええっー」

何と、飾られていたウルトラマンたちの極彩色パネルの背後に、そんな窓口があった。当時から何百回も出入りしている入口に、そんなものがあったとはまったく気づかなかった。迂闊だった、と頭をかく。

「へえー、ちょっとこわいものがありますねえ。じゃあ、当時奥の方の廊下沿いにあった小部屋は、病室だったのかしら」

そう、わたしが問うと、

「いや、わかりませんねえ」

と、一夫会長は微笑むばかりだった。金城哲夫、上原正三、佐々木守、成田亨といった人たちは、この地に張っていた〝気〟に力を得ていたのではないか。怪獣や宇宙人に凝結する、患者たちの見果てぬ夢も円谷プロの興隆を支えていたに違いない、とわたしは勝手に空想した。

「祖師谷南商店街もウルトラマン商店街として頑張り出したのだから、この建物を絶対に残してほしいですね。〝トキワ荘〟という聖地が壊れたことを悔やむ人々は大勢います。壊したらもう地脈の増殖力とも無縁になって、集った者たちの夢のかけらも拾えなくなりますよ」

わたしは、一夫会長におねがいをした。

「ぼくも、絶対に壊したくない。怪獣ものの記念館とか博物館にして残したいと、努力をするつもりです。ものをつくる状況はきびしさがつのるばかりですが」

移転先は、「希望」だらけの八幡山。

新しい移転先は八幡山である。希望ケ丘団地のちかくである。公園にも、マンションにも、学校にも「希望」の文字が輝いている。希望だらけ。バスの行先にも〝希望××〟。そこにほんとうに希望はあるのだろうか。怪獣を増殖させる地脈は走っているのだろうか。風水師には見てもらったのかしら。

とにかく、ものづくりたちの梁山泊、開祖の地と無縁にならないでほしい、とわたしは思うばかり。今度の円谷プロに八幡様の加護はあるのだろうか。芦花公園と八幡社からは環八で分断された東側だから、自動車の波と排気ガスで曇らなければいいが、と心配もする。

「でも、しばらくは怪獣倉庫はいまのところに残します」

一夫会長の言葉、一縷の希《のぞ》みに縋るばかりである。私は円谷特撮博物館を夢見る。

「砧の狸」になってしまった、わたし。

「きぬたのたぬき」とは、くだらない回文である。亡くなった古今亭志ん朝さんが、売れない作家に扮し、夢をみる男たちと共同生活をしつつ、そんな題の童話で糊口をしのいでいる連続テレビドラマを、昭和三十九年早春にわたしは演出した。他の男たちは、杉浦直樹、岡田真澄、寺田農といった方々である。当時、日テレの福田陽一郎さんが成功させたドラマのパクリである。福田さんは女の共同生活を描いていた。設定はそれを男に変えたものだ。わたしがディレクターだったが、視聴率は上がらず、数回の演出で降板、という次第になった。結局それっきり、わたしにはスタジオのドラマに戻れる機会は訪れなかった。ドラマのタイトルを「でっかく生きろ」という。テーマ音楽だけは抜群だった。ドラマの消滅とともに、音楽も忘れられた。その折りに作った劇伴を惜しみ、いくつかを後に使っている。作曲は「ウルトラセブン」の冬木透さんだった。

「きぬたのたぬき」というのは、劇中で作家が書いたお母さんのための童話である。原稿を取りにきた編集者が「狸の砧」とタイトルを読むと、志ん朝さん扮する作家が鼻をふくらまし、憤然として「砧の狸です」と訂正するのが、ひどくおかしかった。

そして、わたしはその後、ほんとうに、砧の狸になってしまった。スタジオで駄目ディレクターの烙印を捺されたわたしを拾ってくれたのは、TBS演出部で先輩の円谷一さんだった。わたしが入社したころは柳家金語楼主演の「おトラさん」という人気番組を手がけ、その後「純愛シリーズ」なる読切りの連続ドラマを仕切り、「煙の王様」で芸術祭の大賞を受けた売れっ子ディレクターだった。円谷英二さんのご長男である。砧にある円谷プロへ連れて行かれたのである。東京オリンピックの翌年のことだった。

そのころ、円谷プロでは「アンバランス」というテレビ映画の企画がはじまっていた。わたしが、脚本を書くことに目をつけた円谷一さんが、誘って下さったのである。当時、映画界では助監督から監督昇進の基準のひとつに脚本が書けるか、ということがあったと記憶する。松竹の助監督シナリオ集といった定期刊行の冊子なんかが有名だった。その冊子で読んだ大島渚さんの「いつか極光の輝く街に」を、わたしはスタジオドラマで演出させていただいたこともある。でも、テレビの世界では社内原稿が忌避されていたこともあり、演出者が脚本を書く能力云々は問題にされていなかった。でも、円谷さんは違っていた。脚本が書けなきゃ駄目、と常々口にしていたのである。そのお眼鏡に最初に適ったのは、バルタン星人を書いた飯島敏宏監督だった。わたしよりずっとはやく、監督・脚本家として円谷へ通っていらした。「アンバランス」という企画は、その後「ウルトラＱ」というタイトルに変わった。

現在も狸の出る地に円谷プロの遺産を。

円谷プロから歩いて数分のところに、東宝ビルト（当時の東宝美術センター）というステージがある。そこが「ウルトラマン」をはじめとする円谷特撮の本拠地であった。現在もそうだ。制作部とステージも遠くなる。

昭和四十年代のはじめ頃、ビルトのある界隈は世田谷区大蔵町二十八ぐらい（現在、大蔵五の二十あたり）だった。その谷を隔てた近くには大蔵病院があり、鬱蒼とした森があった。その森をわれわれは「チャタレーの森」と呼んでいた。実際に目撃したわけではないが、大蔵病院の看護婦さんと患者さんがデートをする森、という噂が火元であった。誰がそんなことを言い出したのかは知らないが、スタッフたちはみなそう呼んでいた。それほどに、鬱蒼と緑濃き界隈だったのである。だから、そのステージには、狸も出没していたのだ。いや、ひょっとすると、狸が看護婦さんに化けていたのかもしれない。スタッフに化けていた狸もいたような気がする。狸は最近も出没している。何匹いるか、と数えるスタッフもいる。「きぬたのたぬき」である。昨年夏「ウルトラＱ／ダーク・ファンタジー」シリーズの演出に行った折りも狸に会えた。

当時は、東名もなく、環八もなく、地道も多く、夜空の星もきれいだった。

とにかく、狸が出没する地域はすばらしい。現在、ビルトに集うスタッフたちは、愛する狸にお弁当を分けている。わたしも砧の狸の仲間入りをしていたのである。そんな草深い所の近くにあった円谷プロは、そこで培った遺産を残すべきなのだ。

円谷プロは、日本が誇るべき特撮のメッカである。ウルトラマン商店街の涯に、〝元円谷プロありき〟というプレートしかない状態を作ってはならない。いまや、狸の出番である。日本中の怪獣ファンのために、狸よ化けろ、巨大化してくれ。わたしは世田谷で暴れるタヌゴンを監督した。流石のウルトラマンも手が出せまい。ジブリの森あらば、狸の森もあるべきだ。暴れるのがイヤならば、円谷博物館に化けてくれ。

「東京人」平成17年7月（実相寺68歳）

鳩と戦艦

宇宙戦艦ヤマト批判

鳩が平和の象徴となったのは、何に基いているのか？　不学にして、起源、由来は一向に知らないのだが、奇妙な象徴だと思う。鳥を研究している友人に尋ねてみても、平和の象徴といった側面は解らず、私が「あんな厭な鳥が平和の象徴とは滑稽だね」と言うと一緒になって頭をひねってくれた。私が厭な鳥だと言ったのは、別に深い意味で言った訳ではなく、鳩の糞に身体を汚されたりした記憶があったからだ。しかも西洋の街で。……いまいましいこと夥しい。

例えば、とある西洋の街角で人生の晩年にさしかかった老人が鳩に餌をやっている写真、また、別の西洋の公園では子供が鳩と戯れている写真、あるいは西洋の広場で恋人たちを取り巻く無数の鳩の写真、等をよく見かける。勿論、西洋の映画にもしばしばそういった情景は出現するし、時折〝鹿鳴館時代の感覚〟と言われる現代の我国のコマーシャルにも、そういった光景は描かれる。但し、私の記憶では、すべて西洋のといった但し書きが必要に思われる。

さて、そういった鳩を取り入れた情景は、一般的に、なごやかで、愛らしく、平和的な情景とされているのだが、どんなものだろう。どうも、この象徴は戦後移入されて、植え付けられた象徴で、本来私たちの欲求とか望みとかが一つの象徴に高まったものとは思えない。移入されて后、日本テレビ開局して以来、放送終了後のコールサインの動画に鳩を使用してから、一般に定着したものなのだろうか。

私の記憶の中では、鳩は戦場を飛翔する伝書鳩というのが最初に定着している。少年倶楽部か何かで、勇敢な鳩の話を読んだからだ。場所と結びついた記憶では城郭、神社、大寺院、宮城と言った按配の権威と密接だ。又、鳩の杖というのは、文字通り鳩の形の彫りものを先端につけた年寄り専用の杖のことだが、まァ、老人の安穏な歩みを助けるという点で、これが最も平和に近いのかも知れない。しかし、ものの本に依ると〝鳩は悪食にも拘わらず飲食に咽せ返ることがない〟という点から、老人用の杖にその形が刻まれているそうで、どうも鳩自体の性質から来ている訳ではなさそうである。日常的に、平和の象徴風に見えるものでは鳩笛というものがある。頼りない鳩の鳴き声に似た音を出す土で焼いた代物だが、これも本来余り平和とは関係がないのではなかろうか。きちんと典拠を確かめた訳ではないので、間違っているかも知れないが、どうも猟師たちの習慣から来ているような気がする。池西言水の句に、法師にも合はず鳩吹く男かなというのがあることから、そんなことを類推した。

いろいろと回り道をしたが、要するに、どうも鳩が平和と愛の象徴になっていることはおかしい、ということを言いたかったのだ。そこで、もう一度、友人の鳥類研究家との話に戻るのだが、私と一緒に首をヒネった後で、彼は鳩が環境適応性があり、雑食性であること等を説明し、鳩の糞によって脳障害の病気が媒介されることをつけ加え「要するに、鳩って奴は鳥の豚と言われてるんだ」と教えてくれた。そして笑いながら、ピカソの描いた鳩の絵が平和会議で象徴として採用されたからか、奇術師が白い鳩を舞台で使うからそうなったんじゃないか、等と言った、まァ、その前者は兎に角、奇術は何で平和の象徴と結びつくのか、私にはさっぱり解らず、結局この儘、象徴論議はウヤムヤになってしまった。いずれにしても、この移入された象徴は進駐軍以后なのじゃなかろうか。もっとも、廃れていった鳩もある。昔、写真屋はよく「鳩が出るよォ」と言って、レンズを見詰めさせ、マグネシュウムを焚いたものだ。子供の頃、私は本当に鳩が飛び出すものと思って、写真機と向い合った。しかし、何時も裏切られ続け、写真屋の方便と解ってからは、幻の鳩を憎たらしく思ったものである。このことは、かなり深く記憶の底に沈んでいる。このような悪しき記憶があるので、鳩は何となく信用出きず、虚偽の象徴めいて感じられるのかも知れない。だが、最近では、写真屋さんも鳩を方便に使ったりしないだろう。日本の子供たちと鳩は、そうそう日常的に親密でもなく、昔の子供と違って利口だから「鳩が出るよォ」等と言ったら馬鹿にされちまう。進駐軍以后、この幻の鳩に代って日本人の生活習慣にいやらしく定着したのは「ハイ、チーズ」といった言葉で、しばしばスナップ撮影の折にその横文字を耳にする。余談だけれども「寅さん」シリーズの中で、記念写真をとる折、微笑みも見せず〝バター〟と言う、ギャグがあった。この一言は、ＧＨＱ製の戦後民主主義を痛烈に皮肉っているように、私には思えたのだ。まァ、廃れていった鳩も、象徴の鳩も何やらロクでもないものに違いあるまい。

私が思うには猛禽〝みゝずく〟などの方が、余程平和の象徴にふさわしい。第一、昼間寝呆けているとすれば、平和の象徴にぴったりだ。〝みゝずく党〟などと結びついて想像されるので駄目なのだろうか。まァもう少し真面目に考えて、春の到来や燕算用と考え併せて益鳥〝つばめ〟か、〝ほと、ぎずなくや五月の……〟で〝ほととぎす〟かも知れない。〝つばめ〟と言えば、戦前その名前は子供たちにとって平和の象徴で、日本一の超特急列車として憧れの的だった。大陸で育った私ですら、〝あじあ号〟〝あかつき〟よりも、夢の匂いがする名前だった。戦后、昭和二十四年に特急が復活し〝へいわ〟という名称だったが翌年直ぐ〝つばめ〟に戻った。戦争の逼迫した情勢では飛翔出来なかった燕こそ、戦后の世代にとっては平和の象徴と言えた。しかし二十五年の五月〝はやʼʼという特急列車が生まれて、特急列車への憧れはふやけたものになっちまった。こゝにも鳩が顔を出すのだ。〽流線一路、富士、桜、燕の……とこなくちゃ話にならない。平和の使者めいて、鳩などという名前が出てくるのは、そもそもおかしかったのだ。現在のような特急濫発時代にこそ、鳩という名前はふさわしい筈なのに。

と、いろいろと私は鳩にカラんで来た訳だが、それと言うのも動物に対する考え方には、愛犬運動のことや、捕鯨論争ひとつをとってみても、彼我の間には隔りがあり、妙な象徴を使わない方がマシだと思うからである。象徴としての鳩ということと同時に、ブロイラーなぞも移入されていることを考えてみよう。つまり象徴と残忍性は表裏一体なのだ。私にとっては、西洋の、という但し書きは、そうそう簡単に身につくことではない。

あんまり鳩を誹謗すると全人類共通の敵になりかねないが、どっこい鳩という象徴に仮托されるものは、私のヒガミかも知れないが、どうも西洋の安穏と平和なのだ、と思えてならない。第三世界や、東洋の象徴ではなく、血塗られた環境適応性の鋭いＣＩＡの手先のような気がする。だから、どうしてもヒネくれた私には、全人類に共通の危機があり、その危機を回避するシンボルが存在するといったものは信用出来ないのだ。

仮想の時代終焉の状況、そこから人間が脱け出せるか否かといったドラマは、今日、全く成り立たない図式のように私には思える。そして、この種の図式は、大旨、叡智とか困難を排する意志によって解決されてゆくのだが、そこに疑いを持つ。これ以外の解決には、余りお目にかかった験がない。何故なら、全人類という抽象性で一括する限り、それ以外の解決方法は見つけられないからだろう。おまけに、こういった図式を成立たせているやり切れなさは人間の文明は危機を回避するだろうという楽天性と、過去にも何度か危機を回避して来たのだと規定する誤認である。まァ、未来のことは言うまい。しかし、過去の人類はそんな叡智を働かせて全人類的な危機を回避して来ただろうか。そんなことは、ただの一度も、ありはしなかったろう。私には、収奪と抹殺と植民地支配といった鳩がとび続けた歴史しか見えてこないのだ。とりわけ大航海時代以降の歴史は、文明抹殺の歴史でしかないだろう。

だから、時代の終焉という危機状況が現われた場合には、必ずや叡智などは一片の重みもなくふき飛んで、新たな収奪と抹殺の鳩が飛ぶに違いないのだ。全人類的なシンボルが新しく登場する気はないと思われる。少数民族の圧殺にはじまり、次に人類間の闘争がくりひろげられるだろう。そして、必ず大国の威信とやらが顔を出すに違いない。のほほんと、ランブイエの会議に列席したことや、パートナーシップにいい、だれを垂らす暇間もあらばこそだ。もし、シンボルが登場するとなれば、全人類の死滅した後だ。無限の荒野を、迦陵頻伽が飛翔するに違いない。

私には最近公開された宇宙戦艦ヤマトは鳩に見えた。ひどく虚ろな象徴に見えた。あの映画はひどく当ったそうで、コカ・コーラの悪臭を心地よく口にできる世代にはゲップも出なかったろう。だが、私のような中年男にはランブイエ会議で踊る日本政府のように見えた。そして日米安保条約を信じつづける幸せの夢に見えた。事前協議などということが守られると信じている人間は、正にハト派としか言いようがない。その意味での鳩だ。フォード前大統領がいみじくも洩らしたように「アメリカ人の生命、財産を守る緊急事態」には、事前協議などはふき飛んでしまう。叡智やパートナー・シップなどはこの程度のものだろう。

全人類的危機を救済する象徴など存在しえないのである。もし、地球が放射能で汚染され、生命絶滅の危機が訪れようとも、全人類的危機なぞはありえないだろう。そこで、問題になるのは、西洋の、と但し書の付いた危機、もしくは白色人種の危機、もしくは大国の危機と呼ばれるべき種類の危機である。つまり、危機の正体をそのように限定してこそ、鳩という平和の象徴は本来の象徴たりうるのだ。

という次第で、私には宇宙戦艦ヤマトが安保条約にのっとった防衛負担の役割を担う、哀れな自衛隊のように見えたのである。覇権主義反対の条項にこだわる国際主義には、眉にツバをつける。津軽海峡に自由航行帯を設ける例外の精神では、北の領土はいつ迄経っても戻ってくることはないだろう。まァ、宇宙戦艦ヤマトは、私のような中年男の郷愁すら見事にくすぐらなかったのだから、その改造はパートナー・シップに基づいて、一点非の打ち所のない出来上りだったかも知れない。しかも安保にのっとっている。

あの映画はヤマトの改造という一点がミソで、いろいろとヤヤこしくなっちまったのだ。私のような中年男にも、複雑な波紋を投げかけたのである。もし、人類滅亡の危機に放射能除去装置を取りに行く船が、お皿や万年筆のお化けのような、或は中華丼をひっくり返して巨大化したような輪郭で銀色に輝いていたら、それに宇宙戦艦ピジョンとか、ピースとか、はた又ミシシッピイとかアリゾナとか言う名前がついていたなら、私は何の関心も持たずポスターを横眼で眺め乍ら通り過ぎ、後楽園か神宮にでも行っていたろう。そして、とり合えず、これっきりしかないナショナリズムの象徴たる王選手（国籍が違う所が、たまらず素敵だ）に、今日もうっとりとしていたろう。余計な話だが、七五六号という新記録を認めようとしないアメリカ人のある側面も、よく識っておく必要がある。「宇宙戦艦ヤマト」を見る迄私にとって、生活は結構平和だったし、鳩にも余り疑いを持たず、Tシャツを着て、スコッチテープでメモを貼り、クリネックスで鼻をかみ、紙パックをぶら下げて町を歩き、後楽園のスタンドでホットドッグを喰い、夜になれば深夜営業のスーパーに立寄り、テレビで外人出演の宣伝を見、スコッティシューでうんこを拭く生活だったのだ。

　何故そんなに拘わるの？　と言われたって仕方がない。〝宇宙戦艦ヤマト〟との廻り合せが悪かったのだから。

　大和は、あんな形で復活して欲しくなかった。いつ迄も、沈んだ儘でいて欲しかった、と思う。私は、あんな形で、葬り去っていた象徴を見せつけられると思ってもいなかった。しかも、ひどくふやけた匂いにみち溢れたものとして。……別に、戦争中、私の胸に象徴として大和が高まっていた訳ではない。大丈夫サ、巨きな軍艦がある。不沈艦が、といった大人達の噂話を聞いたのか、聞かなかったのか、それも定かではない程だ。勿論「大和」「武蔵」「信濃」といった大艦のあったことを知ったのは戦後のことだから。……

　但し、昭和十八年、あれは「ばいかる丸」だったか「うらる丸」だったたか、青島から暫時日本へ帰ってくる途中、船が豊後水道を抜けて瀬戸内海へ入ると、窓から外を見られなかった。神戸に着く迄、盲目の状態で閉じ籠められた記憶がある。その時、大人達は「秘密の軍艦の故だ」と言っていた。このことと、戦後になって、それも随分時が経って後、昔の海軍関係者から〝横須賀でちらっと見た信濃の飛行甲板は運動場のようだった〟と聞いた話は、印象的だった。その後「大和」のプラモデルが百貨店の売場に、様々な縮尺で並んでいても気にはならなかった。その段階なら最近のスーパー・カー・ブームと一緒で、笑って過ごせる。しかし、全人類の危機を救う為の象徴となっては、眠っていた子も眼をさましてしまう。象徴としては復活して貰いたくなかったのだ。

　大和は昭和二十年四月七日午後二時二十三分、北緯三〇度二二分、東経一二八度四分徳之島北方二百海哩に沈んだそうである。水深四百三十米の東シナ海。と、記録文書で教えられた。空にも海にもヤマトを思いださせる痕跡はなにもなかった、と言うJ・ステットソン大尉の言葉を児島襄著「戦艦大和」で読んだ。痕跡はなにもない儘で、時間が流れて欲しかった。それは、象徴を見失っている中年男にふさわしい空白の時間だったのだ。

今や、ひとつの動画を見たことで、私の気持は千々に砕けてしまった。私の空白の時間が許していた鳩を拒絶するようになる。そして、宇宙戦艦ヤマトの飛翔を妨げたくなる。私はこのヤマトに、片仮名になったヤマトに別の戦闘をよびかけたいのだ。全人類共通の主題としての愛なぞを信じるな、と。その愛は、例えて言えば、インカを抹殺した愛だぞ、と。文明を殺戮してきた宣教師たちの掲げる題目だぞ、と。……仮想敵国を見誤ってはならない。

もし仮に、宇宙戦艦ヤマトが戦うならば、有色人種の危機の象徴になって欲しかった、しかし、それは悪夢だ。私の悪夢だからこそ、沈んだ儘でいて欲しかった。でも、亡霊がさまよい出ちまったのだから仕方がない。いっそ悪夢として、イメエジに再生するのならば、轟くワーグナーの楽劇を背景に、大艦巨砲主義、無用の長物の象徴として、日独伊の協定をも破り棄て、ボッシュの地獄絵さながらに襲い来るハインケルのツバイコンチェルトや、ドルニエ三三五、ユンカースの二八七や、メッサーシュミット三二三等のかたちの悪夢に対して、空体力学を超えた斗いを孤独に挑むのだ。そうしたら、総白色人種対総有色人種の義賊の悪夢そのものになるだろう。

これから、鳩を見たら成る丈近寄らないようにしよう。餌なぞやるもんか。もう少し生きながらえて、杖が必要になったら、烏《からす》のかたちを刻んでやろう。

鳩と親しくつき合うとロクなことはない。

「映画評論」平成9年10月号（実相寺68歳）

秋葉原日本の〝趣都〟

日本広しといえども、いや狭しかな、とにかくホームから少し降りた改札口から二、三歩先にデパートの売場がある駅は秋葉原しかないだろう。私鉄ターミナルの直営百貨店にしろ、それなりのコンコースはある。「アキハバラデパート」は、そんな希有な立地条件にある唯一の百貨店なのである。森川嘉一郎さんの本でいえば、まさに〝趣都〟秋葉原にふさわしい。わたしは、このデパートを愛している。しかも午後九時まで営業しているから、おみやげを買いそびれても、何とかなる。

総武線六番ホームから入れば、デパート三階である。改札口の正面は本屋さん、その横はユニクロ、薬屋さんもあり、輸入食品も店を連ね、その先に秋葉原ならではの、フィギュア屋さんと鉄道模型屋さんがある。目ぼしい食玩も手に入るが、Nゲージサイズの模型も品揃え豊富。わたしが監修した「昭和情景博物館」は如何？　とは手前味噌に過ぎるが。実車を上手に寸詰まりにしたトレイン・ショーティーなる模型も売っている。仙山線455系など如何。

そのデパートを下に降り、外に出れば目の前にあるのがラジオ会館だ。フィギュアと食玩のメッカである。わたしの秋葉原訪問三点セットは、そこと末広町方向へしばし歩いた左手、コトブキヤの入った第一北沢ビルと、そのちょっと先を左折した秋葉原ガチャポン会館である。この三つで大概の用は足りる。おみやげも大丈夫だ。

最近の食玩とフィギュアの、個人的なおすすめは、ボークス造型の「日本の民話第一集」なぞ、桃太郎から酒呑童子までたのしい。「ウルトラ怪獣名鑑」「ウルトラメカニックス」もウルトラ作りのわたしとしちゃあ、数え上げたい。わたしの怪獣が一杯の「ウルトラマン・ソフビ道其の七」もお勧めしたい。また手前味噌だ。でもさすが秋葉原である。〝みやげ〟というシリーズも売っている。わたしは食品のプチ・サンプルも好きだが、これはまさに秋葉原らしいみやげではないか。飛騨高山の〝さるぼぼ〟から〝博多人形〟まで数種類、カプセルコレクションとして揃っている。

まさに秋葉原は日本の〝趣都〟である。

「東京人」平成16年8月号（実相寺67歳）

鉄道少年たちの記憶

マレー式機関車に感激した頃。

昭和十八年、万世橋駅で下車し、鉄道博物館へ行った。

わたしが交通博物館に足繁く通ったのは、小学校六年の秋ぐらいから、中学、高校にかけてだから、時代でいえば昭和二十三年から二十七年ぐらい、ということになる。敗戦の余塵がおさまるのと、丁度軌を一にしている。

通いはじめたのは、交通博物館に本部をおいた交通科学研究会の会員になったからで、その事務連絡などの面倒を見ておられたのが、後に和子内親王とのご婚儀を発表されて、世間をおどろかせた鷹司《たかつかさ》平通さんであった。当時、博物館の学芸員をされていたのだと思う。

わたしが通っていた学校は九段の富士見町にあった。小・中・高一貫教育の心太《ところてん》式で、大学までは受験の苦労から解放されており、のんびりと鉄道趣味にひたることができたのである。

自分が何故、鉄道趣味に取りつかれたのかは、元をたどってもあまりよくわからない。父親がやや時刻表趣味で、従兄弟にも鉄道ファンがおり、正月など親族があつまると、よく各自時刻表を手にし、定点の早回り競争などの遊びをしていたから、そんな影響をうけていたのかもしれない。また、小学校の一年から電車通学をしていたから、ひどく電車に親しんでいたということもあったろう。父親からもらう、斜め三本線入りの特急列車の硬券などを、宝物として蒐集しはじめていたのも、小学校時代からのことであった。

そういえば、はじめて交通博物館に連れて行ってもらい、実物や精緻な模型にふれて、言葉をうしなうほど感動したのは、昭和十八年のことである。父親と飯田橋駅で待ち合わせをし、万世橋駅で下車をしたのである。何という幸運な体験だったことか。その直後に万世橋駅は営業を停止してしまったのだから。営業停止は昭和十八年の十一月であった。

当時は鉄道博物館と呼んでいた。ホームから駅の出口へみちびかれる階段を下へたどると、いま新幹線0系の切断された実物前頭部の横あたりに出られるようになっていた。要するに、博物館の建物と高架線の狭間に駅の設備がつくられていた、ということになろう。この折りの入場料は五銭で、その半券をわたしは持っている。

月一回、土曜の午後の交通科学研究会。

さて、交通科学研究会に入ったのは、わたしひとりではなかった。学校の同級生に鉄道ファンが三人ほどいて、そろって入会したのである。交通科学研究会のバッジはスティーブンソンのロコモーション号を半浮き彫りにしたもので、全長三センチちょっとのものだったろうか。襟の校章の横にそれをつけると、何となくほこらしい気分になり、学外の団体に属していることが得意でもあった。

その研究会の例会は月一回、土曜日の午後にあり、例会の日がめぐりくると、わたしたちは何となく落着かなかった。半ドンの授業が終わるのを待ちかねて学校をとび出すのだが、授業の最中から、わたしは窓外の須田町あたりの空をながめ、例会でおしえられる情報や、見せられる映画や、スライドのことなどに思いを馳せるのであった。

当時、九段の空は高く、校舎の窓からは飯田橋貨物駅の引込線の向こうに白雲なびく駿河台もよく見えた。さすがに、交通博物館は見えなかったけれども、そのあたりが発光しているように思えたものである。

授業が終わると、三人の仲間は勢いよく学校を後にして、交通博物館へと歩き出す。九段から須田町は、歩くにほどよい距離で、午後二時ぐらいからはじまる会合に期待を高める格好の時間であった。野々宮写真館のアパートが瀟洒な姿を見せる九段坂を下る。その坂を轟然たる音を立てて下ってくるのは、新宿方面から両国へ行く都電の5000形であった。都電随一の大型車両で、中間に両開きの扉をもった三扉車。かぎられた場所でしか見られないこの車両を目にして、われわれは満足するのだった。九段下の交差点には同級生の家があり、バッジ屋さんだった。専修大学前近くの向かいにはやはり先輩の家、H衣料店があった。

そのあたりから右折して、靖国通りと並行する道に入る。救世軍の角を抜け〝すずらん通り〟へつながる道だ。その途中、左手に神田東洋という映画館があり、そのスチールを眺めて行くことが多かったのである。界隈の映画館では、神保町の交差点をしばらく行った左手の神田日活という、塔屋のある白亜の建物が馴染み深かった。それは、学校から何度も集団での映画観賞に通っていたからである。『子鹿物語』や、題名を忘れたマーガレット・オブライエン主演の映画などを見せられたものだが、ロビーを出たり入ったりして騒いでいるだけだった。そりゃあそうだ。友人の経営する映画館で『肉体の門』などに潜り込んでいたわたしたちには、おしきせの観賞は面白くもなかった。

〝すずらん通り〟にも、先輩の家である模型屋があり、そのあたりは当時御三家といわれた、三省堂、冨山房、東京堂という書店が威風をほこっていた。文房堂という塔屋をほこる文具画材の店もあり、それらの店々を覗くのはたのしかった。でも、そこまでくると例会にそなえ、腹ごしらえが肝心である。明大通りの現在南洋堂という建築関係の専門書がならぶ本屋さんのあたりに、「ふくふくまんじゅう」と墨筆大書された看板だけが大きかった店があった。よくそこに入ってわれわれは饅頭で腹をみたしたのである。

さらに、須田町方面へあるくと丸善があり、それを越えるとFピアノという同級生の家があった。ヤマハ、カワイに次ぐ第三のメーカーといわれていたのだが、いまはない。そのFピアノを左折したあたりにも映画館があった。神田南明座といったはずだ。後年見逃したフランス映画などを何度か見にいった記憶がある。

小川町、淡路町の交差点を過ぎれば、光り輝く交通博物館はすぐである。大通りに別れをつげると、「まつや」という閑寂なお蕎麦屋さんがあり、そこにもよく入った。左右にふたつの出入口があり、右手を開けるとすぐに上がり框があって二階へ通じる階段があった。先年、かつての鉄道ファン同士がひさびさ交通博物館を逍遥したことがあり、その折りも「まつや」で待ち合わせていた。

「まつや」を出れば、もう交通博物館である。その前には、白い大きな台座上に広瀬中佐の銅像がそそり立っていたものだが、それはなかった。昭和二十二年ころに、GHQによって取り払われたという。が、この銅像については謎が多い。戻したいということで動かれた方々もおり、どこかの倉庫で目撃したといった情報もあったらしい。また、台座の半ばで中佐を見上げる杉野兵曹は、あのとどろく砲音、とびくる弾丸、の中で戦死をせずに生きていた、という奇怪な噂もあったほどなのである。

鉄道ファンとしての洗礼を受けた聖地。

交通科学研究会の例会はいつも三階の講堂で開かれていた。それまで東京駅北側の高架線下にあった博物館は、昭和十一年に万世橋に完成した新館で、今日のような形の基礎を作ったのである。建物は左右にある半円形の階段室が特徴で、それが採光にも効果をもたらし、全体にあかるい雰囲気をかもしだしていた、この設計者はル・コルビュジエにもつながる系譜だ、ということを何かで読んだことがある。

わたしがこの交通博物館に入って何よりすきだったのは、入口から真っ直ぐのところにある、三階まで吹き抜けの大空間で、いまはかなり展示物などで窮屈な感じになってしまったが、最初に足を踏み入れた折りには、ほんとうに聖地に来た、お御堂に来た、という実感を抱いたものである。その中央に鎮座していたのが、マレー式蒸気機関車の9856号であった。鉄道博物館が万世橋以前の東京駅北側高架下にあった時代には唯一の実物展示物だったらしいが、広い空間の中で、ご神体ともいえる威風があった。現在は隣にC57が割り込み、位置もずらされ、肩身も狭そうだが、わたしたちが通っていたころには、まずその偉容を仰ぎ、仏さまの胎内くぐりのように、多シリンダー機関車の下を潜るのがならわしであった。何かそこではじめて鉄道ファンとしての、本格的な洗礼を受ける感じだったのである。

このマレー式機関車が実物展示としてえらばれたのは、ほんとうに良かったと思う。構造の特異性にもよるが、謎もある。ファンの好き嫌いの声に邪魔されることもない。丹那トンネル以前の活躍舞台の山越えもいい。

わたしはマレー式というのは、多シリンダーで、もともとはマレー半島の過酷なジャングルあたりで働いていたからそんな名前なのか、と勝手に思っていたが、実はフランスのアントワーヌ・マレーという人が、普通機関車二両分の足回りを、一つのボイラーの下に前後にまとめた画期的なものだ、ということを後に斎藤晃著『蒸気機関車の興亡』という本で読み、己の不学を恥じたものである。

わたしたちが通っていたころには、地形に沿った二階の回廊がなく、その下に実車が飾られるという配置でもなかったが、それなりにうまく配置されていた、という気がする。

一階はとくに圧巻だった。置かれている模型もまた凄かった。ＥＤ40形アプト式、４３２００形木造省線電車、ＥＦ53形電気機関車、Ｃ55形蒸気機関車……それらのすべてが一堂に会していたかどうかの記憶はないが、見られる模型のすべては重量感があり、もの凄い質感であった。

当時は現在のようにシミュレーションをたのしむような設備は少なかった。それはそれでゲームセンターではないのだから、好もしい雰囲気だった、といまにして思う。ゲームをたのしむ感覚は、どうしても実車の保存とは相容れない。スイッチを押しまくる子供たちの群れは、むしろ博物館には無用の輩どもである。そのことは、各地で静態保存されている無残な車両たちの末路を見ればよくわかる。シミュレーションをしたい子供たちは、石ころを車両に投げる遊びにすぐ変わってゆく連中なのである。

むかしあったスイッチものは自動ドア開閉の装置、車輪の起動停止する台車、といった程度だったろう。モハ31のカットモデルもあったという気がするが、何に使われていたのかは、いまやおぼえていない。

何よりも、少年たちには、少女もふくめて、車両に対する憧れと讃仰の念がめばえる展示こそが必要なのである。そういった空間が、かつての聖地にはあったのである。その雰囲気熟成に大きな力をもっていたのがマレー式であった。諸外国の博物館を訪ねると、多くのところは文化遺産の授受を第一に、そんな空気を充たしているところが多い。どうもミュンヘンのドイツ科学博物館の悪い影響で、さわる、うごかす、体験するといった方向へ、あらゆることが流されている、という気がしてならない。

この万世橋の交通博物館にも転機が訪れる。万世橋での使命を終え、今年の五月には閉館となる。そして、約一年ちょっとの後、平成十九年秋に、さいたま市にできる新しいＪＲ東日本の鉄道博物館に、その任務が引き継がれるのである。新しい博物館は実物展示車両も三十五両におよび、規模も大きく、内容を一新することはまちがいない。その鉄道博物館が新しい歴史を刻み、神話を作ってゆくことに期待するしかないだろう。その歩みの中で、聖地、聖域の空間もうまれて来ることをねがうばかりだ。

ただし、大宮から新交通のりかえではさびしい。ＪＲ東日本の鉄道博物館前に、堂々と新駅ができ、新宿あたりから直接乗り入れる列車を、日に数本走らせてほしい。ＥＦ55牽引の客車列車などがいいが、その列車には動態保存もかねて、歴史的な匂いを塗り込めてほしいものである。それはあたらしい聖地巡礼の、巡礼列車になるだろう。映画作りと一緒で、まずは予算と採算予測ありき、だろうことは百も承知だが、80系の湘南電車や、モハ32形が牽引のスカ線黄金時代の編成とか、復元できないものだろうか。それに乗ることで歴史の扉をくぐることになれば、遠隔地へ博物館が去った、という印象もかなり薄らぐだろう。

「東京人」平成18年3月号（実相寺68歳）

昭和も遠くなりにけり……

わたしは、レトロな昭和の映像人間である。昭和三十四年の皇太子さま（平成天皇）ご成婚の折りにテレビ局へ入り、最初の仕事がパレードの人除けであった。ほんとうは、映画界に入りたかったのだが、すでにそのころ映画には斜陽の影が忍び寄っており、助監督採用の試験を受けられなかった。親戚には映画のプロデューサーもいて、三拝九拝したのだが、無理だった。わたしは映画をあきらめてテレビ局に入った。6チャンネルである。

当時、テレビドラマは〝生〟ドラマであった。つまり、製作と放送が同時だったのである。事件の中継と同じである。そんなテレビを面白く思って、夢中で新しいジャンルに励んでいたのだが、時代劇のアシスタントについたとき、剣友会の殺陣師であった桜井美智夫さんから、突然、

「あんたは、テレビ局にいられる人間じゃないね。きっと、局を止めるよ」

と、宣告されたのである。わたしはただ苦笑して、取り合わなかった。その当時の演出部に、元NHKで名作「君の名は」を手懸けていた近江さんというディレクターがいらした。その近江さんからも、ほぼ同じころに、

「おめえは、局にいられる人間じゃねえ。足元も危なっかしいや」

そう、酔った口調でいわれたのである。

「なにを言ってるんですか。新しいメディアのテレビで、新しい表現をさぐりますよ。ほっといて下さい。大きなお世話」

わたしは取り合わなかった。

でも、二人にこう言われて、わたしの頭の片隅には、

「自分はテレビ局にいられないタイプなのだろうか？」

といった澱が沈殿したのである。

わたしは、スタジオドラマ、音楽中継のディレクターとして失敗をし、円谷一さんに拾われ、映画部に移った。そして、現在も名刺がわりになっている〝ウルトラ・シリーズ〟の端くれに加えていただいた。当時、円谷プロ文芸部を牛耳っていたのは、かの金城哲夫である。その彼が〝怪奇大作戦〟の後、沖縄へもどる折り、円谷一さんに手紙を書いた。

その中に「いずれ、実相寺はＴＢＳをやめるでしょうね」と、予言めいたことが書かれていたのである。それを、一さんに知らされて愕然とした。自分の運命が他人に弄ばれているような気がした。そして、スタジオ時代の予言を上塗りするような言葉に、わたしは暗然としたのである。

そして、ほんとうに、局を止めてしまった。テレビマンユニオンへ行く道もあったのに、独りで円谷時代のスタッフとグループを作ったのである。

いまもって、何故わたしはテレビ局の組織にいられなかったのか不思議でならない。何人もの人たちから、「お前は局をやめる」といわれた呪文が、現実化したのであろう。呪われたわたしである。

十一年ほどいた局をわたしは、呪文に誘われたように、やめてしまった。退職金は六十万円ぐらいであった。失業保険は受けていない。厚生年金を積み立てていたのに反故になった。そんな将来のことを考えずに、ATGで映画を撮った。イソップ物語でいえば、蟻と蟋蟀の後者である。

今回そんな蟋蟀の作った残映を、選集としてまとめていただけることになり、このボックスが実現した。ここに詰められたのは、映画とテレビの狭間で呪文に耐え、何とか生き長らえた者の軌跡である。タイムスリップ・グリコには及ばないか、これも昭和レトロの片隅にあった匂いであり、色である。

ふる雪や明治は遠くなりにけり、ではなく、いまや昭和も遠くなりにけり、というご時世になった。


「実相寺昭雄コレクション」DVDボックス平成15年(実相寺66歳)

第4章

言ってはいけない実相寺の秘密

実相寺、かく語りき

私的・寺田農論

対談の前口上にかえて

一、

寺田農さんと知り合ったのは、昭和三十八年も押詰まった頃である。ということは、指折り数えて、知遇を得てから三十年以上にもなるという勘定だ。お互い老けるわけだ。でも、かくも長くお付き合いが続くということは、ウマが合うといったこととは違う因縁があるのだろう。三十数年、絶えず一緒だったわけではないし、絶えず連絡を取り合っていたわけでもない。疎遠の折もあったし、顔を見かけない時期もあった。ただ、このことは仏縁と思うしかない、とわたしは思っている。

最初に、この三十数年の間に、寺田さんと一緒にした仕事を思い出してみる。

昭和三十九年　テレビドラマ『でっかく生きろ』（六本）
昭和四十一年　テレビ映画『ウルトラマン・真珠貝防衛指令』
昭和四十五年　ＡＴＧ『無常』
昭和四十九年　映画『あさき夢みし』

昭和五十一年　ＡＴＧ映画『歌麿・夢と知りせば』
年代不詳　ＣＦ『焼酎〝のんのこ〟』九州・電通映画社
昭和六十年　テレビ紀行『遠くへ行きたい・鎌倉』
昭和六十一年　テレビ・ドラマ『青い沼の女』
この頃　舞台『石井漠・生誕百年』
昭和六十二年　映画『帝都物語』
昭和六十三年　映画『悪徳の栄え』
年代不詳　舞台『ダヴィデ王』新日フィル定期演奏会・他
平成元年　ビデオ『ラ・ヴァルス』
平成二年　映画『ウルトラＱ・ザ・ムービー』
舞台『兵士の物語』東響定期演奏会
ビデオ『不思議議館』繋ぎ、数本。尚、『不思議館』では、監督もお願いした。
平成三年　舞台『兵士の物語』神戸オリエント劇場・一〇〇二制作
多分この辺り　舞台『モーツアルト』名古屋中部電力ホール
平成四年　映画『屋根裏の散歩者』
この頃　ビデオの語り『ブラームス・チクルス』指揮・朝比奈隆
この頃　舞台『フランス六人組』アート・スフィア
平成五年　舞台『生涯教育・イヴェント』愛知大会

平成六年　　舞台『ハレーSQ定期』カザルス・ホール
平成七年　　舞台『フィデリオ』新日フィル特別演奏会
　　　　　　舞台『フィデリオ』大フィル定期演奏会

といったところだが、もっとあることは間違いない。最早わたしが忘れているのである。それほど、寺田さんとは仕事をしているのだろう。

昭和六十年代後半以降になると、ぐんと舞台というか音楽関係の仕事が増えている。コマーシャルのナレーションの仕事などは、結構一緒にやっているが、数も多いし、もう忘れてしまったから記さなかった。

こうふり返って気が付くのだが、映像で寺田さんを主役にした仕事は殆どない、ということだ。その点では、わたしの円谷後期からATG時代にかけての主役といえば、同じ文学座研究生だった岸田森さんだったし、むしろ寺田さんには便利に助けてもらっている、ということがよく分かる。ATGでは、寺田さんは岡本喜八監督の『肉弾』の主演者だし、それ以降の映画の系譜では、寺田さんは相米慎二監督の作品群に重要な仕事があるだろう。映像での俳優・寺田農さんを論ずるとすれば、他の監督さんの作品を取り上げるのが本筋だ。

ということは、わたしの映像での寺田さんの位置というのは俳優としては存外軽いポジション、という意外な結果が浮かんで来る。それを象徴するような役どころが幾つかある。

たとえば、『ウルトラマン』の〝真珠貝防衛指令〟では、冒頭近く、怪獣ガマクジラ出現で泡を吹いてくたばるトラック運転手だった。

『青い沼の女』では、出だしの豪雨の中、一通の手紙を届けに来る郵便配達に過ぎなかった。『屋根裏の散歩者』では、数シーンの出番はあるが、台詞は一言もない。

いや、わたしの最初の長編劇映画『無常』では、やくざの役でワン・シーン協力してもらっているが、地方上映用の短縮版では出番をカットさせてもらったのだ。但し、費用の点でクレジットを直すことが出来ないので、タイトルには出て来るが、実際には影も形もないという結果になっている。

それは何故か？　つまり、……わたしにとっては、寺田さんは俳優であると同時に、いやそれ以上に相談相手、共同作業をするスタッフ、という構図になっているからである。

何かあると、わたしは寺田さんにごくプライベートに相談を持ちかけることから出発する仕事が多い。もっといえば、その仕事を引受けるべきか否か、といったことを相談することもある。その相談に乗ってもらい、助けられたことは数知れない。ほとんど一般的な芸能事情、俳優事情に無知なわたしは、寺田さんから知識と情報を得ているのである。わたしの映像作品で、寺田さんの地位の軽いことが、お分かりいただけただろう。

近年は、キャスティング・ディレクターの役割も勤めてもらっている程だ。

二、

寺田さんの俳優としての資質の何処がすばらしいか、といえばそれは筆舌に尽くしがたい。でもそう言っては身も蓋もないから、好きなポイントを列記する。

1、頭がいい。だから状況を適切に把握する。無駄な抵抗なぞはしない。
2、無駄に疲れようとしない。疲れる仕事がいい仕事と思っていない。稽古の回数や徹夜続きがいい仕事に結び付かないことを知っている。狡賢い、とも言える。
3、馬鹿な質問をしない。裏目読みをしない。無駄に理屈をこねくり回さない。バカな俳優程、理屈にうるさい。頭が硬く、たとえば、考えなくても良いのに、役柄と日本近代史をからめて考えたりしてしまう。かと思えば、オフェリアを演ずるのには、精神病院を実地見学せねば、などと思うらしい。ヤダ、ヤダ。
4、現場で、観念をひけらかさない。結構、観念を弄ぶ俳優っているんだよ。
5、現場で、気持ち、情緒で演技をしない。形の大切さを熟知している。
6、冗談と笑いが好きだ。
7、早い仕事がいい仕事、ということを知っている。いいかどうかは別にして、アマチュアには出来ないことを弁えている。
8、臨機応変が利く。〜これは凄い特質だ。
9、芸能性よりも、職人性が大事だということを十二分に心得ている。
10、早く仕事を終わって、酒を呑もうと思っている。
11、セリフの覚えは早い。カンニングも上手だ。
12、トチリは少ない方だ。
13、スタッフとの作業が上手。
14、ケチではない。

15、結構付き合いがいい。これには驚かされる。
16、真面目の限界、本質をよく見抜いている。真面目さがいい仕事に結びつかないことを、知り過ぎている。
17、本質的に健康である。
18、謙虚である。女へのアプローチを別にして。

といった美点の数々を、思いつくまま上げてきたが、もちろん重厚長大をもって至上とする連中からは、相手にされないだろう。

寺田さんの欠点を上げるとすれば、

1、女に親切過ぎる。
2、女の許容範囲が広過ぎる。
3、わたしとビールの趣味が違う。
4、家庭第一主義。本当に素晴らしい家庭の持ち主だ。美人の奥さん、可愛い娘。そして、暖かい夢のような一軒家。
5、八方美人。本当に顔が広い。地方に同行すれば分かる。
6、連絡が悪い。天動説の信者。
7、自分勝手。天動説なのである。
8、セナが大好きだった。

9、人の（わたしの）持ち物を欲しがる。いやあっ、これはお相子《あいこ》かあ、わたしも寺田さんの着ている物を頂戴しているし、これからも頂くだろうから。

と、妙な具合になったので、欠点を上げるのは止めにする。

寺田さんが、俳優として如何に素晴らしい人かということ、お分かり頂けただろうか。

イチゴ白書、いや一期一会だ、ということからいけば、寺田さんとの出会いは決定的なものだった。

三、

寺田農さんという人は、屈託のない軽さ、そして明るく曇りのない知性を表面に出しているが、その手の内は中々どうして、そう簡単に見せない人でもある。ただ、妙に屈折して、腹ふくるる業を持っているとは思えない。わたしには他人を見る目などないのだが、寺田さんの平衡感覚は、本能的に備ったものだろうと思う。

こういった寺田農さんの形成に大きく預っているのはご両親からの遺伝的体質もあるだろう。

宇佐美承氏の『池袋モンパルナス』という本には、農さんの父君である寺田政明画伯のことがふんだんに出て来るが、その本のインタビューに読み取れる政明氏の言葉の躍動感は、しっかり農さんに受け継がれていると思う。もちろん、父は父、子は子である。時代の相違もあるし、軽々しく相似性や近似値を見つける必要もない。でも、政明氏の血を色濃く受け継いだことが、屈託のない伸びやかさ、そして言葉を吐く折のアーチキュレーションの良さに繋がっている、とわたしは信じている。

わたしは、たまたま寺田さん親子二代の知遇を得たのだが、父と子は、その相足らない点を、実に自然に補い合っているという感じがしていた。その点では、何とも羨ましい程の親子関係だったというのが、傍観者の嫉妬である。

わたしはこの羨ましさの匂いを嗅ぎたくて、寺田家に出入りしたい、と思ったのだろう。手の内を見せないから、そう簡単に家宅侵入も許して貰えないが。

そう言えば、昔よく寺田農さんと麻雀をやった。その際に、寺田さんの得意手はチートイだった。二《ニ》個《コ》二《ニ》個《コ》である。わたしは闇テンのピンフのみ千点。この志向の違いをこえて、三十年つき合いが続いているのは理屈ではないだろう。

注文はただ一つ。年長のわたしを尊重すること。ということは、わたしの葬式だけは見届けて欲しい。ということである。

岸田森さんは、アレグロで去ってしまった。マ・ノン・トロッポと言うまでもなく。寺田さんは、天才の列に連なる必要はない。しっかりとした職人気質で、長寿を全うして欲しい。ただ、だからと言って、健康志向で、ジョギングに精を出したり、週二日の休肝日をもうけたりしないで欲しい。父君と同様、飽くまでも自然に、それがわたしの願いである。ピース缶の喫煙も続けて欲しい。もちろん、わたしとの酒のつき合いも。

『ナメてかかれ!』平成7年11月（実相寺58歳）

言ってはいけない実相寺の秘密〈座談〉寺田農

ほか参加者＝河崎実・加藤礼次郎

〈河崎実前口上〉

わたし、河崎実がこの本（『ナメてかかれ！』1995・風塵社）を企画した意図は映画監督や舞台演出家以外の監督の素顔を知らしめるというところにあった。なぜなら普段の監督との雑談こそ、この天才の正体がもっともよく現われていると思うからだ。監督の映画や小説の絶妙なスタイルより、そのキャラクターが傑作なのである。普段の会話をそのまま聞かせるだけで、エンタテイメントたりうると考えた。そこで、監督の普段の会話をそのまま載せてしまうという画期的な対談をここで企画したのである。それがスムーズにいくのはやはり、監督と気心が知れている人がいい。そこで白羽の矢が立ったのが俳優・寺田農氏である。監督との親交はつとに有名だし、彼なら監督も普段の姿を曝け出す筈だ。

早速監督の要望である「畳の個室がある店」の赤坂「津つ井別館」を予約し、我々はその時を迎えた。しかし、酒が入って更に内輪同然である寺田氏との対談という条件は、監督の心の箍を外したようだ。実相寺監督は、普段より更に爆発した姿を曝け出した。

我々がこの企画を立てた事に対する後悔の念を覚えるのに、そう時間はかからなかった……。

（実相寺遅れて入ってくる）

実相寺　いやいやどうも、早いじゃないのよ。ちょっと時間が空いたんで呑んじゃって、もう。ごめん。わたしはあの後、あなたと一緒に裏ビデオ屋に行こうと思ってたからさ、残念でした。身体は大丈夫？（註　この対談の数日前、農さんや九鬼の中川社長や北浦と呑んだ。ただしその折、農さんは途中で具合が悪くなり、中座したのである）

寺田　北浦から十一時過ぎに電話がかかってきて。（註　北浦はわたしの助監督を長いことやってくれていた人。今やフリーのディレクター）

実相寺　その後裏ビデオ屋に行って、……。

寺田　一人で行ったの？　いいのありました。

実相寺　俺は画質にこだわるからねえー。それで中川社長に寺崎泉のやつくれって言ったら、首を振られた。流出したやつ。俺は工藤恵のダブルフェラのを買おうと思ったんだけど、ダビングが駄目だった。トラッキングをどう調整してもＮＧ。

寺田　画質が悪かった。

実相寺　うん。俺は道玄坂の方へは行かなかった。やはり、上がいいですよ。

寺田　そう、上がいいんですよ、良心的でね。

河崎　あの、そろそろ対談に入らせて頂きたいんですが……。

実相寺　おう、そうだ。こんな会話してちゃいけないよね。

寺田　じゃあカンパーイ。

節度ある酒！

実相寺　あなた大丈夫なの。
寺田　あれから全然呑んでいない。
実相寺　僕はね、抜いていない。そのかわり量を少なくしている。
寺田　ハハハ。
実相寺　本当、本当。
寺田　節度のある酒！
河崎　今回の本の主旨なんですが、寺田さんも御存知のことと思いますが、僕が編集した監督の文がいっぱい溜ってるんですよ。それも含めて人間実相寺昭雄をさらに突きつめるということで。
実相寺　突きつめてほしいね。
加藤　（突然）監督、僕三年セックスしてないんですよ。
実相寺　お前、結婚してんだろ。
加藤　してないです。させてくれないんですよ。
実相寺　そんなのやってないの、俺なんかこの前寺田さんのフェラチオやったよ。
寺田　バカなことを言う。
実相寺　新幹線の個室で。
河崎　最初だけはちょっと真面目に、わたしが司会でやりたいんですけど、よろしいですか。

寺田　はいはい。
実相寺　寺田さんすみませんね、呑んで来ちゃったから。司会の前に申し訳ないけど、俺焼酎にしてほしいの。お湯割りで梅干し。
河崎　お二人が親友なのは業界筋ではわかってるんですが、お二人共奥さんが女優さんですね。
加藤　（再び突然）監督、梅干しは中に入れるんですか。
実相寺　中に入れるに決ってるだろ。
寺田　外に出したってしょうがない。
河崎　……ウマがあわれるということで、ご家族も娘さんが一人おられるということも共通ですね。ＴＢＳの現場でお会いになられて、その後どういうノリでこういう親交が始まったのかお聞きしたいのですが。

大道具の人だと思った

寺田　昭和三十八年に、僕は文学座の研究生だった。
実相寺　同期が岸田森とかね。
寺田　そう。そこで芝居のデビューはしてたんですけど、その時たまたま文学座の芝居を久世光彦が見に来てて、終わって飯を食いたいと言うんで、初対面だったたんですがマネージャーと一緒に飯を食った。そこで、久世ちゃんが「わたしの友人の実相寺昭雄という男が、今度新たな連続ドラマを企画している。ついては、若いのを探しているので会いませんか」という。僕はその前にＴＢＳに実相寺あり、というのは業界では知ってたんですよ。『おかあさん』なんてのも観てた。大変奇才ということで、面白そうだと思って久世ちゃんに連れて行ってもらった。あれ何スタだったかな。

実相寺　Eスタ。

寺田　そう、Eスタで待ってたんだけど、全然出てこない。顔は全然知らなかったんだけど、いきなり汚いジャンパーにジーパンをはいた人が来て、大道具の人かなと思ってたら、「実相寺です」って言われた。何だこんなのかと思ったのがそもそもの始まりですよ。それでドラマをやることになった。

河崎　何ていうドラマですか。

寺田　『でっかく生きろ』。杉浦直樹、岡田真澄、古今亭志ん朝、それに僕。四人の男が毎週ゲストに女優さんを呼ぶ。面白かったんだけどわずか四本くらいで実相寺は降ろされて……。

実相寺　五本。しかも1クールで打ち切りになった。

寺田　それで実相寺が降ろされたことに、僕らも若かったから連座した。志ん朝なんかも「皆、実相寺がやるということでやってるのに、実相寺がおりるんだったら俺らも降りる」なんてことを言って大もめに、もめたんですよ。

実相寺　局の部長相手にね。

寺田　それで後にわかったんですけど、石井ふく子さんなんかも出てきたりしてね、「何とかやっていただけないでしょうか」って。冗談じゃない、ジッソウが降りるんだったらやらないってね。

それでさんざんゴネたんですよ。杉浦直樹とか岡田真澄なんて人は大人だからスウッと引いてたんだけど、俺と志ん朝だけは最後まで突っ張っちゃった。その後、その番組は十三本までやったんだけど、それ以降俺は二度と6チャンネルの画面に出ることはなかった。俺は実相寺に連座してTBSパージになった。

実相寺　ウソ。だって俺が四十一年に『ウルトラマン』の仕出しで出してるじゃない。
河崎　ガマクジラ。
寺田　フイルムはいいんだよ。スタジオは行ってない。
実相寺　だから俺も気をつかったわけよ。TBSパージの人だから、1カットの仕出しでも使ってあげなくちゃってんで。トラックを運転中にガマクジラが出て、「アーー」て吼えるだけの役。
寺田　それでもね、俺はパージになってることを知らなかった。それで後に村木良彦さんかな、TBS事件とかいう本を書いたわけよ。公害事件とか例の田さんの事件とか書いたんだけど、それをある人が読んで、「お前ここに出てるよ」って言われた。「……、という事件で実相寺は干され、新劇俳優寺田農は二度と再びTBSの画面に出ることはなかった」って書いてあった。
実相寺　そんな記事あったかなあ……。ないだろう。

白色レグホンのメスの声でやってくれとか

河崎　話が前後しますが、監督の一派になったというのは、お会いになったときに共感を感じられたんですか。
寺田　共感？　何となく……、共にしようとも思わなかったし、ただズルズルと。
実相寺　違う、これはね、寺田農よりもはるかに数百倍天分に恵まれた絵かきさんのお父上、寺田政明さんがいらっしゃるでしょ。その方が僕のことを認めたんで息子も認めたということなんですよ。それでね、僕が結婚したとき有名な寺田画伯から絵を頂いた。それはお父様がバカ息子を、宜しく頼むという意味もあったのかな。これじゃ生涯寺田さんの面倒をみなくちゃいけないと思った。どっちがみられてるかわからないけど。

寺田　その前にね、これは僕もある所で書かしてもらったんだけど、その頃はドラマのＴＢＳっていうくらいのもので、今もそうなんだろうけどやたらに本読みとか稽古がしつこかった。三十分番組の本読みだけで夜七時から明け方三時ごろまでやるんだから、実相寺組っていうのは。「今のね、ボルテージを三分の二にしてスピードを三分の一にして」とかすごく難しいことも言うのよ。白色レグホンのメスの声でやってくれとかね。そういうのがカルチャーとして面白かった。それまではそういうディレクターはいないわけだから。ましてや、文学座の新劇の演出家なんか一切そういう事を言わないわけだからね。非常に具体的というか、面白かったね。へんなのがいるなと思った。

河崎　大学も同じ早稲田ですよね。

寺田　僕は中退だけどね。

実相寺　でもこの人の方がいい学部なんですよ。この人新聞記者になろうと思って、政経だもん。俺は政経落ちて、文学部に入ったんだけど正式に入ったんじゃないの。俺は補欠。第一文学部の。〝補欠〟ってのは大抵入れるけど、こちらは政経のエリート。

寺田　そんな感じで、何となく面白いということで、その頃何だか遊びまくったんだよね。お互いに独身だし、志ん朝とかもいてね。何たって稽古が終って二時、三時から六本木に遊びにいく。若いし、面白かった。

河崎　志ん朝さんは監督の『7時にあいまショー』にも出られてますけど、やはりウマが合ったんですか。

実相寺　そうね。

寺田　年も近いし。
実相寺　あの頃の方が夜中遊べたんじゃないかな。
寺田　遊べたね。
実相寺　トルコ（現在のソープランド）とかはたいしたことなかったけどね。昭和三十三年に売春防止法が施行されてまだ十年も経ってなかったし、悪所は試行錯誤の時代。
寺田　当時の六本木はね。赤坂もそうだったけど。
実相寺　田舎だったよね。
寺田　田舎だったけど、もっと大人の遊び場っぽかった。若いのがチョロチョロしてなかったもん。六本木なんか三時頃から行っても、きちっとしてたものね。
実相寺　そういう意味では俺たちが若くて駄目だったんだろうね。
寺田　一番若かった。

ボーリングだった

実相寺　当時はボーリングが好きだった。ボーリング場が東京に二つしかなかった頃でね。青山にあって、次に東京タワーにできた。僕は青山のメンバーで、専用のロッカーを借りていたんだ。まだ日本にパーフェクト出したのが二人しかいなかった時に、マイボールまで持ってた。TBSの音楽番組の金で作ったんだけど。（笑）
寺田　そんなもん自分の金で作るわけないじゃない、この人が。

実相寺　今はボーリングもダサくて東京12チャンネルしか中継やってないけど、当時はカッコ良かった。

寺田　青山の東京ボーリングセンターなんて外人が多かった。

実相寺　そうそう。大人の遊び場だった。そこで浜美枝とか田村奈美とかと遊んだこともあった。今の女房とは、僕の好きな大監督の須川栄三さんがそこに連れて来たんで知り合ったのよ。

寺田　そうなの。

実相寺　まださ、ボーリング場ってのはエリートの遊び場だったよね。俺たちが駄目だったのは、そのボーリング場にTBSの雪駄で入ろうとしてたこと。ジーパン、雪駄で入ろうとしたら、黒いタキシード着たボーイがいて「お客さん、その格好ではお断りします」って。俺はロッカーを持ってる会員だったんだけど、それが頭にきてボーリングから足を洗った。大人が多かったんだね。竹下通りみたいな格好では入れなかったんだから。

寺田　俺が文学座の研究生でね、チェーホフの芝居をやるから皆に観に来いってね。研究生だから仕出しだったんだけれど、ジッソーとか中山堅太郎（註　この人はTBSでバイトして、脚本を書いていた。もの凄くビッグな態度のバイトだった。彼のアパートがたまり場だった。女房のデコが料理上手でずい分食わせてもらったものだ。それから堅太郎は電通に入った。最近凄く酒が弱くなった）とかいてね。皆で俺の芝居を観にきたわけよ。『三人姉妹』かなんかだったけど、俺はただセットの後側を通る楽士でバイオリン持って通るだけ。皆が呆れちゃってさ、よくこんなんで観に来いって言ったなって。

河崎　セリフとかは。

寺田　そんなもん何もない。それで皆怒って。でもその時の主旨も、俺の芝居を観るってんではなくて、その後ボーリングをやろうってことだった。

実相寺　よく覚えてる。あれは新宿の朝日生命ホールだった。

そんな綺麗なもんじゃない

河崎　結婚について監督は、日記にはボカして書いてるんですよ。「この年、わたしは干されて暇だったので結婚した」とかね。そのへんのところはどうですか？
寺田　いや、この人はね、その頃はいろいろあったのよ。
河崎　『ウルトラマンを作った男たち』で色々書かれてますが、あんな感じで。
寺田　あんなもんじゃない。あんな綺麗なもんじゃなくて、……。
実相寺　モテモテでね。
寺田　モテモテじゃなくて、ところかまわずというかね。何たって、かんたってイっちゃうんだから。それで色々あって、知佐ちゃんと結婚することになるんだけど、これが素晴らしいことになるんだ。
実相寺　俺は人のことを言ってもらいたくないな。皆色々あった。河崎だってロリコンじゃないか。加藤も三年もセックスしてないなんてお前ら、おかしいぞ。
河崎　僕は風俗行って、「とにかく若い娘を！」なんて言いませんよ。
寺田　いやあ、一番おかしかったのは、四ッ谷に『深海魚』って店があったじゃない。そこで女引っかけて江の島に行った話があって。これは秀逸な話ですよ。
実相寺　絨毯バーだね。
寺田　そこで引っかけたまでは知ってた。次の日俺たちは「どうした、どうした」なんて聞いて。そしたら、当時はラブホテルなんてのはあまりなかったから旅館みたいなところへ行ったらしいのよ。格好つけて「何か食べるかい」なんて言ったら、「ワアー、サザエの壺焼きが食べたい」って言う。サザエの壺焼きがきたらそいつ急にナマっちゃって、故郷思い出して「うちの田舎とおんなじだあ」って。参っちゃってヤル気もなくなっちゃって。（笑）

実相寺　そう、自分で切って「食べてけれ」なんて。（笑）勘弁してよ。

河崎　やらなかったんですか。

実相寺　やらなかった。

寺田　夜明けの壺焼きだね。

実相寺　「夜明けの壺焼き」なんて歌作りたいね。壺焼きだけど壺焼きには入れられなかったって歌ね。（笑）

河崎　……そのへんを払拭するために『無常』、いや『曼陀羅』にはいいラブホテルがでてくるんですか。

実相寺　『無常』にはこの人出てるんですよ。でも地方版では出てない。

河崎　えっ。

実相寺　一時間五十九分の版があるのよ。それにはタイトルはとってないけど、出番はカットされている。

寺田　それだってね。急に電話がかかってきてね。「京都に遊びにこない。ついてはねグリーンなんか乗っけちゃおうかな」っていう。「それでもって、おいしいもんでも食べちゃおうかなあ」って。それで何だかわからないけど京都へいったら「これやってよ」って。それが京都弁なんだよ、ヤクザでさあ。

実相寺　1シーンだった。

寺田　それで亮ちゃんだったっけ。田村亮をおどかして、喧嘩になって簡単にやられちゃうという役で。方言指導で、京都映画にいる広瀬（註　今や京都映画のヌシのような録音技師。この人も悪酔い。仕事の腕が良いと酒ぐせが悪いという妙な因果）っていう人に、「こうやるねん」なんて聞いて、何だかね、あの頃ギャラなんてものは一切なかったね。

河崎　こういう写真、僕持ってるんですけどね。（と、ATG映画のパンフレットを出す）

実相寺　いいじゃん、かっこいいじゃん。この頃から、細胞が二回くらい変っているから、別人よ。俺であって俺じゃないよ、これは。

河崎　かっこいいですよ。

実相寺　これはかっこいいよね。アバンギャルドな。

寺田　当時はかっこよかったけど、今はただの変態じじい。（笑）

実相寺　その写真は俺が三十三のときだ。

河崎　これ、寺山さんも大島さんも気どって写っておられますよね。

実相寺　ATGの趣味なんだよ。スチールの人も世に出ている人を起用していた。『無常』のときには立木三郎さんとか『曼陀羅』のときには沢渡朔さん。三作目の『哥《うた》』からお金がなくなって。それでも、何とか、関根恵子さんを見つけた大映の腕利きの方にお願いしてた。スチールも含めてアートだという方針だったんだよ。

寺田　それは昔の方が宣伝部まかせじゃないよね。

実相寺　それはね、やっぱり葛井欣士郎っていうすぐれた人がいたからですよ。ああいう人が今はいない。

河崎　AVの九鬼はどうですか。

実相寺　九鬼の中川社長もそういうポリシーがあるな。（註　中川さんは、寺山修司氏の元から出発した）

寺田　何に金かけるって、パッケージに金かける。

実相寺　そういう意味で永続してるといえば、あとは代々木さんくらいじゃないの。忠さんはすごい。今回も忠さんのこと大分書いてる。

河崎　寺田さんもＡＶの女優がいい、感性がいいとおっしゃってますけど。そういう発想ってのは僕がテレビをやっていてもないんですよ。

寺田　今は面白くないですよ。ＡＶもちょっとね。

実相寺　俺は代々木さんの平成淫女隊の後藤奈月なんて使い方によっては面白いと思うけどね。

岸田森は天才だった

実相寺　今日はせっかく寺田さんがいるんだから、もっと寺田さんにも聞いた方がいいよ。（と、酒を呑む）岸田さんのことなんかも聞いた方がいいよ。

河崎　監督にも岸田さんのこと書いてもらったんですが、あまりにも思い入れが強く、辛くて語りたくない部分もあるようでした。寺田さんの場合は同期ということもあって、また別の思いがあったと思いますが。

寺田　そりゃ、同期だし、若い時よく一緒に遊んだしね。森ちゃんてのはね、早く死ぬだけあって天才だよ。やっぱり早く死なない人はだめだけどね。あんた長生きしてるね。

実相寺　長生きしたら天才じゃない。今はさ、昔と違うから、三十代とは言えないけど、四十代半ばまでに死んだ人は天才。

河崎　金城哲夫とか。

実相寺　そう。

寺田　森ちゃんってのは同期だったけど、年は僕より四つ上だった。あの人は最初お酒呑めなかったの。後にアル中状態になって、酒も一つの原因で死んじゃうんだけど、研究所のときなんか一滴も呑めなかった。それでも無理に呑むと真っ青になっていた。後天的に呑めるようになった。だから若いときに呑めなかったので、それを取り戻そうって感じで呑んでた。それとね、僕がある意味で天才的だと思うのは、若い頃はさ、何でも広く間口広げようと思うじゃない。森ちゃんはそのころから、例えば実相寺と思ったら、ガッとひたすらそっちの方にいく。他に何かやるというよりも、一つのことを追求するって感じで、深かった。

実相寺　確かに森ちゃんは『怪奇大作戦』のときなんか一滴も呑まなかった。ＡＴＧでも『曼陀羅』の頃は呑まなかったと思う。

寺田　初期の頃は呑まなかった。

実相寺　四十くらい。『あさき夢見し』の頃じゃないかな。『歌麿・夢と知りせば』の頃はすごく呑んでた。

寺田　呑み出した後半なんか、常にボトルを持っていたね。ズボンの後ろのポケットに。

寺田　僕は死ぬ一週間前くらいに会ったんだけど、新幹線で京都行くとき一緒になってね。もう声が凄かったね。どうしたのよって言ったら、「いや」って変な声出してた。それで俺はよくないって言ったんだよ。その頃はボトルだって携帯用のやつじゃなくて、オールドをビンごと持ってたものね。それで、その時は久しぶりということもあって京都まで一緒に呑みながら行ったんだけど、それが結局最後でしたね。

編集　じゃあ、死ぬ間際まで呑まれてたんですか。

実相寺　その頃はもうアル中だったよね。普通にしてたっぷり呑めるという呑み方じゃなかった。もっと刹那的な、死に急ぐ人が呑む酒って感じだった。酒が楽しいとか自堕落とかそんなんじゃなく、もっと切迫した酒だった。僕も三十代までは呑んでなかった。うちのじいさんもオヤジもみんな酒で死んでたから。俺も呑めるんだけど、皆酒乱なんですよ。酒乱だから本当に一時期やめちゃった。これ以上呑んでるとやばいだろうと思って。二十代後半からほぼ三十代。

寺田　例えばＴＢＳの前のバーで、森健（註　森健一という人は、当時、美術デザイナー。後年、ディレクターになる文人）とジャズの三保敬とを間違えてね、三保敬太郎に「モリケン」って言って殴りかかったりね。

実相寺　あれ赤坂じゃなくて、田村町のバーだよ。そういういろんなのがあってね。

寺田　むいてないってことになって、ずーと呑まなかったね。

実相寺　オヤジの血が出たんだなと思ったの。俺が呑んでたのを知ってる人間と、例えば京都なんかでたまに呑むと、蜘蛛の子散らすように逃げて行く。

だけど、オヤジが亡くなる頃からまた呑みはじめた。大酒呑みのオヤジが酒呑むの止められて、半身不随でアンコロモチなんか食べてる姿を見てると情ないじゃない。これじゃ、俺が呑んでやらなくちゃ申し訳ないと。

寺田　その供養はもう充分にしたんだから。

実相寺　森ちゃんも俺のような系譜があって酒を呑んでるんだったら、あんなに早く死ななかった。

寺田　生き急いだって感じだよね。

実相寺　でも長生きした者が勝ちだって感じはあるよね。天才でなくてもいいからさ。酒呑みながら百まで生きちゃった方がいいって感じがね。泡盛呑みながら。

寺田　本質的に違うのは、森ちゃんは真面目だった。ものすごくね。そりゃ女もやってたけど、それも真面目にね。

実相寺　カンヌの映画祭に森ちゃんと行ったわけだよ。『歌麿・夢と知りせば』をマルシェに出すってんで。森ちゃんは向こうに行ったからには金髪を抱かなくちゃ、と使命感があるわけだ。一流ホテルのまわりには娼婦がうろついていて、制作の鈴木道朗（註　鈴木道朗は当時の制作進行。途中から足を洗い電通に行くが、昔は強姦魔。今は改悛して普通のクリエーター）なんかと物色するわけね。森ちゃんが一番お金持ってるから昼間っから両替してきてホテルのベッドで「これは君の夜の女の分、監督は半分持とう」って。まあ、俺は金髪は興味がないから勘弁してちょうだいよって言ったけど、そういうことにも真面目だった。森ちゃんは真面目なところがユーモラスだった。

河崎　『帰ってきたウルトラマン』、監督も一本だけ脚本を書かれてますが、岸田さんが出られてて。

寺田　あの容貌はあの時代にいなかった。特にＳＦものなんかに出てくる役者ってのは東宝なんかでも決ってたじゃない。ホント、ああいうタイプはいないんだから。

実相寺　森ちゃんみたいな役者さんいないよね。

寺田　その後もいないもんね。

河崎　佐野史郎なんかはどうですか？

寺田　全然違うな。

編集　岸田今日子さんって方もやはり天才ですか。

寺田　そりゃ、やっぱり天才ですよ。もう一つ言うと今日子さんのお父さんは劇作家の國士さんだし、森ちゃんのお父さんは國士さんの弟さんなんだけど、この人には僕、会ったことがある。もうぶっとんでる人。

実相寺　北海道の？

寺田　そう。大変な山師なんだな。最後に俺ものせられたけど「月に土地を買え」って言う。「君たちはね、月に土地を買いなさい」って。もうマジにね。「それは権利書なんかあるんですか」って聞くと「そりゃ、ありますよ」ってね、りっぱな権利書がある。だけどよく考えてみると、どうしてこのオジサンが月に土地を持ってるんだろうと思うんだけど、森ちゃんなんか「まあいいから、一応付き合いだと思ってさ」なんて。まあ若い時から森ちゃんとはずーっと別居してたからね。でも変なオヤジで、いかにもくわせものって感じだった。そういう高等遊民みたいなオヤジさんだったから、余計森ちゃんは自分を律して真面目になったのかも知れないね。それに森ちゃんってのはすごい剣道の達人だったしね。

実相寺　あなた今日はあまり呑まないね、セーブしてるの。

寺田　いや、今日ロケだったから、車なの。

実相寺　じゃあ、わたしが運転しましょう。

寺田　何をバカなことを。

実相寺　だからさ、今出口がありすぎるじゃない。つまり素人でもなんでも、これだけ表現の出口が多いじゃない。カラオケ、ビデオから、ＷＯＷＯＷまで。Ｖシネでもなんでも。でも、僕らのころは新劇っていえば三越劇場とかしか出口がない。一橋講堂とかね。だから素人では出られないんですよ。きちんとした才能があって、きちんとセリフがしゃべれる人しか舞台に上れない。やっぱり岸田今日子なんてのは天才ですよ。今はさ、天才もダンカンも一緒なんだもの。そのまんま東なんかもね。誰でも天才に思える。

本当、役者を信じてない

河崎　寺田さんの作品見てますけど、なにか実相寺昭雄と岡本喜八の二本柱という感じがします。
実相寺　違う、この人は相米慎二もあるもん。石井隆を入れて四本柱か。
寺田　もちろん。もちろんですとも。だけど、テレビの時代だったけど、監督が一番先だね。監督の線がずーと一本あって、そこから岡本さんの作品に出会ったり、それでまた相米がいたり井筒和幸がいたり、劇団の若い連中がいたり、でも根底には実相寺昭雄がいたって感じだね。しかしね、こういう早熟の天才と知り合った身の不幸ってのもあるわけよ。
河崎　功罪ですか。
寺田　功罪ってね、罪ばっかりよ。そりゃあね、二十一、二ぐらいにそういう色んなことがワッと、例えば映像や構図一つにしても、色んなことをやって、そりゃ現実にＥＮＧがないときにハンディみたいなのを自ら作って何かやったり。それを後にだよ、いろんな監督がこれが斬新で俺が考えたみたいなことを言っても、「実相寺が十年前にやってますよ」って思わず言いたくなる。周りが皆バカに見えてくる、そういう罪はものすごくありますね。もうバカバカしくなっちゃってね。
　相米も全然資質が違う。そりゃ上がったものの狙いは最終的に同じかも知れないけど、作り方は全然違う。僕がエッセイ書いて、監督が絵を描いてくれてたことがあったんだけど、ある時編集部に「実相寺対相米」っていを書いてくれって言われて、書いた時があった。そのタイトルが、「お願いしますか、待ちますか」っていうんですよ。監督は全部お願いするわけ。こうやって頂戴、白色レグホンのメスの声、２ミリ前に行ってこうやってまわって、ここで瞬き二回とかいう感じなの。これはもう完全に、自分が動く小道具じゃないけど、そうならないとできない。相米は何にも言わないで、「カス、ゴミ、タコ」それで朝までやるんだから。それでもあがったものをみると監督も相米も素晴らしい。過程なんかどうでもいいわけだけど、その中でやりにくいという役者もいるわけよ。実相寺の作品だとさ、全部こういうふうに規制されるから、そういうのヤダという役者もいる。相米みたいな放し飼いというか野放図のようなのも何やってるかわからないからヤダっていう人もいる。

役者ってのはどこか我儘だから適当に褒めて、適当にけなしてもらいたくってさ、ダメダシなんかもさ、ダメダシされると自分が「うん」なんてさ、やってる気になってるバカがいっぱいいるわけよ。

河崎　僕も一応若手の監督なんですが、そういうのにも出られて、やっぱり「バカ」と思われているんですか。

寺田　思ってるね。

実相寺　そういうのあるよ。これ名前言わないけど、俺なんか女優さんの場合、形だけで内面なんかどうでもいい。一緒の仕事をする場合に話し合いなんかである一致点があって、共に向上して作品を高めようなんて気分がさらさらない。俺の感じてるライティングでその人の顔、形があればいい。

河崎　オブジェ。

実相寺　オブジェっていうかね。でもそのオブジェを越える人もいる。加賀恵子みたいにね。

寺田　でもそれは、加賀さんくらいのもんじゃない。岸田森だって越えられなかった。その一番顕著な例がね、ジッソーが数々の名作を撮っているけど、誰一人として役者が主演男優賞でも女優賞でもノミネートされない。まったくオブジェとしか考えてない。
実相寺　ある時さ、名前は言わないけど、「監督もっと言って下さい。もっといじめて」って言った人がいた。本当にいじめていいのかなと思ってさ。「俺、本当にいじめるといえば、ＳＭの縄なんか持ってきちゃうよ」って。俺にとっていじめるってのは具体的にそういうことだから。「豚と泣け」とか。
寺田　監督はね、非常に役者を信じてないよ。
実相寺　信じてるよ。
寺田　信じてない。
河崎　桜井浩子さんが出された本の中に、実相寺監督に呼ばれて「ちょっとそこ立って」って言われて、広角レンズで撮られて、桜井さんが怒ると、「一回女優の顔を魚眼で撮ってみたかったんだもーん」と言われたと書いてありました。
寺田　それはね、監督の中ではもうすべて出来上がってるわけだから、構図から何から。
実相寺　寺田さんの言うとおり。俺の作品じゃあ役者さんはノミネートすらされないよ。
寺田　そのくせ監督がキャスティングにこだわるというのは、何をこだわるかというと、文句を言わない役者を集めたいわけよ。その自分の世界で遊んでくれる人を。僕の考えでは、この時はこういう感じでやりたいなんてのは、やめてもらいたいわけよ。気持ちはいらないから。
河崎　この前、『屋根裏の散歩者』の宮崎ますみさんなんかあそんじゃったんですか。
実相寺　そうだよね。
寺田　宮崎ますみってのは逆にいうと、何にもわからないからさ、言われるままに。主張もなにもないわけだから。
実相寺　でもかわいいよね。
寺田　かわいい。でも理屈をつけなくちゃできないというのが今の役者の一番悪いところ。誰を納得させるための理屈でもない、自分を納得させるためだけの理屈なんだ。
河崎　芸術性があるから脱ぐとか。
寺田　そう、そういうバカなね。
実相寺　芸術性というのは、これが一番バカバカしいでしょ。『帝都物語』でも、断った役者さんが随分いた。『帝都物語』を演技するときに日本の近代史の話が出て来てさ、俳優さんが日本の近代史なんか知らなくていいのよね。監督だって知らなくてよくて、つまり絵にするときは、日本の近代史を知ってるから、いい作品になるんじゃないいんだよ。例えば渋沢栄一役が気持ちの上で椅子から立てないとするよ。そのときカメラがもしさ、椅子より上を狙ってたら、どうするのよ。真っ暗な壁しか映らない。近代史なんかどうでもいい。
河崎　監督の作品で『7時にあいまショー』から『ウルトラマン』とかずーっと観て研究していて、ほとんどナメてるという構図がたくさんあるんですけど、たまにはこいつ撮りたくないから、なんてこともあるんですか?
実相寺　うん、あるよ。
寺田　それはね、僕なんかもねジッソーとやるとき、カメラマンのクリちゃん（註　根本進のマンガ〝クリちゃん〟に顔が似ているカメラマン中堀正夫。円谷プロ育ち）なんかに言うんだけどね、「お願いしますよ、レンズにワセリンなんか塗らないでよ。明かりはちゃんとノーマルな明りでね。うちのお母さん白内障で目が悪いから、わたしだってことがわからないといけないからね。わかってるね」ってね。ギューちゃん（註 牛場賢二という照明技師。鳥と喧嘩をして敗れて家移りをした男）なんか「サービスしてますよ、怖いんだから」なんて言ってる。観てみるとハイキーになってブワッって飛んでるしさ、僕はヤダねそういうのは。

撮影はあっさり

実相寺 僕はまたね、その絵を撮るためにはウンコも我慢して徹夜で作るという姿勢も嫌なのよ。あっさり作らなくちゃ。さらっと涼しい顔であっさりとね。

河崎 僕、『ウルトラQ ザ・ムービー』を監督が撮ってる現場に行ったら雨が降って、それでも皆待ってたんですよ。そこへ監督が来て、「だめだろ」ってあっさり。皆一応やりたいのに。

寺田 そういうのはすごいね。粘んないね。

河崎 でもあの映像は、粘んないとできない部分もあるんじゃないですか。

実相寺 そう思うでしょ。

河崎 でも移動とか。

寺田 それはね、監督が育てたスタッフが、クリでもギューちゃんでも、周りのスタッフが実相寺昭雄の世界を知ってるからだよ。こういう絵を撮りたいと言えば、前以てブワッってセッティングしてるからさ。役者が入ったらダーッて早くいかないと。待ちが嫌いだからさ、すぐ「もういいよ」って言うから。

河崎 ウルトラマンでは飯島さんと円谷さんが作られた枠の中で、窮屈でやってたんですよね。それが僕ら未だに好きなんですけど、いわゆる一つの柱があって、それに反発するかたちで作られているからいいものができた。

寺田　それはさ、今作品撮るのでもありとあらゆる規制があるわけでしょ。予算的なことから。

実相寺　でも今年はね、寺田農先生と河崎実先生の監督していただいた『不思議館』を世に出そうと思ってね。わたしも努力しますよ。（註　「不思議館」は三十分シリーズのビデオ作品集。十五本ぐらいある。寺田さんはヒッチコックの如くツナギもやっている）

加藤　今、こだわられないという話をされてましたが、編集なんかもですか。何か聞いたんですけど徹夜でやられてるという。

河崎　ダビングだろ。

実相寺　ダビングは好きだから。ダビングにはうるさいよ。

寺田　うるさいよね。ものすごくね。

加藤　撮影はあっさり。

寺田　撮影はあっさりしてるよね。あんまり信用してないんだよ、役者とかね。この総合芸術のなかの映画監督という場にありながら、基本的にはオタクだから自分一人でやることが好きなんですよ。そうだよね。

実相寺　そうじゃない、寂しがり屋。（笑）

寺田　バカ言っちゃいけない。もっとすごいのがあってね、監督と組んでコマーシャルのナレーションやったの。監督が絵撮ってきてんだから、それに俺にナレーション入れろと。電通のスタジオで撮ってさ、もう電通は偉い人がダッといてさ、そこで、「じゃあテストいきましょう」って言われたら、「テストね、いらないね。もういきなりやりましょう」、で一回やったら、「もうこれでいいんじゃない」だって。スポンサーも何たって一回しかやらないから、「いいんですか」って言ったら、「うん、いいのこれ以上やっても、農ちゃんに言っても無理よ。これ以上はできません」なんてね。

実相寺　面白い話があって、俺はCMでは尺をまわさないことで有名で、当時尺をまわさないってことは、手を抜いてるんじゃないかと思われる。それと同時に、代理店としては予算がとれないわけよ。今回何千フィートまわしたって言って請求するからね。CMなんか90フィートなんだからさ、その数十倍まわしましたっていうんだけどさ、試写で320フィートしかまわっていない。スポンサーに請求できないじゃない。俺はさ、それでもういいんだもの、って言って帰っちゃうわけでしょ。すると制作マンが考えるんだよね。

河崎　どうなるんですか。

実相寺　320のロールを何度も三、四本デュープしちゃうわけよ。スポンサー試写のときに。同じのが何回も繰り返す。

河崎　監督がいつもそういうわがまま言ってるから、制作の人が泣いていたんじゃないですか。

実相寺　ハハハ、何かね。でも今のCMはボルテージないじゃない。

河崎　最近やられてないでしょ。

寺田　全部断っちゃうんだもん。

実相寺　そんなことないよ。口がかからないのよ。仕事頂戴！

日本映画の出口はなくなっちゃいますよ

実相寺　フィルム撮りの、Vで編集するわけでしょ。Vだとさ、ポストプロの編集室でいくらでも変えられるわけよ。ポストプロ観てると素人でも、つまりたまたま来た宣伝部の入社したての女の子に、「キミ何かある」なんて聞くと、「あそこが、どうかな」なんて。みんなそんな感じでめっちゃめっちゃになっちゃうわけよ。そんなさ、素人の戯言に付き合えないもの。

寺田　本当にそうよ。

実相寺　お金は欲しいよ、本当に。

寺田　コマーシャルなんて特にそうよ。俺なんかCFのナレーション多いけど、結局演出家がタコってだけで自分のポリシーがないわけよ。それと力関係では代理店とクライアントがいて、それから演出家がいると、だいたい演出家が一番パワーポリティックスが低いんだよ。演出家がOKを出せないのよ。一応読んで下さいと言われて、俺が読む。そうすると、「いかがでしょうか」と演出家は後ろを向く。今度は代理店が、「いかがでしょうか」とクライアントの方を向く。クライアントだって担当が来るだけで、そんな偉いやつなんか来てないんだから。

実相寺　しかも素人なんだから。

寺田　クライアントが、「どうなんでしょうね、ウーン。他のはないんですか」って。すると代理店が「他のバージョンはないんですか」と来る。そりゃ何度もやるけどさ、一体誰が決めるんだってことになる。

実相寺　皆疲れるばっかり。

寺田　力量なんかなくたっていい、「よし、これだ」ってのを提示しなくちゃ。そうするとね、後は素人ばっかりなんだから「うん、こりゃいいよね」ってことになる。そんなところで作品的なことで監督に言ってくることなんかない。
河崎　寺田さんは、ディレクターに怒ったりすることあるんですか。
寺田　僕はない。もう二度とって感じで、いつもニコニコ。
実相寺　ニコニコしちゃうから、酔っ払うとこの前みたいに先に帰るハメになっちゃう。
河崎　僕がADやったとき監督が煮えきらない人で、バカなことを要求していた。亡くなられた山田康夫さんが怒っちゃって。理由がないくせにリテイク要求しているから。
寺田　俺はそんなの怒らないよ。そのかわり「何がやりたいの」って聞く。何となくってのも、それはそれでいいんだけど、どういうことでもう一回撮りたいのかわかれば、なんのことない。
実相寺　もう一回撮るのもいいのよ。寺田さんのそういうナレーション撮りでMAの収録で二時から四時まで撮ってるけど、ナレーションなんてのは二十分あれば終っちゃう。でも時間が余ったから、もう一回やってみようかな、コーヒー飲んで時間潰しているよりいいかな、なんて代理店が思うと、「はいもう一回やってみよう」ってことになる。そういう理由がないのに、スポンサーの顔色うかがって判断するなんてのは最低ですよ。注文主の方が本当にわかって首をかしげているならわかるけどね。
寺田　僕はずーっと平均的に見てるんだけど、ビッグカンパニーは一番偉い人が来るよ。日本ハムなんか七年くらいやってるから、その人なんか何も言わない。皆もう好き勝手やるわけよ。その人が来なくても勝手にやっちゃう。それで後でみせたら「けっこうやねえー、ええねえー、ワシ何もわからへんからそれでええねやー」ってね。「皆がええゆうたらええねやー」こういう人をプロと呼びたいネ！

実相寺　やっぱりプロに任せるという姿勢がないとさ。看板描く方だって職人なんだから。よかれと思って書いてるわけだから。今残念ながら映像はそういうわけにはいかない。監督が素人でもスタッフがプロなら撮れちゃうわけでしょ。それでも栄光はその素人の監督にいっちゃう。それじゃあ、日本映画の出口はなくなっちゃいますよ。日本映画はビデオで見ればいいなんてね。

俺なんか、方法の違いなんてあるけど、相米なんて凄いしさ、信じている。もちろん、相米も俺のことは信じてると思うけど、そういう関係ってあるよね。みんな監督の方法論なんて違うんだもの。方法論は違ってもプロはそれなりの方法論を身につけて、一番いいものを手に入れようとする。俺みたいにせっかちはせっかちなりに、相米は相米みたいな言い方で。今はね、そうじゃないんだもの。

寺田　自分のやり方、自分の世界ってものを確立していない。じゃあ例えばよ、そういうコマーシャルで振り返るやつが映画なんて撮れないよ。現場でさ、カットって言って後ろを振り返ったって誰もいないわけでしょ。お前がＯＫするのかどうかって。

実相寺　でもそういうのがさ、勲章もらったりするよな。カメラマンに今のよかった？　ＯＫにしようか？なんて聞いてる奴が賞をもらったりする世の中なんだ。

音楽の世界ってのは

実相寺　俺がさ、音楽の仕事好きなのは、寺田さんにもボランティアしてもらうけれど、俺たち素人が口出せない〝絶対〟があるじゃない。つまりシャープがついたらこの音、Ａフラットがついたらこの音が出なくちゃ駄目なんだから。ここはAフラットだけど、やり方によってはBシャープでもいいなんて、そういうことじゃないんだから。〝絶対〟を組んでるんだからその絶対に奉仕すればいいんだから。潔いんだから。そういうことなら聴いてやってもいいんじゃない、ってことになる。寺田さんと何本もやってるってことはそういう事なのよ。

寺田　音楽の世界っていうのは、我々の世界に比べてプロっぽいよ。

実相寺　素人はカラオケレベルだもの。

寺田　例えば、第一バイオリンが「何か気持ちからいくと、ここで入りにくい」なんて言うとき、「おやめなさい」。

実相寺　そう、「おやめなさい」

寺田　指揮者がこうやったら、「何か入れない」じゃあちょっと違うなー。

実相寺　ワーグナーの奥さんのコジマってのが、バイロイトか何処かでワーグナーのオペラやる時に歌手が、「ここは何とか」って言ったら、奥さんは「あなた、何も考えないでおやりなさい」って言った。「楽譜通りにやれば、もうすべて表現できてるんだから」ってね。それは正しいよね。その音が出せるかどうかってのが勝負でしょ。照明なんかはそうじゃない。俺たちが要求してさ、「ここを露出計で計って、背景をノーマルに対して八分の一にしてくれ」って言えば、八分の一に落とせるかどうかということが役割でさ。同じことが十六分の一でも成り立つし、二分の一でも成り立つ。

河崎　野球みたいなもんですけどね。

実相寺　そうよ。

寺田　テクニカルだよね。
実相寺　そう、テクニカル。それを越える例えばイチローなんかは「お好きにやってください」でいい。だけど、イチローみたいのは滅多にいないからね、映画界でも。カメラマンにも一人のイチローもいないと思うよ。サブローはいるかも知れないけど。イチローみたいなのがいたら、アドリブを許す。寺田さんにアドリブ許してるようにね。
河崎　寺田さんと二人でホモるってのはもう重々、今日もまた確認したんですが、寺田さんは失礼ながら若いＡＶ女優が大好きですよね。
寺田　うっ、舌噛んじゃったよ。
実相寺　あなた、焼酎の方がいいよ。
編集　ところでお車のほう、どっかにまわしときましょうか。
寺田　いい、いい。大丈夫、大丈夫。
実相寺　お車なんか用意しなくていい。お車なんか用意する時代じゃない。
河崎　お車じゃなくてお車代なんですが。
実相寺　寺田さんのお車代、俺に頂戴。俺、送っていくから。
寺田　しつこいだろう。
実相寺　だって俺、住宅ローン払っているんだもん。
河崎　鶉の木の。これ本当は監督の家でやろうってことだったんですが。
実相寺　いいね、いいね。続きは家でやろう。これ駄目だったら。

どっぷり深く足をつっこんでいるもので

河崎　僕はコダイの忘年会でチラっとお会いしてサインを貰ったんですが、その時もニコニコしながら観月マリとかAV女優をはべらしておられましたが。
実相寺　観月マリってどんな人。
寺田　中川さんのところのちょっとかわいい子でさ。いたじゃない。
実相寺　観月マリってあれ、地袋のイメクラ行ったやつ。
寺田　違う、違う。あれは、ミズノ。その前の名前は何て言ったかな。そのときイメクラ行こうって。
実相寺　いや、俺はさ、小林美和子がイメクラ行ったでしょ。それでさ、俺は気になってフォローしたけど、もういない。
河崎　話、中断して申し訳ないんですが。
実相寺　それでさ、あーゴメン、ゴメン。ちょっとさマジになっちゃうから。キヌ（註　キヌとはAV女優衣さよ子さんのこと。スラっとした熟女）から電話あったのよ。また電話するって言うんだけど。俺は日曜日もさんざんキヌのところに電話したんだけど、つかまんない。今日も西田（コダイに在籍する制作。ホストクラブ風の男）にさ、電話しろって言っといたんだけど、つかまんないんだよ。携帯電話に電話したら、「現在、使われていません」って言うし、留守番電話にもなってない。またヤバイのかなって、心配なんだけど。ゴメンね、こんな話で、風俗にどっぷり深く足をつっこんでいるものですから。
河崎　それで、寺田さんがAVギャルのモテモテの忘年会に、この加藤も来てまして、「寺田さん、尊敬してるんでサインを」って言ったら、寺田さんは女の子との時が中断したんで嫌そうな顔をされて、そのままの顔でサインされているところが印象的でした。

実相寺　去年は誰が来たっけ。うちはかならずＡＶギャル中心の忘年会だから。

河崎　若い子と話してると面白いでしょう。

寺田　面白いですよ。僕は若い女の子大好きだもん。

実相寺　違う！　この人は、ええ格好してるけど、違う！　穴があれば誰でもいいの、本当に。

寺田　またバカなことを。

実相寺　岸田森は六十五歳までならＯＫって言ってたけど、俺が女学生の小便の匂いのする奴はやだっていったら、岸田森はＯＫだって言ったね。だからさ、河崎実はあれでしょう。小便の匂いどころか、オムツの匂いも大丈夫だっていうね。

河崎　いや、僕は十八以上でないとだめです。

実相寺　ウソつけ。十八以下だろう。ところでさ、あなたたちの年代ってお医者さんごっこってやってる？

河崎　いや、あんまり。

寺田　突っ込んじゃったり。

実相寺　人間の衝動ってのは、前門じゃなくて菊座にあるんだよ、最初は。俺たちの子供の頃、「お風邪ですね。ちょっとパンチュ脱ぎましょう」なんて言ってコーリン鉛筆なんかお尻に突っ込んじゃったり。

寺田　そうだよね。

実相寺　そういうこと、あまり若い奴はしてないと思うんだ。だからイジメになるのかな。今の公園とか住宅構造がそういう事できる状態じゃないもの。
寺田　昔は繁みがしょっちゅうあった。土管、ドラム管、空き地とか。

五十二から二十八まで

河崎　だから、イメクラの少女が好きなんですか。
実相寺　俺は、少女は嫌いだよ。やりまくられた女でないと駄目。
編集　監督はいくつくらいまで大丈夫なんですか。
寺田　けっこう年齢層高い。
実相寺　五十二くらいまでは大丈夫じゃないかな。ただ二十八以下は駄目だな。
寺田　けっこう高いんだよ、それに巨乳が駄目だしね。
河崎　桜井浩子タイプが好きなんですよね。
実相寺　そう、スレンダータイプ。桜井浩子ってオッパイもスリムだからね。好きだった。
寺田　俺は巨乳じゃないと駄目なんだ。
実相寺　あなたがさ、『不思議館』の監督してくれた時の後藤めぐ。
寺田　ボーン。
実相寺　ボーン。（註　何なんだ？　このやりとりは）
河崎　イメクラなんか隠し撮りのビデオみると爆笑らしいですよ。くだらない芝居してるようで。
実相寺　マジックミラーで捕まったやつもいるし、ビデオでも。

寺田　それはさ、例のグリコ。森永事件でも犯罪というものがすべて劇場犯罪というかさ、劇場型になってきてるんだから、セックスがより劇場型にならないわけがない。だからイメクラなんか流行るってのは、あたりまえのことで。
実相寺　もうだめでしょう、イメクラも。
河崎　イメクラは参加されてたんですか。
実相寺　イメクラってのはさ、行こう、行こうって言ってたんだけどね。俺たちの好きな女がいるって情報から追求して。
河崎　小林美和子。
実相寺　小林美和子も再生できなかったな。
寺田　この人が忙しくってね。そのうちにね、その女がいなくなっちゃった。パクられちゃったんだよね。
実相寺　ミズキ。
寺田　違う、ミズノ！
実相寺　イメクラ、今度行ってみようかな。でも、最近はイメクラよりも酒だなって感じだよね。
寺田　それはある種の年だと思うんだよね。
実相寺　というのはさ、射精感がなくなるのよ。つまり行くぞ、行くぞ、ドバッてザーメンが出ていくってのがなくなる。おまえなんかロリコンにこだわってるうちにすぐなくなるぞ。ああ、いっちゃったあって感じ。
寺田　漏れちゃった。……ヒッヒッヒ。

二十五から三十二まで

編集　寺田さんはおいくつくらいまで大丈夫なんですか。

寺田　僕は、むしろ若い方がいいね。二十五から三十二まで。それ以上はやだね。オバサンってのは大嫌い。

河崎　でも今のAVギャルは二十歳くらいじゃないですか。いや、それ以下か、……。

寺田　あんまり若いのも駄目。

実相寺　そーう？　若いのもけっこうさあ。食指延ばしてるじゃない。

《店の人　お食事どうされます。》

実相寺　俺は食事いらない。寺田先生は。

寺田　僕もけっこうです。

編集　まあもうちょっとゆっくりさせてもらいますんで。

実相寺　すいませんね、今日はちょっと下品な人を連れてきちゃったもんで。（註　この対談は赤坂の〝津つ井別館〟の部屋でやっている）

河崎　監督、ここは常連なんでしょ。

実相寺　俺はね、常連じゃなくても、常連のような顔をしてる。ただ、畳があって気楽に注文できる店が最近少ないのよ。畳があるとさ、なんて言うか偉そうな気分になれる。

寺田　この人はね、畳にはうるさいんですよ。

編集　僕の事務所も半分が畳なんですが、うちじゃあ駄目なんですよね。

寺田　小野さんが作るメシなんて食いたくないもん。（註　小野さんは風塵社の社長。容貌が若さを裏切っている。わたしの年上かと思った）

こんなことしてたら、俺も

実相寺　加藤、俺のウルトラセブンの本やったっけ。
加藤　もらってません。
実相寺　やるよ。そのかわり俺がマスかけるような絵描いてみろ。重いからやるだけなんだけど。加藤、お前の名前、サンタロウだっけ。
加藤　違います。礼次朗です。
実相寺　こいつはさ似顔絵ヘタなんだけどさ、いいやつなんだよ。人柄がいいから、俺もついさ、河崎にだまされて付き合ってるんだけど。
河崎　寺田さんはガマクジラの回でウルトラマンに出られたんですけど、その時の思い出のようなものありますか。
寺田　ありますよ！　あれどこ行ったんだっけ、荒崎？
実相寺　そう。
寺田　でね、アフレコなんだよ。
実相寺　あれ、仕出しのわりには日数がかかったんだよね。
寺田　もう時間もかかってさ。その声がさ、鼻つまんで「ワアー」なんて。俺はもうさあー、こんなことしてたら俺も駄目になると思った。

実相寺　ところで、この本のタイトル、何てなるの？

編集　色々考えているんですが、一つは実相寺発言みたいな感じですが、でもそれじゃあ面白くもなんともないですよね。

実相寺　うん、面白くない。なんか遺書とかさ。

河崎　僕がやったのはナメてかかれでした。

実相寺　ナメてかかれはいいよね。俺が一つ考えたのはさ、実相寺昭雄のゴロン。ゴロンってのはさ、論語をさかさまにしたんだけどさ。

しかし、舐めるって字はいい字だよね。俺なんかさ、あの字をワープロで出すだけで興奮しちゃう。

河崎　前に団鬼六さんとの対談で「鴇色《ときいろ》の蹴出《けだし》」という言葉だけで興奮していたということですが。

寺田　そうそう、もう何でもね、源氏店でいっちゃうっていうんだから偉いよ。

実相寺　お前のところは何屋だっけ。

河崎　河豚です。

寺田　河豚、行こうじゃないの。

実相寺　今日もそこでやればよかった。

河崎　いや、まあ。

実相寺　自分の聖域には俺らを近づけない。

寺田　もっと、さらけださなくちゃ。

編集　この本、バカ売れしたら行きましょう。

実相寺　バカ売れするわけないじゃない。

河崎　監督の作品といえば『夜ごとの円盤』とか、またオタクの神様みたいなところもあるんですが、今日のこの対談なんかもうまく入れて、人間的に面白いんだと。

寺田　だからさ、人間実相寺昭雄を前面に出さないほうがさ、何か間違えて買ったらさ、何だジッソーの本かって、そのほうが売れるよ。

実相寺　それは、あなたの意見が正しいかもしれない。

寺田　間違えて買っちゃう。遺書パート2みたいな。

実相寺　遺書パート2でいこうか。でも立ち読みされたら駄目だからビニールで見せないようにしよう。

加藤　ヒデェー。便乗商品で。

実相寺　少なくともタイトルだけは俺なんかの言うこと聞いちゃ駄目よ。加藤とかさ。加藤のも売れないのかな。

編集　でも、加藤さんの本三万以上売れたらしいですよ。

実相寺　そんなに売れたのに、題字書いた俺に何の挨拶もないっていうんだよ。

寺田　そりゃ、ひどいね。

実相寺　その上さ、河崎がこの題字はどうのこうのって批評までしてるのにさ。これはバカな題字だとかさ。

河崎　申し訳ありません。

寺田　そりゃあ、当然三万何千部のうちの何パーセントかは来てるんでしょ。

実相寺　いっさいなし。
寺田　しかし、男根って字はうまいね。書き慣れてるね。

郵便局が趣味

実相寺　そういえばさ、この前西新井大師の郵便局行ってさ。俺、郵便局が趣味でさ。その郵便局、女ばっかりがいるのよ。郵便局に行って何が楽しみかというと、郵便局貯金の通帳出して、郵便局の人が俺のこと、何て呼ぶかなってことなんだよ。ジッソウジなんて、読みやすいはずなのに読めないんだよね。
河崎　ジツソウテラとか。
実相寺　そう、ミアイデラとかさ、色んな呼び方がある。それを俺は記録してるわけよ、全部。郵便局一覧表ってのを自分のワープロに入れている。それでさ、西新井大師は女ばっかりなんだけど、相談してるわけよ。一人の女が「サネソウジさん」って言ってさ（爆笑）、俺が恥かしくなっちゃって。顔が赤くなっちゃって、「はい、わたしです」って下を向いて。
寺田　サネソウジが。
実相寺　そう。最後はさ、局長かなんかが「サネソウジ」じゃないかって言ったんだろ。その女の子サネなんてわからないから、大きな声で「サネソウジさーん」だって。デカイ声で、「クリトリスさーん」って呼ばれてるようなもんだよ。
河崎　よく考えたら監督、いやらしい名前なんですね。
実相寺　うん、チツソウジって言われたこともあった。（笑）

編集　あつらえたような名前ですね。
実相寺　チツソウジも辛いよね。
寺田　僕はね、加賀さんがいなくなったときは、ジッソーは名前を変えるべきだと思った。「失踪寺」ってね。
河崎　前に「どうしてテレビに出ないんですか」って聞いたら、「ソープ」に行きにくくなるって。でも、この前〝徹子の部屋〟に出られてましたが。
実相寺　まあ、もうソープにさ、そう行く年でもないからさ。
寺田　この人はね、そういうところいく時には、蜷川で通してる。そりゃ、エロ本買う時だって。
実相寺　そう、当時、蜷川さんが銀行のコマーシャル出てて、神田の東西堂って書店でエロ本買って領収書もらおうとしたら、「銀行のポスター出られてますね」ってさ。「わかっちゃった、また見てね」（笑）
寺田　ひどいんだよ。
河崎　その人は蜷川幸雄がエロ本買ってたと信じてる。
実相寺　そう、そのとき買ってた本というのはアナルセックスものとスカトロなんとかってやつ。そういえば昨日、俺の家に入ってたんだけど、オイルマッサージ二十四時間いつでもございます。スペシャルマッサージ一万五〇〇〇円っていうのが。
河崎　出張で、安いですね。
寺田　いやに安い。
実相寺　その名前がさ、加賀っていうの。やっぱり因縁ですね。

やっぱり、実際見なくちゃ

加藤　じゃあ、寺田さんも監督と連れだって、裏ビデオ屋さんとか行かれるんですか。
寺田　行くよ。
実相寺　連れだってじゃない。寺田さんに連れられて。わたしもお供させていただきますってね。寺田さんは、「早く、こっちへ来いよ」って。
編集　寺田さん、これ、そのまま本になるわけですから何かおっしゃってください。
実相寺　（無視して）そうするとさ、裏ビデオ屋のやつがさ、寺田さんのこと「どっかで見たことがある」なんて言うわけよ。でも、この人はさ、そういうの平気だからさ、「画質はどう、ちょっと見せてくれる」なんてやってる。驚いちゃうよ。
加藤　宅配は買わないんですか。
寺田　宅配は買わないね。やっぱり、実際に見ないとだめ。
実相寺　俺たちはさ、渋谷で幅広く画質を見せてくれるところ。行くか、ちょっとこれから。
寺田　これがね、商売熱心というかね、なかなかいいやつでね。素人モノ、流出モノ、色々サンプルもある。俺たちゃ、そこでさ、一生懸命よ。でも情けないことに老眼鏡取り出してさ、二人で見る訳だよ。それでさ、だぶっちゃしょうがないからこれとこれとなんてやって、だけどそこにはあんまり置いてないから、隣にある倉庫のなかで一生懸命探してくれるんだよ。「これはね、1はあるんですけど、2がないんですよ」、「どれどれ、ちょっと見せて」とか言ってさ。一応画質AとかBとかも書いてあるんだけどね。

実相寺　でも、実際に見なくちゃ。
河崎　どのくらいまで認めるんですか。
実相寺　それはね、孫までかな。せいぜいヒ孫。
寺田　たまにね、画質は悪いけどそれにあまりあるものがある。
実相寺　そんなのは、もう非常に少ない。
上　（突然加わる）わたしなんかはね、やっぱり大阪の大国町ルートってのをつかいますね。
寺田　はいはい、大国町ね、岸ノ里のこっちの。
上　もうそこはね、お金振り込む前に即送ってくるんですよ。ほとんど95パーセントが画質ＯＫなんですよ。東京の方ってのはどのくらいの方が利用されているんでしょうね。
実相寺　東京の方がそういう意味ではね。この前も大阪行って、大国町ルートってのが何本も電話あったけど、すぐ番号が変わるんだよね。大スポ（大阪スポーツ）を読んでさ、大阪の方がそういう意味じゃ画質はいいみたいね。東京の方は、範囲が広いから、孫もあるしヒ孫もあるし、値段も高いし、駄目なのが多い。
上　わたしも東京で、家のポストにチラシが入ってたんで、郵便局に取りにいくやつなんですが、三本まとめ買いしたんですが、さあーと思って見てみたら、モザイクバッチリ、「何じゃ、これ」って。
実相寺　俺さ、大国町にまた来月行くからさ。
編集　一緒にご覧になったことはあるんですか。
実相寺　ビデオ屋でね、俺は嫌なんだよ、そういう所行くの、クリスチャンだから。（笑）寺田さんが行こう、行こうというからさ。俺はさ、寺田さんの魂救いたいんだな、そんなところから。

寺田　バカ言っちゃいけない。でも、二人でビデオ屋多いね。
実相寺　多いね。でもあなたはさ、有名人だから、必ず皆どこかで見たって顔するのよね。
寺田　俺は、裏ビデオ屋行くのはさ、なんの恥かしいこともないよ。
実相寺　俺もないよ。いや、やっぱり恥ずかしい。あなたはさ、芸術家の家庭で育った。わたしは銀行員の家庭に育った。恥かしいに決まってる。うちはさあ海軍とか銀行員の家庭よ、ちゃんとした。芸術家は世の中に反旗翻してる。
寺田　そんな家庭に育った人があれだけのエロ写真を持ってるかね。そういえば、団鬼六さんの出版記念パーティーがあるんだって。この前さ、小川美奈子から何か来たんだけど、ミナちゃんがさ、ここに来いって。で、発起人代表がさ、ミナコになってる。
実相寺　談志さんじゃないの。
寺田　ミナコ。監督も行くんだったら、俺も行こうかなって、思って。
河崎　監督、あの対談以来お付き合いは。
実相寺　いや、伊藤晴雨伝やりたいけれどね。ムリかな……。スポンサーを見つけたいけど。
　小川美奈子、何で知ってるの？。
寺田　いや昔から芝居とか映画とか。
実相寺　あれっ、九鬼の「風立ちぬ」にでた女は。
寺田　あれは小川真実。
実相寺　フウーン、小川真実。最近羽賀栄太郎の人妻シリーズに出た。フウーン。

寺田　お尻の格好がすごくいいのよね。
実相寺　あれ亭主、外人でしょ。ジンガイ魔境ですよ。フウーン、フウーン、あれいい女よ。はあはあ、思い出した小川美奈子って日活の。
寺田　そう、ロマンポルノの。西村昭五郎作品ですよ。『生贄姉妹』とかさ。
実相寺　それはあなたがエリートだから、そういうの来るの。俺なんか無視されてるからさ。
寺田　最近、いじけんだよな。
河崎　お二人とも、小川美奈子はお好きなんでしょ。
寺田　俺は好きじゃない。監督は好みだけど、俺はスレンダーは嫌い。観月の方がまだいい。
河崎　好み違うんですね。
寺田　全然違う。
実相寺　全然違うよ、そんなもん。だってこの人は好みたって幅広いんだもの。俺は本当に狭いから。
編集　さっき、二十八から五十二って。
寺田　そうだよね。でも監督は案外狭い。
河崎　さっきのあれですけど、僕はロリコンじゃないですから。
実相寺　いあや、ロリコン。こいつロリコンなんだよ河崎は。
河崎　いや、たまたま『地球防衛少女イコちゃん』ってのを作っただけで。また作ったんですよ森田健作で。
寺田　ロリコンもの。
河崎　違います。でもロリコンってのは最大公約数のオタクが望むんですよね。

寺田　俺はないな。
実相寺　俺もない。
寺田　気持ち悪くって。女もある程度の女になっていかないと、そいつにとっての物語性がないとつまんないよね。
実相寺　いろんなね、練れないと。
《店の人、すみません、もう召し上がられませんか》
寺田　いや、もう。
実相寺　すみませんね、我儘なこと言って、遠慮なく言ってください。出て行けとか。
寺田　一番最初にレッドカードになるよ。
河崎　聞きしに勝る御関係で。ヤバイところはカットしますから。
実相寺　ヤバイところなんかない。
寺田　ない。
実相寺　ただ、俺さ、小野さんのために門外不出の写真を出そうと思ってるのよ。
河崎　それはお嬢さんの吾子さんの写真ですか。子供の頃の。
実相寺　バカ言っちゃいけない。俺は子供の写真一枚も撮ってない。
河崎　いや、吾子さんをこう斜めに、なめて撮ってるの見た事あります。
実相寺　それ破られちゃった。でもね本当に門外不出の写真は使えない。うちに来たら見せてあげる。
寺田　さしさわりがあるから。なんでも開かせちゃうんだから。

河崎　テクニックはすごいですよね。
実相寺　よし二弾目をウチでやろう。この座談会の二弾目を。
編集　すごい分厚い本になりますよ。
実相寺　いいじゃない、もうブリタニカ級。
寺田　広辞苑みたいなの。

俺が業界で素晴らしいと言われたのは

河崎　わたしは何故か独身でして、素晴らしい奥様と御結婚なされたお二人に一度お聞きしたかったんですが、結婚ってのは勢いでしたんですか。
実相寺　（低い声で）ち、が、う。周到な計算のもとで。結婚ってのはさ、お前さ、夢とか幻でやるもんじゃないよ。この女と結婚すれば、つまりこの女の財産はいくらで、少なくとも結婚しても損はないだろうということを計算して結婚するんだよ。ところが結婚してみると、大間違いということもある。こいつは売れるんじゃないか、俺はヒモで食えるんじゃないか、って事だったんだけど狂ちゃった。
河崎　寺田さんは、違いますよね。
実相寺　寺田さんは違うよ、寺田さんは自分がちゃんとした生活者だから。
寺田　そんなもんはずみだよ。俺のところがなんで結婚したかというと簡単なの。一番簡単なの。週刊誌だもの。スッパ抜かれた。しかも東宝の女優だったから、東宝もうるさくってさ、あったらこったら言いだしたらさ、うちのカミさんもああいう女だから「結婚すれば、文句ないんでしょ」ってことになった。じゃー、結婚しちゃえってね、もうはずみです。
実相寺　その時に付き合ってたのはどうした。
寺田　それは、みんな切れましたよ。
実相寺　あなたの場合そういうの多かったから、難しかったでしょう。
寺田　そういうのはちゃんときれいにしてね。
実相寺　俺が業界で、素晴らしいって言われたのは、（低い声で）童貞で結婚したこと。（爆笑）
寺田　バカ。
河崎　そんなわけ、ないじゃないですか。学生時代から赤線行って。
実相寺　いや、本当。赤線も最終確認に行っただけ。強がり言ってただけ。本当に二十七まで童貞だったのよ。童貞で、早漏になっちゃいけないということで、ラールって塗り薬をペニスの亀頭の回りに塗ってたんだから。寺田さんみたいにさ、十代からオマンコやってたのとは違うんだから。俺はクリスチャンなんだから。冗談じゃないよ、寺田さんみたいにさ、女とみれば誰でも入れちゃえばいいなんて、そんな人生歩んでないよ、俺は。俺はさ、暁星というれっきとしたカトリックの学校出てるんだから。
加藤　ラールってのは、どういう薬なんですか。
実相寺　ラールってのは、不感症にするわけ。こうやってまわりに塗る訳だ。それがさ、（低い声で）持続するのよ。
寺田　マヒするわけよ。
実相寺　それが、いくらヤッてもいかない。二時間やっても。

寺田　もっと、おろかなのは、もっと塗れば、もっと持つだろうって、いっぱい付けてさ、それがやってるうちに相手にも付いちゃう。そうすると、二人で不感症になって。

実相寺　それとさ、一瓶塗っちゃえばって思ってさ、三十分くらい前にシャワーかなんか浴びながら塗ると、効きすぎちゃって、いつまでもダラッって。

編集　寺田さんはそういう御苦労はなかったんですか。

寺田　僕はなかった。

実相寺　絶倫だもの。

編集　いつでも勃つし、いつでも大丈夫って感じで。

実相寺　そう、俺はカトリックだったから。

寺田　カトリックがそんなもん塗るかよ。（笑）神の下僕としてなんて塗るのか。

実相寺　まあ、俺は東京オリンピックまで童貞だったんだから、……こんなこと言うの無駄か。

河崎　でもＴＢＳのディレクターといえばモテたでしょ。

実相寺　モテない。

寺田　いや、モテたね。昔はね、今とは比べものにならないくらいテレビというのは花形ディレクターという言葉が生きていた。それにこの人は、二十四、五で異才だの奇才だの言われてたんだもの。女の方もさ、ちょっと頭のでかいような女は全部行っちゃうわけよ。バカは皆鴨下ってなっちゃう。

実相寺　あなたあれよ、これテープに入ってオフレコなしなんだから。鴨下、今あれよ、重役で局長ですよ。あなたはもうこれでＴＢＳの仕事ないよ。これ絶対消すなよ。絶対採録しろよ。

河崎　久世さんはどうなんですか。
実相寺　久世か、いや久世ちゃんは素晴らしい人よ。久世さんは数々の賞を受けた素晴らしい人だもの。
編集　監督、一回テープ消しましょうか。
実相寺　いや、消さなくていい。
《店の人入って来る》
編集　まだ時間大丈夫ですか。
《「十時半までです」》
実相寺　よし、あと三十分ね。

俺の中では矛盾しない

河崎　この前コダイに伺った時、北区の福祉課の人が来られて、あの時は本当に笑いましたよ。
実相寺　あれ、今日も来たよ、北区の人が、「ありがとうございました」って。
河崎　どうなりました、あれ。
実相寺　やってもらった、ミッちゃんに。（註　『ウルトラセブン』に代表される監督満田稭《かずほ》さんのこと。話術も上手く、北区の福祉課で講演をお願いした）
河崎　あの時は凄かったですよね。北区の福祉課の人が来られて「監督は北区に以前お住まいでして、ひとつウルトラマンの講演をしてください」って。「わかりました、子供のためなら、なんでもしましょう」て答えて、それで福祉課の人が帰った後、小林さん（註　小林浩一という男。『帝都』のセカンド。今や九鬼の世話になる。〝コダイ〟のAV

のエース。ひどく小男で競馬の騎手にスカウトされかかった）とかに、「おいこの女、ＳＭやんのか」って。（笑）全然違う。監督の中ではどっちも真実なんでしょうね、子供のためになる事と、いかにスケベな女みつけるかってことは。

実相寺　俺の中では矛盾しない。

寺田　そういう意味じゃ、俺たちは区別とか差別はまったくないね。

実相寺　本編だろうがアダルトだろうが上下の隔てはないわけだよ。これが寺田さんと付き合える一番の理由だな。これで寺田さんが権威主義だったら付き合ってないよ。はっきり言って。俺は加藤の男根童子の題字まで書いた。はっきり言ってこんなこと誰もやらないよ、恥かしくって。男根童子なんてさ、俺、オチンチンまで書いてるんだよ、こいつのために。

寺田　書けないね、そんなの。

実相寺　書けないよ。

加藤　ありがとうございます。

七時に寝ちゃったよ

実相寺　もう、あなたさ、本当にいいかげんな男だから。この人はさ、いいかげんなんだよ。もうこの人の付き人やって疲れ果てた。

寺田　バカ言っちゃいけない。

実相寺　本当。もう本当に我儘、俳優ってのは。二月にさ、大阪でさ、付き人やったのよ、もう本当に疲れた。

寺田　冗談じゃない。俺なんかもうヘトヘトになって。
実相寺　十一時に起こせとか、「寺田先生、昼飯は何にいたしましょう」とか全部俺が考えなくちゃならないんだから。この人さー、付き人の費用惜しんで連れて行かなかっただけで、俺がこんなに迷惑するんだなあって。付き人連れてきたほうがよっぽど安いよ。
寺田　僕がサインしたおかげでコーヒーがタダになったじゃない。
実相寺　でもさ、俳優ってのはバカだから、翌日も行けばタダになると思ってんのよ。そんなサインなんか二枚もいらないって。
寺田　俺がさ、ヘロヘロになって帰ったわけよ、何しろ前の日遅いから、明日は何時ので帰ろうって。もう、そこから違うのよ。一時頃乗ろうね、と。ついては十二時に出ればいい。俺はそういう計算だったのよ。そしたらいきなりロビーにいたんだけど、もう行きましょうよって。で、部屋に帰って、支度して、降りていったら、もう行こうって。まだ十一時。新大阪に行ったらさ、「美々卯でうどんすきでも食おうよ」って。「おお、いいね」ってことで、もうそこからビールと酒。昨日から、もう疲れたから明日は新幹線の中でも絶対飲まない。て言ってたのに。それで新幹線は個室でしょ。昨日四時まで飲んでたからさ、ちょっと目をつぶろうものなら、「鼻の穴、舐めちゃおうかな」なんて言うから、怖くってさ。すぐにフェラチオ姿勢にはなるしさ。
　それでさ、くたびれはてて家に着いたわけよ。「冗談じゃない、もうジッソーは」なんて言ってさ。うちのカミさん知ってるからさ、「そりゃ」なんて言って俺は七時なのに寝ちゃったね。それでさ、次の日ジッソーから電話あってさ、カミさんは義理でも「先日はお世話になりました」なんて言うじゃない。義理だよ、それは。そしたらさ「本当にお世話しましてね、もうくたびれはてて、ミノリちゃんは本当に我儘でね、もう大変よ」なんて。

実相寺　寺田さんの言うことを信じちゃ駄目よ。寺田さんはさ、結局新幹線の中でウイスキーセット十本空けたんだから。俺はさ、それにお付き合いして、東京に着いて八重洲ブックセンターに寄ったら立ち上がれないくらいになっちゃって。

寺田　本当にもうバカ。くだらないのがね、新幹線のウィスキーセット、ミニチュアの水割りセットっていうのがあってね、小さいウィスキーにミネラルウォーターが二本つくんだよ。

河崎　カッコイイですね。

寺田　カッコよくないよ。みんな余っちゃう。それをさ、この人俺のカバンからコートに入れてるわけよ。俺知らないからさ、何だか重いなって家帰ったら、山のようにミネラルウォーターが出て来てさ。カミさん「何なのこれは」って。

河崎　そんなことを三十年もやっておられたんですか。

実相寺　俺はさ、寺田さんがいなかったら長生きしたろうね。

寺田　何を言ってんだろうね。

河崎　やっぱり相性が。

実相寺　相性はまったくよくない。

寺田　これは絶対書いてほしんだけど、この前、俺はいなかったんだけど、この人から電話があってさ。家のカミさんが「監督から電話があった。何かとっても急いでた。何時でもいいから電話くれって」、で俺が電話するじゃない、そしたらもうヘロヘロなのよ「はあー」、「電話を頂いたそうですが」、「電話なんかしたかなー、忘れちゃった」。何なんだよ。もう困っちゃうんですよ。

実相寺　第二弾を家でやりましょう、このメンバーで。

河崎　ぜひ。これお土産です。（ケロッピーのヌイグルミ）

実相寺　これか、これも貰うけど、今俺が集めているのは、メンソレグッズ。メンソレグッズが欲しいの俺は、ＵＦＯ・キャッチャーにある奴。君は遅いよ、一歩ずつ遅れてしまうね、俺からは。

河崎　いや、監督を抜くのは難しい。でも、これＵＦＯキャッチャーで取ったやつですから、売ってないやつですよ。

寺田　そういえばさ、この人が寺田さんのコダイの名刺を作ろう、コダイの名刺を持ってちょうだいよって言うのよ。「コダイ・寺田　農」ってね。なんか肩書が必要だってことになって、俳優って書くのもバカバカしいから。そしたらさコダイ福祉課長って書いてある。ボランティア・アクター福祉課長って。あれまだ出来上がってないね。

実相寺　すぐできる。

河崎　『ウルトラＱ　ザ・ムービー』の寺田さんの出方よかったですね。

実相寺　『ウルトラＱ　ザ・ムービー』ってのはさ、世の中にまったく受けなかったけど……、俺の映画ってさ、どうしてあんなに受けないんだろうな。この間、荒俣宏さんに「あんな面白い映画があったのか、初めて知りました」って言われたのがせめてもの慰め。

河崎　小野社長のところの本でも偉い先生が書いてるんですが、怪獣がどうして精神史の中で生まれてきたかって評論があるんですが、それに『ウルトラQ　ザ・ムービー』のことが出てるんです。ワダツ人が土偶があいうところからとって、あれを映画に使ったのは監督が初めてだ、と。

だからフェラチオやったじゃない

実相寺　この前さ、恵比寿のビアシティーの大きなビデオ屋があるじゃない。あそこでオープンして三週間は俺の作品が一、二位だったんだよね。一位が『アリエッタ』、二位が『ラ・ヴァルス』。そうだ、あの再編集版のギャラ、中川社長に貰ってないな。（註　中川社長は寺田さんとの共通の友人。よく三人で呑む）それが三週間続いてた。そんなにナウイところで一、二位を確保している俺が、どうしてこんなに世の中に無視されるのかな。

河崎　やっぱり監督はCMやらないとか、そういう。

寺田　監督はね、監督なりのポリシーがおありになってですな、ありとあらゆるコマーシャルでもやらないんだけど。僕はね、そりゃイカンと。もうね、これからはドブさらいのように身を粉してやらないとイカンと。いろいろ言って説教してるんだけどね。（笑）会うたびに、「よーし今年は、もう」って言うんだけどね。

実相寺　だから、個室であなたのフェラチオもしたじゃない。その写真があるじゃない。あなたの股間にわたしゃあ、うずくまってですねえー、あなたのオチンチンを舐めたわけですよ。

編集　その写真は今回の本では。

実相寺　ああ、いいですよ。もちろん提供しますよ。うちの北浦が撮ったやつだから。もちろんわたしはさ、シュッパシュッパやりましたよ。顔射はされなかったけどね、この人も年だからさ、口がくたびれるくらい舐めてもさ、立たないいんですよ。大阪から三時間かからないからな。

編集　広島くらいからだったら自信がありましたか。
実相寺　そうそう。でも村西なんかもさ、……小田かおる、あっそうだ、来る？
寺田　二十四日、駄目なの。
実相寺　駄目なの。
寺田　雨になったら行ける。川越ロケなのよ。
実相寺　雨になったら四時よ。雨、雨、降れ、降れ、母さんのって感じですね。俺ね、二十四日にあなた来ないと、小田かおるに会っちゃうよ。
寺田　あっ。
実相寺　フーンフーン。
河崎　村西さんにも会うんでしょ。
実相寺　村西と小田かおるの新作、疑似かなあ？　でも二十四日にコダイに来るんですよ。この人が会いたいっていうから、でもこの人来られない。
寺田　みんなで行ってみるか。
河崎　何かやってもらうんですか。
実相寺　俺の、今度のVシネマかなんかに使えればと思ってるわけよ。『ディアローグ2』とか。（註　小田かおるさんにはその後、会うには会ったが、出演を断られた）
実相寺　（低い声で）ちょっと待って。オシッコ。
寺田　口を空ける。

実相寺　本当。

寺田　もちろん。放尿。

そしてあらたなものを探求する

加藤　そんなに普段から無修正ラッシュのも見てるのに、なぜ見たいんですか。

寺田　だから面白いね。俺なんかもアダルト撮ってさ、編集の時に最後にボカシ入れるわけだから、そこまでは全部見てるわけでしょ。で、俺たちもそういうのが面白いんだけど、じゃあそういうの一本でもとっておけばいいじゃない。それ一本とっとけばなんの問題もないわけよ。でもそういうのは全部返しちゃう。そしてあらたなものを探求してしまう。

河崎　監督されたのは残しておられるでしょう。

寺田　いや、九鬼に返した。ノーマルなのが一本あるだけ。例えばさ、自分がやってるのではマスかけないでしょ。

加藤　流出ものを見られるとどうですか。

寺田　あんまり面白くない。それはもう完全に撮り方が違うから。アングルが違うから。

河崎　全然関係ないですが、この間亡くなった蔵間さんの奥さんは元プレイガールの渡辺やよいでしたね。

実相寺　渡辺やよいって、あなた親しいじゃないですか。

寺田　知らない。あれは渡辺めぐみ。

実相寺　あなた渡辺やよいとやりまくってたじゃないですか。

寺田 やってない、やってない。渡辺やよいって知らないもん。
実相寺 そう。俺知ってるよ。やりたい。
河崎 でも巨乳ですよ。
実相寺 じゃあ、だめだ。でも巨乳でも、乳輪がきれいならいいけどね。
編集 乳輪はポイントですか。
実相寺 乳輪はポイントですねえー、乳輪は。
河崎 以前、ひし見ゆり子さんに会った時に、「わたし、実相寺さんに嫌われたわね」って言ってましたよ。
実相寺 そんなことないよ。どこ行くの？
寺田 オシッコ。

やっても結果は同じでしょう

実相寺 こんなんで、大丈夫ですか。駄目だったら家でやりましょう。
河崎 やっても、結果は同じじゃないですか。
実相寺 膨大な本にしましょうよ。どうせ売れないんだから。今日ね、寺田さんもね、結構言っちゃあいけないこと言ってますよ。
編集 面白いんですが、どうして今までこういう形では本にならなかったんですか。
実相寺 なってないよね。
河崎 『ウルトラマン』で、池田憲章さんとか来て、やっと白日のもとに。

実相寺　でも池田憲章さんって評論家で編集者、研究者だから系統立てて色々やるでしょ。デタラメなことは言わないじゃない。

河崎　そうですよね。佐々木守さんと、池田さんと実相寺さんの対談あったじゃないですか、『怪獣聖書』。あれ読んで、これは凄いなって思いましたよ。

実相寺　凄かぁーねえよ。寺田さんは本当のボランティア活動をする人だから。小野さんのためには、河崎実のためには、この人本当にボランティア活動するよ。

河崎　今回は監督の本なんであれですけど、寺田さんが本を出される時は。

実相寺　寺田さん、今度本出すんだよ。

編集　ビッグなところからですか。

実相寺　ビッグなところ。岩波書店。

寺田　「痴の技法」ってね。

実相寺　岩波で出すのは嘘だな。でも死ぬまでに一度、岩波から本出したいね。岩波から「オナニーの仕方」とか。

寺田　そう、それでさ、オレンジ色のカバーの古典って中で、「正統オナニー」とかね。

実相寺　出したいね。

寺田　「手淫」とかね。

実相寺　「手淫」、いいね。

寺田　監督のところのワープロが凄いのはね、エッチ言葉っていうんですか、普通さワープロってのはさ、使う順だから。でも監督のは違う。学習させてある。
実相寺　つまり、「咥える」って、こんな大きな声で言うことじゃないですけど、「く」で七回くらい打たないとでてこない、しかしうちのワープロはすぐ出て来ますからね。
寺田　普通我々が「くわえる」といえば、加藤の加ですよ、それが。
編集　寺田さんはどんな本を書かれているんですか。
寺田　僕は、いやあ。
実相寺　寺田さんは、サンケイ新聞とか、淡交社とかでエッセイ書かれているから。それを纏められる。寺田さんは文章上手だからね。
寺田　サンケイは二年、毎週書いたからさ、扶桑社で出したいとか。なごみはなごみで淡交社から出したいと。そういうやつ。
実相寺　〝出版記念会〟だけは止めてよ。あれもあるんじゃないの。
寺田　小説ＣＬＵＢ。
実相寺　週刊小説。
寺田　あれＳＭなんだってね。
実相寺　Ｍ?
寺田　Ｓ、Ｓ。これが東大出でね、さる大手出版の編集者。
実相寺　違う。俺はさこの人にさ、ある女にＳＭ教えてやってくれって言われて、本当に迷惑したことあるのよ。

寺田　その女が来てさ「SMが知りたい」って言うからさ、「そりゃあ、いいねえ、SMの大家を紹介してあげます」って。で、エキスパート実相寺をってね。この女がひどい女で。

実相寺　ひどい女。俺がその女にやったことっていえば、顔に小便したくらいだよ。

寺田　SMの初歩を教えた。それでも監督はね、その女を吉原の友人に紹介してね、ソープに入れた。

河崎　監督の作品でソープのテクニックを映像にしてるのがあったじゃないですか。あれ最高でした。『ウルトラマン』みたいでしたよ。

実相寺　ソープのテクニックっていうのは最早無形文化財になりつつあるからね。秘蔵資料で将来再現して、ハトバスのお客さん連れて来るようにしなきゃ。。

すべてのことはセクシャルなことと連動している

河崎　監督のウルトラマンの部分とエッチの部分共通してますよね。

実相寺　もちろん。

河崎　『ウルトラマン』は、特殊なジャンルじゃないですか。人間があって、怪獣とからんで、ここまでは『ウルトラQ』か『ゴジラ』みたいな話なんですよね。でもウルトラマンが出た瞬間、ウルトラマンとしかいいようのないジャンルになってしまう。

寺田　それはウルトラマンに限らずさ、すべからく、すべてのことに共通するわけよ。すべてのことはセクシャルなことと連動している。連動してないとつまらないわけよ。

河崎　いかに我慢していくか、そういう中でドラマがあったりするかとか。

寺田　だからさ、そういうクロスオーバーの許容性がないと面白くないじゃない。変にセックスはセックスだけってやってる奴はロクなもんじゃない。そんなものはさ、どんどんクロスオーバーさせていけばいいのよ。

実相寺　それは、俺と違う。あなたは乱交人間だもの。俺は一徹人間だもの。あなた乱交、わたし星一徹。女房だけ。乱交怪獣。わたしはりじりんオンリー。

寺田　この人がね、風俗に使った金ってのはね東京協和もびっくりするほど使っているんだよ。

実相寺　あなたさ、わたしの風俗ノート見てないからな。これは見せられない。

寺田　ソープなんかさ、ゴールド会員券とかさ。ゴールドかなり持ってたよね。

加藤　名誉会員。

実相寺　永久会員。

河崎　例えば吉原行くじゃないですか。

実相寺　吉原じゃない、堀之内。あそこから始める。

寺田　あの人の秘蔵のファイルなんかすごいよ。全部、間取りから、どこに何があって、この女はこうなって、どうなってとか、入浴料いくら、とにかくこと細かく書いてある。それが膨大にある。

実相寺　これを本にすることを河崎が拒否すれば、国会図書館に寄贈するね。

河崎　国会図書館は拒否するでしょう。（笑）

実相寺　河崎か小野か加藤がこれを受けなければ、俺は国会図書館だな。それしかないもんね。何で俺がこんなことを言うかというと、お前らに対する信頼もあるけれども、それがなければ寄贈しちゃうね。国会図書館なんて何でも受けてくれる。ちゃんとしたのは、早稲田図書館に寄贈する。
寺田　演劇図書館とか。
河崎　駄目じゃないすか？
《店の人が皿などを片付けに来る》（註　店の人も相当イライラしている）
編集　もう時間になっちゃったかな。
実相寺　あと十分ね。僕が必ずこの人たちを退散させますから。でもね、小野さんね、寺田さんの本も出してあげて。
編集　もう、ぜひ。
実相寺　いいかげんな奴だけど。
寺田　出してくださいよ。
実相寺　駄目だ！　その前に俺の小説。
加藤　監督の本では、何が一番売れたんですか。
実相寺　やっぱり筑摩書房の『ウルトラマンを作った男たち』だな。その次ぎが大和書房の『月の林に星の舟』。筑摩の二作目の『ウルトラマンに夢見た男たち』は加藤が挿絵を書いて売れなくなった。一番売れなかったのは、自分で絵を書いた『ウルトラマンの東京』。
寺田　あれ面白かったのに。そういえばさ、あの高森がさ（註　高森女史は編集者である）、週刊小説で使った写真、定期入れに入れてるらしいですよ。
実相寺　あれで高森さ、オナニーしてるんじゃないですかね、俺の写真で。

寺田　高森はオナニーが好きだって言ってましたよ。
河崎　僕が監督の座右の銘で好きなのは「ヒマつぶし」「ヒマつぶし　実相寺昭雄」って色紙をもらって、どうしようかと思いましたよ。
実相寺　寺田さんの奥さんと娘さんさ、俺が電話すると何か声が冷たい。嫌がらないでって言って頂戴よ。
寺田　うちの娘、凄いんだよ、「はい、はーい」なんて調子のいいこと言って、受話器をガチャンておいてさ、怒ったようなぶっきらぼうな声で「実相寺から電話だよ」。そんなこと、この人知らないからさ、「本当、お宅のお嬢さんは、うちのと違って性格がよくって」って。
実相寺　しかし加藤も結婚するなら、河崎を仲人にしろよ。
加藤　河崎さん結婚してないじゃないですか。
寺田　いいんだ、そんなこと。
実相寺　じゃなかったら、俺がしてやるよ。
河崎　監督が仲人すると途中でちな坊に変っちゃう。黒柳徹子さんがあせった事があったそうですね。しかし、ちな坊ってのは、かわいいですよね。
実相寺　かわいいよ。
寺田　でも、老けましたよね。
実相寺　老けたね。
寺田　最初はね、ものすごく若くてね、初々しかった。だんだんやっぱりね年になってきた。
河崎　寺田さんの方はいかがですか。

寺田　ミノ坊ね、ありゃあ元気ですよ。
実相寺　あなたは、今日、車なの。
寺田　送って行きましょうか。
実相寺　迷惑！　あなたの車で送ってもらいたくない。あなたの車で送ってもらうくらいなら、歩いて帰った方がいい。
寺田　今日、何歩歩いた？
実相寺　（万歩計を見て）八三二八歩。後、一七〇〇歩。
河崎　一日、一万歩なんですか。
実相寺　違う、一万五〇〇〇歩あるいちゃう。
寺田　歩いちゃうんだから、ひたすら。
河崎　寺田さんも監督も太られないですよね。
実相寺　あたりまえじゃない。あなた、俺のオチンチン見る？　舐める？
河崎　遠慮させていただきます。
寺田　これをさ、新幹線の個室で延々三時間やられた。疲れ果てたのわかるでしょう。

土下座して

編集　『夜ごとの円盤』みたいに仕事日記なんかどうされます。
実相寺　いるんだったら、言ってちょうだい。そんな事もここにちょっと書いてるけど。もう、わたしはね、河崎さんと小野さんのために、本当に土下座して。こんなによくしていただいて申し訳ないと。

河崎 もう勘弁して下さい。いつもこうなんですか、寺田さん。

寺田 だいたい、そうです。

河崎 電通なんかには怒る。

実相寺 電通なんか。大会社には怒るよ。

寺田 だいたい、一緒に飲まない。

実相寺 でも、河崎さん、小野さんにはお世話になっております。必要があれば何でもやります。寺田さん、あなたの本も小野さんに。あなた大体、小野さんにたいして頭が高いよ。

編集 寺田さん勘弁して下さい。ファンなんですから。

実相寺 じゃあ、寺田さん、キスしよう。

寺田 ウーン、かわいいね、かわいいね。

実相寺 これ駄目だったら、俺んちでやろう。駄目だよこれ、絶対。俺が料理作る。

河崎 監督、料理されるんですか。

実相寺 俺はやるよ、何でもつくる。トムヤムクンでも何でも作る。

寺田 そういうときには、皆ビンものしか飲まないんだよ。

実相寺 ゲリするかもしれないけど、俺はやるよ。料理の別人だな、俺は。

河崎 では、どうもありがとうございました。

『ナメてかかれ！』平成7年11月（実相寺58歳）

■寺田農（てらだ・みのり）
俳優、声優。1942年生まれ。代表作『青春とはなんだ』『肉弾』『帝都物語』『天空の城ラピュタ』など、TV、舞台、映画、アニメと幅広く活躍。実相寺昭雄作品には、多数出演してる名バイプレーヤーであり、公私ともに盟友である。実相寺が素顔を見せて付き合った一人。

■河崎実（かわさき・みのる）
映画監督、ライター。1958年生まれ。代表作『地球防衛少女イコちゃんシリーズ』『電エースシリーズ』『いかレスラー』『日本以外全部沈没』など一風変わったコメディ映画の巨匠。ほとんどの作品を公私に渡って師事する実相寺昭雄が監修、題字を行う。

■加藤礼次郎（かとう・れいじろう）
漫画家。1966年生まれ。代表作『戦え！　筋肉番長』『ブンブン熱風児！』など。公私共に師事する実相寺昭雄が演出したオペラ『魔笛』の衣装デザインを手がける。

第5章

私のテレビジョン年譜

続・私のテレビジョン年譜

昭和52年から昭和62年

十年前、創世記という出版社からテレビ・ディレクター叢書めいたものが数冊出された折、私も『**闇への憧れ**』という書名で、書きちらしたものを纏めてもらったことがある。そのシリーズが挫折したのは、私の本が余り売れなかったせいかもしれない。が、責任のとりようもないから知らん顔をしておく。もう時効だ。ところで、大和書房の青木さんがその本の末尾についていた「私のテレビジョン年譜」というのを面白がり、その章をそっくり再録するから続きを書け、と言う。あのときは昭和五十二年の夏ごろまでを気儘に書いた。しつこい編集者を断るとくたびれるので、続きを書くことにした。それが、この「続・私のテレビジョン年譜」である。

ところが、近過去の十年分なのに、記憶がうすい。要するに老人ボケのひとつの症状である〝ガキのころのことは覚えていても、昨日会った友達の名前が出てこない〟って奴だ。だから少々くいちがいがあるかもしれない。でも、まァ勘弁して下さい。

【昭和五十二年のつづき】

秋になって、テレビのレギュラーにありついた。テレビマンユニオン制作の『**ああ 野球**』（ABC）である。

その第一回「**人生球場風雲編**」
日本ハムの大沢啓二監督を密着取材したものだ。私は野球少年だったから、後楽園球場へ職員通路から入れることだけで興奮していた。親分肌、豪放磊落というイメージの大沢監督は会って取材をしていると、ひどく細かい気配りをする方で感心してしまった。スタッフの食事の心配までする方だった。興奮の揚句、カメラを手持ちにして球場周辺をうろついたことぐらいしか覚えていないが、萩元プロデューサーから次の声もかかったから、まあまあだったのだろう。

次は「**長島さんは英語がお好き**」
生田スタジオで、長島さん独特の横文字の混ったおしゃべりを肴に、大洋ホエールズの通訳の方とシピン選手、さらには国文学の松田修先生を交えてトーク番組風に作った、という記憶しかない。肝心の長島さんは出演不能で、等身大の写真パネルが出演した筈だ。阿呆なことをしたものだ。

「**日本シリーズのルーツ**」
青田昇さんが西本幸雄監督は面白いし、味があるというので出来上った企画だった。藤井寺球場で近鉄が秋季練習をしているときに訪れて、一日で取材は終り。勿論、キャスターは青田さんだった。ゲストに小鶴誠さんや岩本義行さんが出演したが、私は少年の日に胸をときめかした大打者を前にボーッとするばかり。アシスタントの小林達雄が舌打ちしながら球場をかけずり回っていた。

「**くたばれ日本シリーズ**」
上前淳一郎さんと寺山修司さんに日刊スポーツの阪急ブレーブス担当記者を交えて、トーク番組をつくった。千代田スタジオで収録をした。たしか、この年も阪急が日本一で、担当記者の方は黄金時代はあと数年つづく、と言っていたが、翌年ヤクルトに敗けてしまった筈だ。

【昭和五十三年】

たしかこの年も、ひきつづき『ああ プロ野球』ではじまったと思う。

タイトルを忘れたが、吉田監督の解任劇があった（歴史はくり返す）タイガースを激励するものだ。

作曲家の武満徹さんが熱狂的な阪神ファンで、ダメ虎を叱咤しに甲子園を訪れる内容。取材してても、選手の熱気が伝わってこないチームだった。毎年選手が優勝祈願に訪れる西宮の広田神社へ武満徹さんが祈る姿も涙ぐましかった。

だが、宮司さんにインタビューすると、

「私は阪急ファンなんですよ」

という答えが返ってきて、編集でカットした記憶がある。

武満さんは、甲子園の土を瓶に詰めて帰ったが、あの土はどうなっているんだろう。

ラストに虎の絵を出し、効果音で猫の泣き声を入れたら、萩元さんから、

「お前は激励してるというより、バカにしてるよ」

と言われ、反省。

『ああ プロ野球』はもう一本。「**キャッチャーのサイン**」というのを演出している。

甲子園での阪急対阪神のオープン戦を取材して、阪急中沢捕手のサインをセンターに超望遠レンズを据えて追った。

試合の経過は、二台をスイッチングで狙ったが、スイッチャーも自分でやった。何しろたった二台だから。それでも、突然蓑田選手が本塁盗塁をし、興奮してどう押し間違えたかデッドにしちまった。いずれにせよ、大した出来ではない。しかし、どのボタンを押したんだろう。ＡＤの小林達雄が鼻で笑っていた。

それと前後して、

『すばらしき仲間』（イースト）を一本やっている。

奈良にロケして、写真家の入江泰吉さん、宮大工の西岡常一さん、そして青山茂先生の対話である。丁度、金堂落慶後西塔の建前にかかっている西岡さんの薬師寺再建の話を中心にしたものになった。

これは比較的うまく撮れたトーク番組になったのだが、イーストというプロダクションには、次に貰った**『わたしは旅をする』**という海外取材もので迷惑をかけてしまった。当時イーストの社長東修くんは、ＴＢＳ演出部での三期後輩だが、フリーになった直後の私に、大阪万博の**『フィフス・ディメンション・ショー』**の構成の声をかけてくれたやさしい男である。超大型のピザでも、軽く五枚はひとりで食べてしまう。その彼が作ったプロダクションの仕事を受けて迷惑をかけたのだから、恩を仇で返したようなものだ。

巴里のマレー地区を上月晃さんをキャスターに撮影したもの、ロワール河流域の古城を鮎川いずみさんと回ったものの二本だが、スポンサーである某化粧品メーカーの社長さんが大変なご立腹。巴里はファッションに彩どられた華やかな町、マレー地区なんて汚ならしいところは巴里じゃない。こう言われて私は開いた口がふさがらない。モーツァルト縁のボーヴェの館を訪れたり、曲もモーツァルト巴里旅行にちなんだものを流したのだが、これにもご立腹。巴里の街にはシャンソンが流れてるんだ、と言われて、引き下った。

ロワールのものも含め、私が途中で投げ出した分は下村善二がひきついでくれた。

この年の夏には、久々、生放送につき合っている。高校野球にちなんだもので、『**甲子園開幕スペシャル　ああ栄冠は君に輝く**』(ABC)

例によってプロデューサーは萩元さん。局のサブには沢田隆治さんが座り、私は甲子園を担当した。何をやったか、ほとんど覚えちゃいない。

秋にはその萩元さんから『**オーケストラがやって来た**』をやらないかと言われ、一も二もなく承諾して尻尾をふった。

結果、レギュラーの演出陣に加えてもらい、私が一番沢山手がけた番組となった。昭和五十八年の春に終了するまで四十七本も演出させて貰っている。好きなことに身をひたしていればいい、幸せな時期だった。

＊　＊　＊

余談だが、フリーになって大半を私はコマーシャルで食わせて貰っているのだが、この年は大作が多かった。森乳サンキストのカリフォルニア・ロケで、直径百メートル以上のマークを空撮したもの。サントリーの屋根篇。日立の大河ドラマ用長尺もの。資生堂の口紅には中学生、薬師丸ひろ子さんがCF初出演した。可愛らしかった。

【昭和五十四年】

この年のはじめ、父親が他界した。浅田飴の撮影で大映スタジオから帰った夜だった。初七日の法事の翌日、森乳サンキストのロケでハワイへ飛んだ。そして、この年から『**問題小説**』『**小説宝石**』などにポルノ小説を書きはじめた。以前撮った『ウルトラマン』の私の分をまとめて劇場用映画にブロウ・アップして公開したのもこの年だ。タイトル他、少しだけとり足したが、余り真面目に仕上げをやらず、下村善二に後処理は頼んだ。

この年は『オーケストラがやって来た』十本もやっている。一番印象に残っているのは、一本だけ生放送をやったこと。クリスマスに、成城学園の講堂から、小澤さんの指揮でクリスマス特集を組んだものだ。トラブルもなく、うまくいった。サブの受けとテロップ担当は新村もとお。彼も以前はＴＢＳにいた後輩だ。マスター育ちだから、矢鱈と受けは上手だった。キュー・シートのチェックも名人だ。

ところが、この年の夏、とんでもない生中継を一本やっている。ＴＢＳが七月に、スイス・アルプスの山開きに合せて組んだスペシャルで、担当プロデューサーは並木章。何しろ衛星生中継で、アルプスの山懐へイギリスから運んできた中継車を配し、ユングフラウの展望台にもカメラを上げ、スイス観光局の全面協力でスイスの空気を日本へ届けようという意図壮なる番組である。

前日のリハーサルはすばらしい上天気。アイガーを背にして、司会の渡辺謙太郎アナも上気嫌。つねづね、

「ビッグなことに挑むのが男よ」

と言っていた並木章は、地元の村長や、さして美人でもないミルク娘や、学校新聞なみの地元記者に肩を叩かれ、鼻をふくらませていた。ところが、ビッグな男にも、山の天気は銀座の女よりままならぬもの。

翌日の本番は、なんとどんよりとした小雨まじり。

渡辺謙太郎アナがふり返ってもアイガーは白い霧に包まれ、まるでスタジオの白ホリ前と変らない。

「俺の自慢は佐賀の祐徳稲荷のお札を持っていることさ。必ず時間には晴らしてみせる」

と言っていた並木だが、目は血走るばかりで生放送の時間（日本では日曜の午後八時。枠は〝日曜特番〟）が来てしまった。ユングフラウの頂上からは、

「いま、こっちは少し晴れ間が見える」

と連絡がきたものだから、予定より早く一縷の晴れ間を求めてカメラを切り換えれば、てっぺんのスタッフはまだ来ないと安心して、昼食のおにぎりなんかを食っている。そのうち、登山電車にのせたパラボラが何故か火を噴いてしまった。

あとは、ただ大騒ぎ。スタッフには何故かイタリア人が多かったので、放送そっちのけでぎゃあぎゃあわめいている。

何とか東京で、かねて用意しておいたVTRにのりかえて貰ったが、並木はこの大失敗に、

「お前はフリーだからいいが、俺は故郷へ帰れない」

と大きな目に涙をためる始末だった。

でも、並木の特長は恢復のはやいところ。咽もとすぎぬうちに熱さを忘れてしまう特異体質の持主だ。

「ま、山の天気じゃ仕方ねえよ。もりもり食おう」などと山を下りるころは鼻歌まじり。ところが宿へ戻れば、東京からの連絡で、視聴率も最低。NTVが江川の初登板をぶっつけてきたのだ。これにはさすがの並木も悶絶。

「石川一彦（NTV）のさし金だな」

などとわけのわからぬことを呟いて寝ちまった
その翌朝は、これまた上天気。

並木は大きなお目々で空を睨むが、時計の針は戻りゃせぬ。

「とにかく、ほとぼりの冷めるまでTBSには帰れねえから、つき合え」

こう言うものだから、私も並木と逃避行を共にして、チューリッヒでごろごろしていた。

「この失敗じゃ、二度とスイスなんかにゃ来られねえかもしれないな。ならば思い切って、最後に超豪華ホテルへ泊ろう」

と、並木は例によって気分転換。宿を移し、

「吉田茂も泊ったことがあるんだぞ」

こう言いながら、並木は高級ホテルのロビイにふんぞり返り、マーク入りの灰皿をポケットへ入れていた。


【昭和五十五年】


一月に夜の時間帯だったが、スペシャルをやって開幕。イーストの東くんが懲りずにくれた仕事で、硬派のセミナー。

『バジール教授二〇〇一年』

というもので、堺屋太一さんとバジール教授の未来展望が核である。

五十五年もテレビの仕事の中心は『オーケストラがやって来た』で、十二本もやっている。渋川、内灘、川内、松本、総社など地方での収録もたのしみのひとつだったが、ときには慣れぬ地方局のスタッフとの作業で、混乱を来たすこともある。オーボエの筈がフルートを撮っていたり、ヴィオラの筈がヴァイオリンを狙っていたり、……しかし、まあ大したことじゃない。

慣れだけの問題で、新発田の折の新潟放送の連中なんか、全員東通のチームなみに適確だった。

この年、久々にドラマめいたものをやった。めいたというのは、アニメとの組合せというゲテモノだったからだ。私は実写のドラマ部分を担当した。

『二十四の瞳』

田中澄江さんの脚本である。子供のころをアニメ、長じて実写という組合せで、全体の三分の一程だった。

アニメのスタッフとの共同作業は面白かった。放送はフジテレビ。

倍賞千恵子さんが大石先生役だったが、小豆島のロケも好天に恵まれ、たのしかった。


そう言えば、この年は、年末にもう一本生放送をやっている。たしかこの年に長島さんがジャイアンツの監督を解任されて、その長島さんを惜しむ特番をやったと思う。このタイトルは忘れてしまったが、テレビマンユニオンの制作で、フジテレビ。このときは局のサブに私が入った。二元で、新宿のアルタにカメラを用意し街の声を拾った筈だ。

長島さんはVTRで出たかどうか忘れてしまった。とにかく私は会ったことがないから、またまた写真パネルだったかもしれない。

大体、生放送のいいところは、何があろうと直ぐ忘れちまうことで、アルプスのようなことでもない限り記憶は日々印象が薄れてゆく。


この頃は結構、小説を書いていた。**日刊スポーツ**に連載までしたのもたしかこの年で、ポルノとは言えいっぱしの作家気取りだったが、世の中そう甘くはない。並木章をモデルに助平プロデューサーの話を『問題小説』に載せたら、

「告訴する！　さもなきゃモデル料寄越せ」

と息まいていたが、周囲にいるTBSの仲間に聞くと、結構満更でもないようなので安心した。


【昭和五十六年】

『オーケストラがやって来た』を十本。他に『**カラヤンとベルリン・フィルのすべて**』という特番を三本。

音楽と離れずに暮らせたいい年だった。

この他には、年末に**『原辰徳スペシャル』**（NTV）というのも三本やっている。ジャイアンツの原辰徳をあれこれ分析したもので、これも萩元さんがプロデューサーだった。制作はテレビマンユニオン。

とりわけその第二回目の**「原と巨人の仲間たち」**は、久々日本一になったジャイアンツの祝勝旅行に従いて行き、マウイ島でインタビューを録ったもので、ラクな仕事だった。

何しろ、ゴルフだショッピングだ宴会だと選手たちはうかれているし、テレビや新聞社の取材が隙間を狙っているから、われわれに残された時間は一日数分しかない。あとはのんびり日向ぼっこ。カパルア・ベイの素敵なホテルで、いつもこんな仕事をしていたい、という気分だった。アシスタントの小林達雄がやけに心配性で、

「これじゃ番組にならない」

などと私の寝る間に実景を撮ったり、花を撮ったりしていたことを覚えている。物見遊山の人たちを野暮なことで邪魔しちゃ失礼だという理窟をつけて、私は専ら気楽にしていた。

そう言えば、この年も生放送をやっている。

放送広告の日というのが毎年四月にあり、新しい民放開局にひっかけて、新潟からの入中（中継）をNTVをつないで番組を作った。ずっとテレビマンユニオンが制作しているのだが、書くのを忘れていた。五十四年から三回だけ私が纏め役をやらせて貰った。この特番、いまもつづいており『ゆく年くる年』のように発局は持ち回りで、全民放が協賛スポンサーのもとに同じものを流す特殊なケースである。私のやった三回だけが、テレビマンユニオンの高邁な精神とかけ離れて、テーマがない。それを申し訳なく思っている。ラクして商売しようと思う訳じゃないが、結果的には、そんなものが並んでしまった。この年は生放送だった

し、前年は桂三枝さんの司会でスタジオ収録の「大学CM合戦」だった。その前は清水の公会堂での中継スタイルで「CM音楽」を流したものだ。北原白秋の〝ちゃっきり節〟をCMソングの祖として扱った。

＊　＊　＊

テレビから離れるが、六月には葛井欣士郎さんのプロデュースで三島由紀夫『**近代能楽集・熊野**』の舞台演出をした。日生の『癩王のテラス』以来である。外連なくやろうとした結果、何の印象にも残らぬ舞台になってしまった。口惜しい。

【昭和五十七年】

「原辰徳スペシャル」のつづきで年を明けた。この番組は4回で終ったが、その最終回。西武の新監督、広岡達朗さんをゲストに小さなスタジオで撮った。毒蝮三太夫さんと明石家さんまさんが一緒だった。どういう組合せだったんだろう。それにつづいて、矢張り生放送で『**スーパー新人王大会**』タモリさんの司会で、フジの番組。制作はテレビマンユニオンだが、これもほとんど覚えていない。いまタキオンというプロダクションの社長をやっている稲塚秀孝がデッチ上げた企画だと思う。

この年は結構変った番組をやった年で、テレビ大阪開局記念番組の『**関西ビジネス最前戦スペシャル**』というのもやった。テレコムジャパンの制作で、近藤久也さんがプロデューサーだった。開局にちなみ、関西の一線級経営者をスタジオに集め、雛壇にずらり顔を揃えて、地盤沈下と言われる関西経済の展望を答えてもらうものだった。設問毎に手元のスイッチで賛成、反対を押してパネルに合計を示すのだが、本番前にコンピューターがこわれて大さわぎ。結局挙手でやることになった。社長連がそのトラブルで帰るんじゃないか、と局の幹部はひやひやしていたが、一流の経営者というものは、タダでは腹も立てないことがよくわかった。この番組、レギュラー分をあと一本演出している。

それから、テレビ東京の特番『**世界の豪華料理**』も手がけた。テレビマンユニオンで、プロデューサーは重延浩さん。彼もＴＢＳの後輩だ。

「**パリ・美食の饗宴**」

と題した代物で、Ｐ・カルダンの経営する、かの〝マキシム〟の料理を撮った。岸恵子さんがホステス役で、漫画家のサトウサンペイさんと三遊亭楽太郎師匠の三人。ただ、美味そうな料理をつつき談笑するだけ。それじゃ余りに手がないから、カルダンのインタビューを取り、マキシムの歴史を紹介し、レハールの『メリーウィドウ』なぞをＢＧＭに流し、小森のおばちゃまのコメントをつけた。

そこ迄は良かったんだが、あまりにも全体がマキシムの太鼓持ちと思い、ラストをパリの赤提灯〝ラーメン亭〟で口直し、というシーンをつけ加えたら、放送後、重延さんはマキシムからさんざん嫌味を言われたそうだ。まあ、やっちまったんだから仕方がない。フランス人も存外頭が堅い。この番組は歳末に放送した筈だ。

五十七年も結構忙しく『オーケストラがやって来た』は十本やっている。この年あたりから、音楽の中継中心となって、お話や解説よりも音楽に最大限の時間をさく方針になり、この仕事はますます楽しくなった。Ｒ・ゼルキンと小澤征爾のモーツァルトK.四六七やベートーヴェンの第五番も、ほとんどコメントぬきで流すことができた。数住岸子さんのシリーズを三回やったことも忘れられない。

音楽もののスペシャルでは、テレビ朝日のスタッフと一緒に「**伝説のピアニスト、ホロヴィッツのコンサ**

ート」をやった。勿論、萩元さんのプロデュースで、テレビマンユニオンの仕事である。BBCからの衛星中継を受けて、日本のスタジオで収録した中村紘子さん他の談話、直接ロンドンで萩元さんがインタビューした分を編集して作りあげるのだが、中継の翌日の放送で天手古舞した記憶がある。余り眠らず作業をしたので、放送のときは、スタッフ全員眠りこけていた。

この年、大阪にシンフォニーホールが出来上り、その記念にABCが特番をつくることになった。

『ぼくの音楽武者修業、小澤征爾の世界』

というもので、ドラマとドキュメンタリーが合体した企画だった。テレコムジャパンの制作だったが、萩元さんが監修プロデュース役をしていた。その番組の主として音楽部分を担当した。ドラマ部分はABCの松本さんがディレクターだった。

タングルウッドへ行き、第九（勿論、ベートーヴェンの）を全曲収録し、ザルツブルグへ飛びヨー・ヨー・マとのリハーサルなどを収録した。好きな音楽とだけつき合って、全体の責任からは逃れられるのだから、これも最高の仕事だった。

【昭和五十八年】その1

淋しいことに年明け早々『オーケストラがやって来た』が打ち切りとなってしまった。私は三本演出して終り。それでも武満さんの「**ア・ウェイ・ア・ローン**」や、小澤さんの棒で数住さん（vn）と藤原真理さん（vc）のブラームス「**二重協奏曲**」を録画できたのは、せめてもの慰みだった。

日比谷で開かれたお別れパーティで、萩元さんは泣いていた。その涙は美しかった。

と、私の肩を叩くものがいる。パビック（技術会社）でコーディネーターをしていた油谷岩夫だった。
「こんな悲しい夜は、トルコに行きましょう」
と言う。私は彼に誘われ、途中から会場を抜け、吉原へ行った。吉原のネオンが涙で滲んで見えた。
『オーケストラがやって来た』が終ったころ、テレビマンユニオンの上村喜一プロデュースで、市川猿之助のドキュメンタリーを作っている。

『花人生七変化』（NTV）

で、もともとは珍獣といわれたユニオンの中谷直哉が熱心に企画していたものだ。演舞場公演**『加賀見山再岩藤』**を中心に、作家の村松友視さんをキャスターにモーリス・ベジャールのインタビューも交え、猿之助丈の奮闘ぶりを撮ったものだ。結構面白く出来上った。と、自分では思っているが、珍獣中谷の助力によるところ大である。

そして、久しぶりにこの年はテレビドラマをやった。

西武スペシャルの**『波の盆』**（NTV）だ。

倉本聰さんの脚本、武満徹さんの音楽。お膳立ては整っていて、ラクに出来た。このドラマの顚末はTBSの**『調査情報』**（84年4月号）に書いたのでそれを全文引用する。

＊＊＊

『波の盆』を芸術祭に参加させる、と聞いたのは、九月のなかば、マウイ島でロケをしている最中だった、と思う。

「いまさら、芸術祭用に特別の趣向を凝らすわけにはいかないね」

「今年は見わたしても不作みたいだし、どうにかなるんじゃないの」

「倉本聰の御紋だからね」

ＮＴＶの山口さん、ユニオンの吉川（ＴＢＳの同期生だったから、敬称はナシ）それに私の三人は、二日酔の頭で天気待ちの間、こんなことを喋っていた。

何せ、スタッフの大半は映画育ち、テレビの芸術祭参加、と知らせてもピンと来ないらしく、

「何とか頑張ってみるか……」

と言っても、助監督以下、気のない返事をしていた。

私は、そのとき、ＮＴＶって、こだわらないというか、面白いというか、変った局だな、と思っていた。だいたい、芸術祭は局に属する人たちのコンクールだったから、外注のこういうスペシャルを参加させるのは、めずらしいな、と思ったのだ。第一、せんぼんさんや、冠ちゃん、祖父江とか、ＮＴＶだって多士済々だ。きっと、たまたま、みんなレギュラーが忙しかったのだろう。もっとも、祖父江は（後輩だし、学校時代の仲間だから敬称はつけてやらない）酒の呑みすぎか、胃に穴を開けていた。

また、他所ものが参加作品をやっている、ということにもＮＴＶの人たちは屈託がなく、中野さんや梅谷さん以下、みんな当り前の顔をしていた。

山口プロデューサーなど、

「ぼくは芸術祭の担当もはじめてだけど、ビデオも初体験なのよ」と、笑っていた。

これが〝ドラマのＴＢＳ〟だったら、もっと芸術祭を意識させられていたかもしれない。まあ、私は最近のふん囲気を知らないので、見当ちがいかもしれないが。

ところで、芸術祭うんぬんとかかわりなく、この『波の盆』をひき受けるについちゃ、ずい分考えた。私も、ＴＢＳをやめて一五年ちかくなる。動物的なカンで、餌を嗅ぎ分ける。なるたけ、わかりきった損な勝負はしないようにしている。フリーでいると、しかも厄年もすぎれば、そのあたりのヨミは鋭くなければいけない。

翌月締めの、三ヵ月先払い、しかも手形で、なあんてプロクションにつき合うと、泣きになる。日だてのカメラ助手まで、そんな支払い方にふくれ、私の目をうらめし気に見たりするんだから。つい、立て替えたりしてロクなことはない。しかし、仕事がなければ、ひき受けなきゃならない。

そういうときは、しみじみ、ＴＢＳをやめるなんてバカなことをするんじゃなかった、と思う。

いささか下司な話になったが、『波の盆』では、金銭の心配をしなかった。なんせ、西武スペシャルだし、個人ギャラも、製作費も潤沢だろう、とタカをくくっていたからだ。

実際、自主製作のＡＴＧ映画で三十代をすごして来た身には、コマーシャルに匹敵するような余裕があった。この作品、ユニオンにとって赤字にはならず、まあ利益率は知らないが、とにかくお目出度い結果になったと思う。

テレビマンユニオンは、ギャラの支払いの綺麗なプロダクションで（フリーのスタッフ連の戯言、と聞き流していただきたい。電通映画社とならんで双璧でもある）しかも、吉川がいたから、結果的にも、私は潤った。それにしちゃ、昨年の暮に、吉川に何も〝お歳暮〟を届けなかったな。こういうことを、フリーは忘れちゃいけないのだ。自戒。

じゃ、何でひき受けるのに逡巡したか、と言えば、それがテレビドラマだったからだ。ドラマという形式を、ビデオというマチエールで作ることから、私はずい分遠ざかっていた。意識して身をひいていた所為もあるが、注文もあまり来なかった。『波の盆』の製作発表会のとき、番宣の河村さんが、「監督は一九年ぶりのテレビドラマなんです」と、記者のみなさんに告げたので、私は、そうか、テレビカメラでドラマを撮るのは一九年ぶりか……と、浦島太郎のような気持になった。同時に、テレビドラマからそれほど見放されていたのか、と複雑な心境でもあった。それだけやっていないと、億劫になる。

それに、TBSに在籍した一一年のうち、後半はテレビ映画の社外監督として放り出され、フィルムのグラデュエーションの魅力にとりつかれていたので、ビデオの画質がドラマを表現するにはいささか問題あり、と決めつけていたのだ。

もちろん、この一九年間にも、生放送もふくめて、テレビカメラによる仕事も、沢山やってきたけれど、ドキュメンタリー、対談もの、音楽もの、スタジオワイドショー、紀行番組、料理番組などで、劇はひとつもやらなかつた。劇は、すべてフィルムか、舞台にかぎられていた。

だから、はじめて、梅谷さんから電話をいただいたときも、「フィルムだったら即答できるんだけど……」と、女々しい答えをしていたのだ。

いろいろなテレビドラマを見ていて、その映像の質についていけそうにない、と信じ込んでいた。フォーカスのこと、ライティングのこと、俳優の演技よりも、生々しく、場所と時間が気になる外景のこと、不統一な焦点距離等々、ひところ、テレビドラマは〝映像でなく、音声なのだ〟ということが、言われていたが、それも無理はない、と思っていた。

だから私は、即時性、くりかえしのきかぬ一回性に賭けられるものばかりを、ひき受けていたのだ。

第一、あのズームくみ込みのスタジオ用のカメラやENGなどで、いいカメラマンが育つわけもないじゃないか。このことは断言できる。

テレビドラマは、はじまって三〇年以上の歴史があろうとも、ただ一人の三浦光雄も、宮島義勇も、宮川一夫も、育てることはできなかったのだ。

但し、これから、高品位テレビの時代になれば、少し事情はかわってくるだろう。

私のこんな逡巡をうち破ってくれたのは、パビックの後藤くんだ。

「EC - 三五ってカメラがイケガミにあるよ。それを導入するから、やればいい。」

その言葉は『波の盆』をひき受ける、ひとつのバネになった。

その逡巡の間、私はカメラマンの中堀と、材料のことにつき、あれこれ話をしていた。結論は、ベストがパナビジョンのテレビ、ということだった。しかし、それは日本に入っていない、池上のものは次善だったのだ。

さて、次に私がひき受けるのをためらった原因はスケジュールである。

「秋に放送する西武スペシャルなんだけど、とりあえず、ハワイへシナハンに行って欲しいんだけど……どうかね」

NTVの梅谷さんから、こんな電話をいただいたのは、昨年（五十八年）の六月初旬だ。

内容を聞けば、脚本が倉本聰、放送は十月か十一月、まだ固まっていないが〝老人と海〟のような話、ということだった。だから、ハワイロケをふくめて九月から一ヶ月半ぐらいは潰れるね、と梅谷さんに言われた。

たまたま、その電話でハワイへシナハンに行く時期がスケジュール的に空いていたので、

「考えときます」

と、私は返事をした。

フリーで生きてゆくとき、……これは、これからフリーになろうとする方も、よく聞いておいてほしいが、……むずかしいのは仕事をひき受けるときではない、折角、依頼の電話を入れてくれた相手のこころを傷つけず、しかもその場限りではなく、また思い出してくれるように仕事を断るということがむずかしいのだ。

私は、海外ロケ、長期、しかもドラマという悪条件の申し出に動揺した。しかも、相手は**『子連れ狼』**や**『長崎犯科帳』**のタイトルを好き勝手にやらせてくれた梅谷さんだ。

いささか、あんちょこを繙くようで気がひけるが。フリーにとって、とび込んでくる仕事の基準は〝効率〟ということにある。いかに最少の労力、最少の期間で、沢山のギャラをもらえるか、ということが肝心なのだ。

たとえば、かの川崎徹氏など、ひところは、海外ロケ、と聞くだけで仕事を断った、という。あらまほしきは、スタジオ一日、それもタレントのスケジュールで撮影時間に制限がついているもの、といった仕事である。しかし、そんなうまい仕事、世の中にゴロゴロころがっているわけもない。そんな仕事が月に二つもありゃあ、左団扇だ。

『波の盆』が芸術祭参加になり、目立ったこともあつて、昔同じ釜のめしを食った後輩に、「やっと、日の目を見ましたね」

などと、赤坂のバアで言われた。

馬鹿馬鹿しいから、閉鎖的なテレビドラマの世界しか知らない後輩に、反論もしなかったが、規準は、目立つことではないのだ。

いや、むしろ、目立たぬことこそよけれ、である。

以下、私の元帳を披歴しよう。ひき受ける仕事の基準を、フリーの心情を知っていただきたい、と思う。
一、スタジオ、数時間で上る、タレントのコマーシャル。しかも、タレントは時間制限があるのが望ましい。おまけに、商品カットも、ごく楽に撮れるものを無上とする。
二、同じくコマーシャル。初号の時期が迫っていて、余り改訂等の余地のないスケジュールのもの。しかも、コンセプトのはっきりしているもの。
三、講演。これは、私は余り経験がない。しかし、一、二度頼まれて地方へ行ったとき、時間給で言えば、余りの高さにおどろいたことがある。しかも、地方では一流ホテル宿泊、宴会つき、というのが嬉しい。
四、地方ロケのコマーシャル。（海外ではない）しかも、自分の行きたい、見たい地方と重なったとき。おまけに、実景をじっくり狙えるようなコンテのもの。たとえば、昨年私がやった『さつま白波』のコマーシャルなどがこの範疇に入る。あのときは、焼酎も呑み放題で、最高だった。
五、原稿の仕事で、中編の小説。大体、原稿の仕事はひとりきりの作業で、他人に気をつかわなくて済むから楽なのだが、七〇枚程度の中編だと、日数もかからず最高だ。但し、この項目は、これだけで完結しない。何故なら、私の場合、原稿料が安く、月刊誌にのせただけでは生活の足しにならないからだ。その先、単行本、映画化原作料、といった役がついてこそ、五番目にのし上れる。しかし、そんな体験、うまい話、滅多にあるもんじゃない。
六、原稿で、新聞か週刊誌の連載小説。一回の枚数が限られており、生活のたしかな基盤ができて、とてもいい。
七、音楽ものの中継番組。しかも、事前取材のあまりないもの。これは最高だ。何しろ、中継だから、トークのシーンを除いて、後処理が少なくて済む。あの消耗的なビデオ編集室に入りびたりにならなくて済む。ほぼ、スイッチングで、生放送に近く、音楽部分はパッケージ出来るから、効率がいい。しかも、自分自身の趣味も満足させられることが多いのだ。私は、昨年の春まで、準レギュラーとして、TBSの『オーケストラがやって来た』を四年ちょっとやらせてもらったが、それは素晴しく、たのしい思い出だ。私の率いるコダイ・グループというスタッフの面々が、「いつまでも、好きなクラッシック音楽ばかりに淫してないで……」と、言ったことも、『波の盆』をひき受けた遠因になっている。
八、ドキュメンタリー、バラエティものの構成。これも、仲々によろしい。監修だけの場合もあるのだが、かえって責任を感じていけない。構成台本の仕事は、演出の立場から離れ、最終的な結果についちゃ演出の責任に転嫁できて、とても居心地がいい。
九、映画、またはフィルムをマチエールとするドラマ。これは大して銭儲けにならぬことが多い。しかし、自分の嗜好を満足させることが出来、そのノウ・ハウも掌中にしている（と、錯覚かもしれないが、信じ切っている）もので、数年に一度はやりたいと念じている。
十、風俗探訪の仕事。記事を書くとか、写真を撮るとかで、しかも危険を伴わない仕事。たとえばソープ嬢座談会の司会とか、SM雑誌のレポーターとか。……趣味と実益の二つが重なり、羽化登仙の気分になれる。この分野、注文がまだ少ないが、これからセールスしなければ……と考えている。

まあ、ざっと、以上のような具合で、仕事のランクをつけているわけだが、世の中そんなに甘くはないから、そうそう自分の思い通りに仕事がとび込んでくるわけではない。ただ、長期間を要するスペシャルドラマの仕事が、フリーの身にとって、それほどの栄光と名誉でもないことを、おわかりいただければそれでいい。もっとも、これからその演出料も飛躍的に上昇し、外国の演出家なみに、一本の長時間テレビドラマ、または映画で、一、二年充電期間が送れるほどのペイがなされれば、話は別である。

従って、現状では、いわゆる〝良心作〟という代物は、企業内の社員ディレクターにお願いする他はない。まあ、今、ざっと披瀝したランキングによって、私はある期間スケジュールが食われてしまうことを逡巡したのである。しかも、素材、主題は、決して私のやりたいことではない。しかも、私の大嫌いなハワイロケの仕事である。

【昭和五十八年】その2――

大体、最近の局内における芸術祭ドラマのローテーションを知らないが、むかし、私がTBSの演出部にいた時代は、五月ごろに、秋の芸術祭のスタッフは決まっていた。そして八月ぐらいからは、通常番組のシフトから足抜きをし、九月から十一月の三ヵ月ぐらいは、放送後のほとぼりがさめるまで、芸術祭オンリーで過せばよかったのだ。レギュラーに復帰するのは、暮だった。

私はTBSへ入社して、たて続けに数年、芸術祭のチームに組み入れられていた。

その当時は、現在とちがって、長時間ドラマの枠も少なく（あっても、せいぜい、一時間枠）芸術祭ドラマのみが、映画の尺と拮抗しうる表現の幅を持っていたのだ。（稀に、ナイターの雨傘番組で、長尺ドラマを作っていたことはあった）しかも、芸術祭という催しが、現在よりも、ずっと華やかな年中行事だった時代である。だから、演出部のシフトの組み方でも、班を超えて（当時、TBSの演出部はチーフ・ディレクターの下に班制度を敷いていた）芸術祭優先でチーム作りがなされたのだ。夢のまた夢である。

従って、スケジュール的にも、その期間は「一年を二〇日で暮らすよい男」とはいかないが、芸術祭ドラマに専念出来たのだ。

しかし、当節のフリーだと、そうはいかない。勿論、『波の盆』を芸術祭参加と知ってひき受けたわけではないが、その期間にも、私は平行していくつかの仕事にかかわっていたのである。その間隙をぬって、やれるか否か……。

それが先述のランキングと併せて、私を逡巡させた第二の要因だった。

そのとき私は、(つまり、梅谷さんからスケジュールを聞かれ、その後、プロダクションの吉川からも親切な言葉をもらったとき) 制作時期と平行する、いくつかの仕事と『波の盆』を天秤にかけていたのだ。何故なら、『波の盆』は魅力的な仕事だったけれども、スタッフをまとめ、事務所を維持するのに、それがすべてを放棄してもやるべきこととは思えなかったからだ。

その頃、私は前後して、にっかつ企画部の成田さんから、石井隆原作の『魔奴』の監督、パン・コンサーツの吉木さんからTBS放映の、BBC制作『ワーグナー』の日本版演出、といった仕事の提示を受けていた。それらは、『波の盆』に劣らず魅力的だった。再三脱線するが、こういう時、どの仕事をえらぶかという判断は、フリーの身の上にとってひどくむずかしい。電話が入ってくる五分のちがいが致命的なこともある。

にっかつの話は性急な封切日のことで、パン・コンサーツの話は、原版到着と翻訳の遅れで、残念ながら手がけることはできなかったが、人生は糾える縄の如し、と言う。たまたま『波の盆』を選択し、たまさか大賞受賞となり、褒められたり、揶揄われたりしたけれども、それが結果的によかった、と言う結論が出るのは先のことだ。数年前、矢張り賞についた年があった。サントリーで広告電通賞をもらったり、資生堂でカンヌの金賞をもらったりしたことが、いくつか重った年がある。しかし、その後、受賞ディレクターということで簡単な仕事から声が掛からなくなった期間がある。一九年ぶりと、宣伝されるのはいい。それが、たまたま大賞となり、その結果、仕事が減っては、泣くに泣けないじゃないか。

あのときの逡巡の結果が、正しかったか否か、結論は出ていない。

とにかく、私は『波の盆』の制作期間中にも、平行していろいろな仕事をやらざるをえなかった。ネスカフェの観世栄夫編の演出、アサヒ芸能連載のポルノ小説『**輪舞**』の執筆、等々……とても、テレビドラマひとつのために気持ちを集中させる余裕がなかったのだ。その故か、結果的に「このドラマは、作る側のあつい気持ちがない」などと、新聞で批判を受けた。創作動機の気持についちゃ、作者の範疇と、彫り師の職人としちゃあ責任の持ちようもないが、そういう隙を見せたことは申しわけなく思っている。

テレビドラマであること、スケジュールのことで天秤にかけたこと……に加えて、『波の盆』に逡巡した三番目の理由は、それが倉本聰さんの脚本だったからだ。

テレビドラマは、一人の名カメラマンも育てなかったけれども、数多くの脚本家たちを育てたことは誇っていい。映画が俳優を育てられなくなった低迷に思いを馳せれば、コマーシャルと共に、俳優を育てたこともつけ加えていいかもしれない。（もっとも、俳優のことに関して言えば、甘やかした、という大罪も背負っている）

左様に、テレビドラマは脚本家の世界だから（たとえば、新聞のラ・テ欄でも、番宣でも、宣伝されるのは脚本家ということのようだ）映画畑を歩き、しかも自分の小宇宙で生きてきた身には、ルイ・ビィトンならぬ倉本ブランドは眩しすぎたのである。

私はコンサートの会場で、演奏のあと、指揮者が、観客のオマージュを、臨席している作曲家へ向ける光景が大好きだ。演出者というものは、飽くまでも作曲家ではなく、指揮者にちかい。従って、ドラマをやるときは何時も、コンサート会場の指揮者のように、具体的なかたちにしたという自負を内心に秘め、脚本家に第一等の地位を譲るのも当り前、と思う。

しかし、リハーサルの段階で、作曲家が「そこは、もっとレガート、……そこはアッチェルランドに……、いや、そこはポコ・クレッシェンド、……」

などと、いちいち横から口を挟んだら、指揮者もたまったものじゃないだろう。

ドラマであると、コマーシャルであるとを問わず、コンセプトで了解点に達したなら、演出家の領域は、聖域でなければ、混乱が起きるばかりだ。この点じゃ、私はずい分、クリエーターとも喧嘩してきた。

私は、従来の倉本さん流の作り方を風聞でしか知らなかったが、制作段階で無用なトラブルが起きるのは大人の仕事でないと思い、領域を吉川に問い質したのだ。

「大丈夫だよ。倉本も今回はそんな箸の上げ下ろしまで干渉しようと思っちゃないよ。だったら、お前みてえな我がままな演出、えらびやしないよ」

という答えが返ってきた。

実際、『波の盆』の製作過程では、顔合せの本読みに出ただけで、倉本さんはじっと耐え、演出の領域に踏み込もうとしなかった。

今となっては、果して、そのことが『波の盆』という脚本にとって、幸せだったのか、不幸だったのかわからない、と私は思っている。

だいたい私は、脚本に手を入れることを好まない方だが、今回も、脚本のシーン、セリフには、合意に達した後では、一字一句も修正を加えなかった。最悪は、俳優が、己れの狭い体験とちょっとした感性で、脚本の構造やセリフに文句をつけることだが、私はそういったことを一切受けつけない。その辺りのことは、論議以前のこと、と思っている。

いくつかあった逡巡の材料が、ひとつひとつ払拭され、私は『波の盆』をひき受けた。そして、それが冒頭に記したようなタイミングで、芸術祭へ参加することになった。

私は、倉本さんの脚本で演出をし、彼の脚本の生理がわからなかったことをひどく恥じた。倉本さんは、予定された俳優さんたちの息づかいまで計算し、セリフを作っているので、第一稿で、きちんと尺も計算されていたのだ。私は、他の作家たちとつき合うように、尺の計算から、単純に何ヵ所かのカットを要求した。

しかし、出来上ってみれば、そのカットを要求した分だけ少牌だった。

矢張り、演出家は、フリーの場合、あまりいい脚本で仕事をひき受けるべきではない。むしろ、やや疑わしいと思われるものを処理すべきだ、と思う。さもないと、功績はすべて脚本家のものとなり、欠損はすべて演出家のものとなってしまう。

こんな脚本家中心の構造だから、テレビドラマには、演出家が育たないのではないか、と私はしんみり考えた。

出来上った『波の盆』については、いろんな人から、いろんなことを言われた。自分じゃ信じていなくとも、誉められりゃ誰だって有頂天になる。私も、ある昔馴染みから、

「大変な勲章だねえ」

などと、受賞を讃えられ、鼻をふくらませるポーズを作った。

しかし、いろいろな逡巡の中で、最終的にひき受けるに至った動機は
「ここで、テレビドラマを断ったら、二度と相手にされなくなるだろう……」

という、本能的な感触だった。

フリーになって、一五年ちかく生きてきた。徒党も組まず、単身で、円谷育ちの残党たちと、身を寄せ合って、飢えをしのいで来た。そのスタッフたちを投入したから、『波の盆』には、かがやかしいテレビドラマの未来はない。それは、EC‐三五という秀れたカメラ、映画育ちのカメラマンにしてはじめて扱える操作性（勿論、優秀なVEの存在は不可欠だが）の利点をふくめ、むしろ、過去への遡行という結果に終わった。

セットは、日活の土のステージを使い、メジャーで、フォーカスを計り、バトンのスクープは拒絶し、カチンコを入れ、編集者も浦岡さんという、大御所に入ってもらった。

スイッチングをしたシーンもいくつかあるが、そのことで、全体の映画制作形態は崩さなかった。

従って、『波の盆』は、テレビドラマの最尖端に位置するものではない。むしろ、映画のエピゴーネン、と言っていい。そのことは、私自身、よくわかっている。

しかし、手がけたものには情がうつる。

私は武満さんのテーマに酔っていた。今年になって、梅ちゃん（TBS編成の梅本氏註：今やTBSの人事労政局長である）と呑んだとき、

「あれは、マーラーだね」

と彼は事もなげに言った。

成程、そうか。梅ちゃんは、マーラー五番のアダージェットを連想したのか、と私はおどろいていた。大洋を越える思いからいけば、むしろシベリウスの『波の娘』の方が近親かと思っていたが、マーラーと言われて、私の心は騒いでしまった。

それは、私のあこがれであるヴィスコンティの『ベニスに死す』がそのアダージェットを基調にしていた

からだ。

マウイにも海があり、ベニスにも海がある。しかし、そこでくりひろげられるドラマには、何というちがいがあるのだろう。

『波の盆』には、アドリア海に面した退廃と爛熟はなかった。それは、芸術祭とは言葉の綾、本来、芸術のもち合せる文化の爛熟からは無縁だったのだ。

その点では、テレビドラマは、終生、芸術とは無縁だろう、と思う。異を唱える人は、ちがうジャンルへ、保障された身分を捨てて飛び込んで欲しいと思う。

ヴィスコンティは、大衆社会からは芸術が生れないことを知りつくしていたのだ。だから、あの落日を描くことが出来たのだ、と思う。

音楽の類似性を指摘され、内容の余りの落差に愕然とし、私はこれから一切、芸術などと言うことを口走らないようにしようと心に誓った。


フリーの身には、芸術祭参加は眩しすぎた。賞牌のレプリカをもらったとき、やけに空しく、私はそれを実家の母に送ってしまった。

フリーとて、停年はある。いや、フリーだからこそ、停年がある。社員の人たちが停年後の職さがしをするのと同じように、フリーであることの停年も五五ぐらい、と思っている。フリーには、本給の三分の一、といった嘱託期間もないから、真剣に第二、第三の職場をさがさなければならない。咽元すぎれば、『波の盆』も、どうでもいい。私は、年が明けてから、第二の職さがしに駆け回っている。

あれこれ逡巡した揚句、結果的にはひき受けて、このざまでは、あまりにも情けないが。

しかし、所詮、テレビドラマじゃないか。暇つぶし、じゃないか。ヴィスコンティには比肩出来ないのだ。

結局、五十八年は『波の盆』をだらだらとやって、結構脚本は何本かやったけど、他にテレビの演出はしなかった筈だ。もう忘れてしまっている。

＊＊＊

【昭和五十九年】

二月に、ＴＢＳの先輩瀬口誠一郎さんが突然他界された。驚いた。まだ春秋に富む人生がある筈なのに。瀬口さんの死は衝撃だった。

たまたま前年の暮ちかく『波の盆』の放送当日に赤坂で会って立話をした。

「今日はこれから帰って、お前のドラマを見るよ」

それ以降、一、二度すれちがったきりである。この年のＴＢＳ『新春の宴』が最後だった。忙しそうで、握手をしただけだった。

いつでも会える、ということは全くアテにならない。淋しさがつのった。

瀬口さんとは、私がＴＢＳの演出部に配属されたとき、最初にあれこれ面倒を見て貰った因縁である。

昭和三十四年の七月一日、入社後三ヵ月、研修と美術の実習を終わって、並木たち同期七人と演出部に配属された私は高橋太一郎さんの班に入った。

その時の高橋班のメンバー。（敬称略）

高橋、遠藤、小坂、篠原、菅原、小林、岩崎（守）、宮武、小幡、瀬口、そして私。

その時の担当番組とシフトは、

月＝音楽の手帖：Ｄ・遠藤／東京０時刻（アワー）：Ｄ・菅原ＡＤ・高橋、岩崎、実相寺

／母と子：D・篠原AD・瀬口、小坂
火＝カロラン・ミュージカル：D・宮武AD・篠原、小幡
水＝横河コンサート・ホール：D・遠藤AD・実相寺
土＝日真名氏飛出す：D・高橋AD・岩崎、瀬口、実相寺
日＝ナショナル日曜観劇会：D・小林AD・小幡、実相寺
というものだった。

この班にいたのは、ほぼ一ヵ月半で、八月の十二日には編成変えがあり、私は石川甫さんの班に移った。ついでに、何故か記録が残っているので、その折の石川班のメンバーを書いておく。
石川、蟻川、神永、岩崎（文）、宮武、鈴木、西村、梅本、鴨下、中村、そして私。
ちなみにシフトは、
月＝銭形平次捕物控：D・石川　AD・梅本、西村、鈴木
　母と子：D・神永、岩崎　AD・鴨下
火＝カロラン・スリラー〝駆け出せミッキー〟：D・宮武AD・鴨下、実相寺
木＝この謎は私が解く：D・蟻川　AD・西村、梅本
　屋根の下に夢がある：D・鈴木　AD　宮武、実相寺
というものだった。

直接、瀬口さんの下でAD修業をした期間は短かかったが、何しろそれからもいろいろと親切にして貰った。深夜宅送の折など、瀬口さんは鶴見、私は鵜の木でよく一緒に帰ったものだ。当時鴨下信一さんが中延、

梅本彪夫さんが洗足池に住んでおり、演出部の送りは、一台にこの四人が乗ることも多かった。
テレビの手ほどきをしてくれた瀬口さんの他界は、私にとってひとつの歴史の終幕だった。
その淋しさから脱けきれぬころ、前年『波の盆』のときに使用した、池上のEC‐三五というカメラのデモンストレーションの仕事をした。パビックの後藤勝彦さんからきた話だ。

『春への憧れ』

と題した小品で、二月堂のお水取りを中心に、早春の大和路をイメージ・スケッチした。主軸は音楽で、それに合せて画面をつないだ。児玉美佐子さんに弾いて貰い、モーツァルトの『デュポールの主題による変奏曲』を基調にした。
この作品をはじめ、私の音楽ものの編集をしてくれるのはパビックの水野幸夫だが、こいつは変態と言っていいほど、きっちりやってくれる。もっとも、この『春への憧れ』にもついてくれ『オーケストラがやって来た』でもずっとアシスタントをしてくれた東正紀（現在タキオンのディレクター）は、完全な変態だった、余計な話だが。

この年は、何年ぶりかでテレビマンユニオンの『遠くへ行きたい』をやった年でもある。
ひとつは八月、ひとつは十二月。神田と鎌倉という近場で済ませた。タイトルは忘れてしまった。ＡＤをやってくれた碓井広義という塩尻育ちの男が、段取りから後処理までやってくれるので、私はおんぶするだけだった。

このころ、例の並木章は日曜八時の『諸君！スペシャルだ』という番組のプロデューサーをやっており、夏に私は一本演出をした。

「**上海にジャズが流れた日**」

というタイトルだったと思う。

ジミー・原田さんとオールド・ボーイズの上海公演を追ったものだ。渡辺企画の制作。プロデューサーの砂田実さんは元ＴＢＳで、勿論大先輩である。

これもたのしい仕事だった。大陸育ちの私にとって、引揚げ以来久々に足を踏み入れた中国はなつかしかった。私は昭和十七年に上海へ行ったことがあり、そのとき泊っていたのがキャセイ・ホテルだったが、何の因縁か、ロケの折泊ったのが和平飯店と名を変えたそのホテルだった。市電こそなくなっていたが、上海の佇いは四十年前と変らず、ある苦さとふるいつきたくなるような親しみで胸が一杯だつた。

並木も大陸育ち。常日頃アカシアの大連を自慢しているが、青島育ちの私にコンプレックスを拭いきれない男だが、上海の画には文句をつけなかった。矢張り、大陸が懐しかったのだろう。

この年、桐朋学園で故斎藤秀雄先生の門下生たちがより集まって、追悼の意をこめ、久々にオーケストラを結成するという出来事があり、萩元さんがプロデューサーで、スペシャル番組をつくることになった。

それが、

「先生！　聞いて下さい」

というものであり、私がディレクターをやることになった。

世界各地から優秀な門下生たちが集い、一回限りのすごい演奏会を東京文化会館でやったのだが、感動的な催しだった。中継、インタビュー素材のすべてを長時間そっくり放送したかった程のものである。斎藤先生編曲のバッハの『シャコンヌ』の時に、小澤さんの目から滂沱として流れた涙を、私は一生忘れることがないだろう。そういう瞬間に、ディレクターとして立ち会えたときは、ほんとうにこの商売をしていて良かった、と思う。

【昭和六十年】

年のはじめから、映画の話が煮詰って久々に準備をはじめ、スタッフ・ルームも大映に出来てロケハンにかかった。円谷プロ作品『**怪獣協奏曲**』である。関沢新一さんの原案で佐々木守脚本。本多猪四郎先生の監修で、円谷英二監督の追悼映画になる筈だったが、準備半ばで資金ぐりがつかず、プロデューサーから延期を申し入れられた。延期とは、中止ということだ。

春は、コンサート・オペラ、アルバン・ベルグの『**ヴォツェック**』にかかりきりになった。念願だったオペラ演出に少し近づけて、嬉しかった。

あまりテレビの演出をやらなかった年だ。編成台本はいくつか書いたけれども。

『遠くへ行きたい』は夏に一本、冬に二本やった。檀太郎さんと塩釜、余市をやり、桂三枝師匠と長崎へ旅をした。

一時間ものは、たしか中村敦夫さんの『**地球発二十二時**』（ＭＢＳ）だけだ。砂田さんのプロデュースで創都の制作。

「**日本の秋**」

というタイトルで、白川郷にある廃村の秋祭りを取材した。

「僕はオブジェでいいですよ」

と、のっけから中村敦夫さんに言われ、勝手なスケッチを作った。それ以降パッタリ注文も来ないところをみると、大した仕上りじゃなかったんだろう。


たしかこの年、西崎義展さんの依頼で、「**交響曲宇宙戦艦ヤマト**」を作っている。NHKの衛星放送のためということだったが、しばらく経って放送もされた。誰も気がつかないだろうと思っていたら、久世光彦に、

「俺が民放ディレクターで、NHK一番のりを果したかったのに」

と言われて、ああそうか、と思った。何にせよ一番のりは気持いい。

但しこの仕事、宮川泰さんの原曲を羽田健太郎さんが四楽章の交響曲に仕立てたものだが、収録日のぎりぎりに完成して、カメラ割りもままならぬ状態だった。そこで援軍を求め、四楽章のそれぞれを分担してカメラ割りをすることにし、統一は私がやることにした。一楽章を喜園伸一、二楽章を小林達雄、三楽章を東正紀、終楽章を私がやった。楽章ごとにディレクターが交代するなど滅多にあることじゃないから、スイッチャーの井上さん（東通）はあきれていた。しかし、どんな火事場の騒ぎがあろうとも、ビデオの作品は出来上るものである。指揮は大友直人さん、演奏はNHK交響楽団、N響を撮った民放ディレクターもいないだろう、と少し鼻が高かった。

中継の素材にアニメをインサートする編集に大変だったが、面白い作業でもあった。また、こんな仕事をやりたいものだ。

【昭和六十一年】

一月二日に放送されたのが、

『**なつかしの小学唱歌大全集**』（ＮＴＶ）だ。勿論収録は前年の暮である。ＮＴＶの石川一彦さんと油井慎次郎さんからの話で、制作はタキオン。社長となった稲塚秀孝がプロデューサーだった。これも結構切羽詰って出てきた企画で、時間がなく、タキオンの大久保邦孝と共同でやった。中年男としては、サブに坐ってスイッチャーへの指示も忘れ、なつかしい歌の数々に涙をうかべたものだ。若い大久保は専らインサート用の画面づくりに、ロケをしたり、ありものを探していたが、曲には全く無関心で世代の違いを思い知らされた。函谷関も……とか、苫屋こそ……とか、旅順開城……とか、チンプンカンプンだったろう。

私はスタジオのトーンを、セピアのなつかしい写真をめくるようなモノトーンにしたくて、照明さんに意図を伝えると、「いいですねえ、それでいきましょう」

と言われ、当日スタジオへ入ると、極彩色の明りに目が眩んだ。きっと、稲塚あたりが手を回したのだろう。まあ、結果それで良かったのだが。

タキオンという制作プロダクションは、テレビマンユニオンの分派だが、性的変態と大食漢の集りでもある。しかし、馬車馬のように働く奴が多くて、たのもしい。そのタキオンからもう一本、この年に『ワイセンベルグ』の、放送とパッケージ両用の仕事を貰った。そして、これも大久保と共同で作業をした。パリにロケして、ショパン縁の地を尋ね、演奏とカット・バックする企画で、たのしい仕事だった。プロデューサーの石井信平の英語には感心したが、大食なのにも目を見張った。やはりタキオンだ。

この『**ワイセンベルグ・私のショパン**』は、仲々スポンサーとの話がまとまらず、つい最近ようやくパッケージになった。私が映画にかかっていたので、大久保がうまくまとめてくれたのだ。

そのロケにひきつづいて、キャスリーン・バトルのコマーシャルを撮ったのだが、まさかあんなにもて囃されようとは思わなかった。テレビの仕事にひきつづいてコマーシャルのロケに移ると、めしも豪華になり、有難さが身に沁みる。私がフリーになって食いつないで来られたのもコマーシャルのお蔭。当分やめられない。

そうだ、この『ワイセンベルグ』を撮る前に、はじめてハイビジョンのデモンストレーションを作った。NVS研究会の依頼で、話を持ってきてくれたのは下村善二である。NHKのクルーと、私の属するコダイのスタッフとの共同作業でやった。自分の好きな映像をスケッチして、たのしかった。

『東京幻夢』がそれである。ベートーヴェンのクロイツェル・ソナタの第一楽章をそっくり使った。数住岸子さんと藤井一興さんに演奏して貰ったが、録音の作業もたのしかった。

ハイビジョンについては、いろんな所で発言もしているから、あえて書かない。NHKのVE小熊さんにいろいろと教わりながら仕事をすすめることが出来たので、何のトラブルもなかった。

夏には一本だけ『遠くへ行きたい』をやった。檀太郎さんと石見路へ行った。

そして秋に、久々ドラマをやった。**『火曜サスペンス・青い沼の女』**（NTV）である。コダイで制作したことで、印象ぶかい。コダイで映像関係のマネージらしきことをしている劇作家の岸田理生さんが、泉鏡花の『沼夫人』を自由に脚色したものだが、まさかこういう企画が通るとは思っていなかったので嬉しかった。NTVの山口剛プロデューサーのお蔭である。山口さんとは『波の盆』以来の仕事だった。

しかし、沼を主な舞台にしてどうやって撮影をするか、ロケハンをしても構想がまとまらず困っていたとき、美術の池谷仙克（実はコダイの社長、私の上司でもある）が、

「オール・セットでやりましょう」

と提案して、イメージがふくらんだ。

これもEC‐三五で撮影した。カメラは中堀正夫、照明は牛場賢二。音楽の三枝成章さんには、シェーンベルク風の音楽合奏を一曲だけ作曲して頂いた。

実は、火曜サスペンスの局におけるキャップともいうべき存在が、私の話に度々登場する並木章と大学時代から因縁の小坂敬さんである。このときばかりは並木に頭を下げ、

「不出来でもふかく追及しないよう、小坂さんに言っといてくれ」

と頼んだ。

しかし、並木が、

「あいつを起用したのが間違いなんだ」

てな調子の電話を入れたから、暮のNTVのパーティで、私は小坂さんと顔を合わすまいと人混みの中を逃げ回った。結局はつかまって、

「このお！」

と言われ、私は並木ともども、河豚を御馳走する羽目になった。が、二次会で銀座へ呑みに連れてって貰ってるから、結局は立場がない。もっとも銀座については、並木にも感謝しなくちゃいけない。謹厳居士の私をそういう巷で人生勉強させてくれたのは並木だから。

『青い沼の女』で六十一年も終りか、と思ったころ、突然アダルト・ビデオの話が舞い込んだ。


『THE レイプマン』

『リイド・コミック』に連載されていた同名の劇画をビデオにしようというもので、円谷粲さんが話を持ち

込んできた。

コダイの事務長兼プロデューサー、以前、私の特撮テレビ映画ではずっと特撮監督をやっていた大木淳吉は、

「手を出すのはやめましょうよ、銭にもならないし、監督料なんか出ませんよ」

と言っていたが、私が助平心から承知してしまった。

劇画を三話分、オムニバスでやることになり、私はカメラマンの女がレイプされる〝竜子〟という話を十七分に仕上げた。

一話は北浦嗣已、三話は服部光則が監督である。二人とも、長年一緒にやってきた仲間だ。とりわけ服部は業界でも一、二を競うスケコマシで、こういうものには向いている。

私は松川ナミさんを主役に一日で撮り上げた。レイプマン役の速水健二さんは、知る人ぞ知るアダルト界の名優で、女の扱いは慣れたもの。

金がないので、小さな写真スタジオに小道具だけのノー・セットで収録したが、面白かった。また、やりたいと思っている。この時も技術コーディネーションをしてくれた油谷岩夫が、撮影終了時に、

「監督、ぼくも催しちゃった。行きましょうよ、岡場所へ」とうるさく誘ってきたが、私は断固辞退した。第一、そんなところへ行ったら、失くなってしまうほどのギャラである。

どこで、アダルトに手を染めてることを察知したのか、編集中に並木章から電話が掛ってきた。

「お前もフリーになって落ちぶれたもんだ。俺の忠告も聞かずＴＢＳをやめるから、そんなものに迄手を出す羽目になるんだぞ」

「……まあな」

「ところでだな、ぼかしを入れないうちに見せてくれ。親友だろ、お前。また、銀座へ連れてってやるから

さ」

私はこの誘惑もしりぞけた。

実は、並木にはコダイの株も買って貰っている。並木は株主の立場を利用し大木にも脅しをかけてきた。

「とにかく、見たいよーん」

最後は泣きになったが、大木もこればっかりは断った。そして、完成品を届けたところ、モザイクのぼかしは入っていても、並木はいたく満足していたのである。

この年はアダルト・ビデオで終わってしまったが、趣味の面では充実した年だった。

コンサートオペラ『**アッシジの聖フランシスコ**』と『**エレクトラ**』の二本に携わることが出来、萩元さんのお蔭でサントリーホールの〝ザ・ガラ〟もやれた。打ち止めは、石井眞木さんを手伝った『**石井漠生誕百年記念**』のリサイタルだった。

【昭和六十二年】

私は十年ぶりに映画を撮った。

『**帝都物語**』がそれだ。

いま、この原稿を書いているときは封切り前だが、ハイビジョンも使って、ブルーバック合成では、その威力をまざまざと味わった。

映画に下半期をつぶしたから、テレビとはほとんど無縁で過してしまった。映画が作れたのは、ＥＸＥという会社の堤康二さんと一瀬隆重さんのお蔭だ。二人とも若いのに、よく私のような見捨てられたオジンを起用してくれたものだ。足を向けては寝られない。

コマーシャルを除いて、ビデオ作品は一本しかない。五月に人見記念講堂でリサイタルをひらいたキャスリーン・バトルの中継である。

『リリック・ソプラノ　キャスリーン・バトル』

という題でビデオやディスクが市販されているので、見て頂けたら幸いである。

＊　＊　＊

いつの間にか、ＴＢＳを辞めて十八年も経ってしまった。よく食いつないで来たものだ、と思う。いろんな人に助けられてきたが、老年も近い。これから先は闇である。

並木にも頭を下げなきゃならない現実が迫ってきている。一昨年の暮、例の『レイプマン』をうるさく見せろと言っていた折、仕方なく私は並木を自宅まで送った直後、ねずみ捕りにつかまってしまった。三十六キロオーバーで、錦糸町送りの罰金三万円、免停一ヵ月。手間のかかる親友を持つと、こうまで割に合わない。

錦糸町で略式裁判を受けたあと、私は駅ビルで、おばさんの易者に占って貰った。

「そのご親友とはくされ縁ですね」

と、おばさんは言った。

「でも、あなたも、まだ花を咲かせますよ。大丈夫」

いまは、このおばさんの言葉を信じて生きている。続々・テレビジョン年譜を書けるといいのだが。

注文応需、誠心、が私のモットーである。

続・続・私のテレビジョン年譜

昭和62年から平成12年

この年譜を書くことを、呑みがてら話したら、

「何故〝テレビジョン年譜〞なんて題で、書き続けるのだ。もう、あまりテレビの仕事もしてないだろうが、……」

と編集者の友人にいわれた。（最初の年譜は『闇への憧れ』（創世紀刊）に書いた。その続きは『夜ごとの円盤』（大和書房刊）に付けた）

でも実際には、この平成十二年の正月にも、わたしは中継車に乗っている。小澤征爾さんが指揮するサイトウキネン『マーラー第二番〈復活〉』の収録のためである。耄碌したわたしのカメラ割りを手伝ってくれる中村由利に、かなりの部分を負っているが、依頼される仕事は、放送にもからむビデオ収録が一番多い。だから、テレビジョンを基にした年譜でいい、と思っている。

しかも、自分ではまだテレビの中継や、特撮ものに、色気たっぷりである。もちろん、それ以外のドラマとか、色物でも、頼まれれば、尻尾をふるだろう。


【昭和六十二年】

この年は『**帝都物語**』で久々に映画へ復帰したことを、以前の分（単行本『夜ごとの円盤』収載分）に書いた。映画の仕事はたのしかったが、それほど意気込まずに取り組めた。スケジュールも延びなかった。七

月十一日にインし、十月七日に小物を入れてアップしている。ハイビジョンを使った部分もかなりある。

記憶ではもっと前だと思っていたが、この年に青木真次さんの依頼による『**月の林に星の月**』なる小説を、出版している。

この小説は、後にテレビドラマ化され、おいしい思いをさせてもらった。この小説の副主人公に、親友の並木章をフィクション化して登場させた。勿論、小説の中では〝並本章〟と名前を変えてあるし、当人から感謝されて然るべきなのだ。だが並木は「告訴する」とか「モデル料は高いぞ」などと息まくのである。友情もわからぬ恩知らずの発言、とわたしは取りあわなかった。むしろ、「取り上げて頂きありがとうございます」と、酒の一本でも、わたしに送ってほしかった。

テレビドラマは、並木が横槍を入れ、自分がモデルの役を脚本から削らせた。それで、コクがなくなった。特撮ものに入れ込む、単細胞な若い監督の話になったからだ。世間的には評判がよかったようだ。視聴率が免罪符だから、それはそれでいい。でも、「俺の役に中井貴一か、田原俊彦がキャスティングされるならい」と、並木がホザいていたらしいことを、後で編成の友人から聞いた。開いた口がふさがらない、とはこのことだ。わたしは並木の役は、柄から択ぶなら、昔よく見たピーター・ローレのような俳優だ、と思っていた。もっとも、名優に過ぎるか。

この年には永井路子先生の文春文庫版『**相模のもののふたち**』の装画もやらせていただいている。

キャスリーン・バトルが来日し、人見記念講堂でのリサイタルを収録した。５２５とハイビジョンの両方であった。でも、彼女がかなりビッグな態度になっていて、最初にＣＦを撮った折り、ヘンデルのオペラ『セルセ』のアリア〝オンブラ・マイ・フ〟（なつかしい木陰）を歌ったときの清新さは、かき消えていた。

【昭和六十三年】

『帝都物語』が封切られた年で、新春早々から劇場挨拶に北から南へ回った記憶がある。この劇場挨拶というのは、わたしに馴染まない。わたしが貧弱な顔を晒して、宣伝になると思えないからだ。

久々に昨年映画へ復帰させてもらったせいか、この年は結構忙しく、充実していた年でもあった。たて続けに映画を撮る機会に恵まれた。ロッポニカの『悪徳の栄え』である。実は『帝都』の第一稿を書いてくださったのは劇作家の岸田理生さんである。それが実らなかったので、今度は岸田さんに依頼した。結果は、帝都物語裏面史のような、期待通りの脚本が出来あがった。

R指定で撮ってほしい、とプロデュース側にいわれ、審査を問題なく通るように仕上げた。映倫とのチャンバラはなかった。

まったく世の中には無視されたが、この映画は後の乱歩やら、岸田さんとのおつき合いにつながる接点になった。今回のイヴェント（＊ファンタスマ）で、岸田さんに協力していただけたのも、こんな積み重ねだろう、と思っている。『青い沼の女』以来の実りだった。

この年、個人的に大きな比重を占めた仕事は、翌年にまでまたがった、朝比奈隆先生と新日フイルによる**『ベートーヴェン交響曲全集』**の収録の開始である。当時の新日フイルを牛耳っていた松原千代繁さんとの交友から、この仕事は生まれたのだ。ただ感謝。

舞台作品では、小澤征爾さんと新日フイルで**『カルミナ・ブラーナ』**をやっている。劇場は東京文化会館他である。

台本は大岡信さんにお願いした。

語りの平幹二朗さんが高所恐怖症ではないのをいいことに、かなり大がかりに工事現場のような足場を唐見博さんに組んでもらった。高所を跳び跳ねつつ、平さんの語りはすばらしかった。その結果についちゃ、個人的には大満足。

コンサートでは岡村喬生さんの仕事をお手伝いした。これも新日フィルの依頼である。サントリーホールでの特別演奏会だったが、「ボリス」の戴冠の場面で、岡村さんの頭に冠が載せられた瞬間に、コロリンと下に落ちてしまった。晋友会の人が咄嗟の判断で拾い上げ、ほどよいときに載せてくれた。

会場で聴いていた知りあいの音楽家に、

「いやあ、あれはボリスの行く末を象徴し、暗示していて最高によかった。絶妙なタイミングだった」

と、手を握られた。そんなこと考えてもいなかったので、わたしはニヤニヤするばかりだった。

昭和も終わろうかという年に、青春時代の最後を飾った『ウルトラマン』を撮影した撮影所〝東宝ビルト〟を訪ねている。ビデオ化される『ウルトラマン』映画につけるオマケを撮影するためである。十分足らずのオマケだったが、美術の池谷、光学の中野をはじめ、数人のスタッフと過去を懐かしんだ。「夢の跡」というタイトルである。

科特隊の本部があったステージを覗いて、その狭さにあらためておどろいた。倉庫になっていた。

何の関係もないが、その編集をしている頃、十二日間断酒している。

この年には、『**夜ごとの円盤**』という題で、大和書房の青木真次さんが、エッセイ集をまとめてくれた。

永井路子先生の『**歴史のねむる里へ**』の装画もやっている。

このころから河崎実とも付き合いができて、『**地球少女イコちゃん**』の監修などをしている。

そう、キャスリーン・バトルＣＭの三作目もこの年のことだ。これが最後になった。彼女は更にわがままになっていった。遠くへ出向くのは嫌だといい、ブルックリンの劇場で、彼女の分を撮り、実景部分だけをフィレンツェ近郊にロケした。

そのフイレンツェロケの帰途、わたしはパリへ回り、日テレ『**追跡／君の名は**』編に使う岸恵子さんのインタビューを録った。

『追跡』はじまって以来最低の視聴率で、プロデューサーの石川一彦さんに、

「酒は一緒に呑んでも、仕事は別々にしよう」

と、ニッコリされた。


晩秋に、はじめてのアダルトビデオを撮影した。本も自分で書いた。『**アリエッタ**』という。九鬼のオーナー中川徳章さんが物好きだったのだ。面接で、加賀恵子という女優さんに、一目惚れした。こんな自然体の女はいないだろう、と思った。尚、音楽は淡海梧郎さんである。ピアノ一台。

中川さんとの縁は、その年の夏ごろ、〝土佐の黒沢〟などと喧伝され裏ものを専業にしていた御仁が、九鬼のアダルトビデオに挑戦することになったのが、キッカケである。

『**風立ちぬ**』というタイトルの題字と監修を、版元の中川さんに頼まれたからである。土佐は女房の故郷で、その人とはむかし、義兄がちょっと知り合いだったという、不思議な縁もあった。

【昭和六十四年は短く、平成元年となる】

一月七日、聖上崩御。

昭和が終わりを告げた夜、わたしは東京文化の小ホールで、しんみりしていた。拍手なきコンサートの体験である。松下功さんが作曲した『悪徳の栄え』用に書かれた音楽が、チェロの安田謙一郎さんのリサイタルで取り上げられたのである。オリヴィエ・メシアンの「世の終わりのための四重奏曲」と同じ楽器編成で、何かそのことでも象徴的な一夜だった。

この日の日記から一部抜粋する。

〈昼頃、テレビをつけて聖上崩御を知る。ついに、その日が訪れたわけだ。今日で昭和は終わった。新しい元号は〝平成〟と、二時過ぎに発表があった。平成とは史記の地平天成からとったという。何となくふやけた平和の〝平〟という字が入るのじゃないか、と予感したことが当たった。書き難い字なので、ちょっと憂鬱。三時すぎに車で家を出て上野へ。高速道路の掲示板に、皇居付近の〝一般道路渋滞〟とあったが、街には崩御の重苦しさはない。……〉

昭和の終わりついでにいえば、テレビ朝日特番の『**昭和と私**』という題字を書いている。こういう仕事を引き受けるとは、図々しい身の程知らず、という感じもする。

音楽関係の仕事は充実していた。新日フィルでは、手塚幸紀氏指揮のラヴェル『**スペインの時**』をやり、東響から、小泉和裕氏指揮のバルトーク『**青ひげ公の城**』の仕事を頂戴した。両方とも、コンサート形式が基本だが、近年の本舞台ものより、大がかりなセットを組めた。いまや、夢のようだ。

そして、セゾン劇場のミュージック・トゥデイでは、武満徹さんに、マーク・ナイクルグの『**薔薇の向こうに**』という、シアター・ミュージックを演出する機会をもらった。指揮は天沼裕子さんである。主演の石橋蓮司氏には仰天した。音楽は苦手だ、などとボヤきながら、全曲を暗譜しちゃったからである。感嘆のあまり、演出する必要もなくなったのである。天沼さんとは今年（＊平成十二年）の二期会『魔笛』公演で、ふたたびご一緒している。

と、充実していた年なのだが、薫風の季節に、作家の阿部昭が突然に他界して、気持ちに空洞が開いたことを思い出す。

ＪＯＫＲ（現在のＴＢＳ）入社同期で、同人雑誌『新人壇』の仲間になった共通の過去があったからだ。その同人誌に書いた彼の生原稿を見て、わたしはもの書きになることをあきらめた。

電話や葉書のやりとりを別にすれば、昭和六十年にやったオペラ『ヴォツェック』に招待した折り、ハネてから裏を訪ねてくれたのが、最後に顔を見た機会になってしまった。（阿部昭とのことは、講談社文庫『太いなる日／司令の休暇』に少し書かせて貰っている）

五月二十日の日記の、一部。

〈午前十一時、Ｎからの電話で目を覚ます。新聞を開くと、阿部昭の訃報がのっていて、ただおどろく。五十四才とか。随分心臓がわるかったんだなあ、と唇を噛む。毎年オペラに来てくれていて、今年の『スペインの時』にも招待したが、病み上がりで行けず残念、という返事をもらった矢先だった。冥福を祈ることの何という空しさ。……〉

たしか、この夏に二作目のアダルト『**ラ・ヴァルス**』を作っている。〝藪の中〟風の展開で、強姦事件の虚と実の狭間を描いたものだ。寺田さんに弁護士の役を頼んだ。山本竜二さんの被害者役がとてもよかった。

これは『アリエッタ』同様、実話を元にしたアダルトである。こんなんじゃヌケない、という批評が多かった。お恥ずかしい。

そして、年末ギリギリに『**ウルトラQザ・ムービー／星の伝説**』という映画のクランクインをした。この映画の成り立ちがすごい。

円谷粲君が、企画を持ち込んで来たのが、十月ごろだった。それから、佐々木守氏に連絡を取り、急遽シナリオを上げ、撮影にこぎつけたのである。とにかく、理由は忘れてしまったが、完成させねばならない周囲とのしがらみがあったのだろう。もちろん、年内に撮影した分はわずかなもので、大半は翌年に持ち越した。

【平成二年】

『ウルトラQ・ザ・ムービー』のロケは寒かった。丹後半島へ行ったときがそのピークだった。九州の唐津近辺でもロケをした。とにかく、セットを作る余裕がなかったのだ。セットがないから、国際放映のスタッフルームへも、行ったことがない。オールスタッフはどこでやったのだろう？転々とロケをしていたし、その間特撮班が同時進行していたので、顔を出す用もなかった。

この映画でロケした東京や近郊の場所は、その後大きく様変わりをしている。とりわけＴＢＳの旧テレビ局舎は、煙と消えてしまった。この映画に、自分が青春を送った演出部やら廊下やらをフィルムに刻めたことが、個人的には思い出になっている。

小澤征爾さんが、新日フィルでヘネシーオペラシリーズを始め、その第一作目がモーツァルトの『**イドメ**

ネオ』だった。その演出をやらせてもらったが、一夜ブーイングが出た。

「ポネルのように、ブーの方向へ投げキッスをしろ！」

と、外人の歌手たちにいわれたが、いやどうも、と頭をかくばかりだった。外人キャストの来日から本番迄は十日足らず、ひどく忙しかったが、たのしい仕事だった。

この年はほとんど、音楽の仕事で終始している。収録は、朝比奈先生と新日フィル『ブラームス・チクルス』につきる。

舞台で忘れられないのが、山田一雄先生との『ダヴィデ王』である。語り手は、仲良しの寺田農さんである。農ちゃんには、音楽の語りをかなりの数、世話になっている。

本番では上手のドライアイスが出すぎ、中低弦のオケの連中から食ってかかられた。

「楽譜が見えなくちゃ、しょうがねえだろう！」

舞台監督の小栗哲家氏が、

「裏方にきちんとした準備の時間を寄越さねえからだ！」

と、身体を張ってくれて、何とか事はおさまった。小栗さん、というと他人行儀か。小栗ちゃんとは、昭和六十年にやった『ヴォツエック』以来の縁である。

即位の礼の折り、丁度山田先生の『ダヴィデ王』ゲネプロの日、フジテレビのパレード中継に、生で祝典曲をインサートすることになった。エルガーの『威風堂々』を山田先生が指揮されることになったのだ。ゲネプロを一日中断し、演出が中継車へ駆けつけインカムをつける、な〜んてテンヤワンヤを、忘れられない。

ついでにいえば、ベルリンの壁崩壊記念の『第九』収録のカメラ割りと題字を渡した記憶もある。稲塚君の依頼で、どこの局かは忘れてしまった。タキオンの大久保君が、Dで現地へ行った筈だ。

【平成三年】

この年は二冊本を出した。一つは筑摩の青木さん（最初は大和の青木さんだったが、いつしか筑摩の青木さんになっていることが、この人の油断ならないところである。もっとも、中間に立風の青木さんという時代もあった）が依頼してくれた小説『**星屑の海**』で、いわば『星の林〜』の続編的なもの。もう一つは淡交社の雑誌〝なごみ〟に連載した紀行文『**旅の軽さ**』である。どちらも、ほとんど売れず、版元に迷惑をかけた結果だけが残った。でも、わたしはメゲない。

音楽関係の仕事が少なかった。伊福部昭先生の喜寿のコンサートを収録し、ビデオを作ったことが大きな仕事か。武満徹氏の新しいクラリネット協奏曲『**ファンタスマ・カントス**』を、ウィーンで収録する機会に恵まれたが、カメラ割りだけをして、大久保君に現地での収録を託した。TBSハイビジョンの仕事である。

ベルリン・コーミッシェ・オーパーの来日公演三演目を、全部ビデオ収録できたことはうれしかった。カジマ・ビジョンの仕事である。伝説的演出家フェルゼンシュタインによる、オッフェンバック『青ひげ』には浮き浮きしたし、憧れの演出家ハリー・クップファーの『フィガロ』と『ボエーム』には、中継車の中で溜息を吐いた程である。演目はすべてドイツ語版だった。

でも、音楽関係のことでいえば、山田一雄先生が突然に他界されたことが、最大のショックだった。何しろ、その秋には札響定期、ベートヴェンの劇音楽『エグモント』をお手伝いする筈だったからだ。その追悼公演には顔を出さなかった。山田先生なくして、その曲をやる必要もなかろう、と勝手に思ったからである。「モーツァルトの、初期のオペラをコンサートでやりたいから、舞台構成を考えておいてくれ」と、宿題を出されていたことも、空に消えた。残念無念。

アダルトというか、Vシネというか、自分のオリジナル脚本で、『**ディアローグ（対話）**』というのを撮っている。ジャパン・ホーム・ビデオの製作だった。

あれこれ思い出せばキリがない。わたしどもの事務所の長である池谷君が、キャノンのかなり精巧な8ミリビデオカメラを買い、自主製作で『**不思議館**』というビデオを作ったのも、この年だ。仲間がパートにかかわりなくそれぞれの監督作品をつくろう、という主旨でやったものだ。

わたしは、自作のシナリオで『**受胎告知**』というものを、惚れた加賀恵子さんの主演で作った。このシリーズには、岸田理生、寺田農、風見しんごといった方々の監督作品もある。

暮れに、伊福部昭先生の喜寿記念コンサート収録と、付帯するビデオ収録の仕事をやっている。その打合せで、尾山台のお宅をお訪ねした折り、雑談で円谷英二監督との出会いなどの面白いお話を伺ったことが、思い出深い。その雑談の一端は、『**音楽現代**』などに書いている。

【平成四年】

この年から、ワープロを使い始めた。四月二十七日から、日記もワープロにした。それがどうした、といわれそうだ。

アダルトの『ディアローグ（対話）』の小道具および、画面のタイトル文字用に、個人的に買って、事務所に放ったらかしにしていたものを、使ってみる気になったのだ。

『**屋根裏の散歩者**』の映画化が実現した。プロデューサーは『帝都』からおつき合いが続いている一瀬隆重君である。

この勧進元が、ＴＢＳ事業局長に、望外のいや法外の出世をしていた並木章である。バンダイとＴＢＳの半々の出資だった。

わたしがＴＢＳに残っていたら、彼の出世は無理だったろう。いまだから話せるが、ＴＢＳで同じ釜の飯を食っていた折り、実はわたしの方が、本給が五百円高かったのである。

クランクイン前は、
「エロっぽく撮れ、エロッっぽくだぞ！それがテーマだ。お前の腕の見せどころだ。エロをネチョリンコと表現しろ！」

といっていたが、完成するや手のひらを返したように、
「ザビエルだよ、俺は。こんなものを、よくお前は作れるものだ」
と朝令暮改ぶりを見せつけてくれた。わたしは、出世した同期生にやさしく、ただ彼のいいなりになって、Ｒ指定と成人指定の二つの版を作った。劇場では二つとも公開され、ビデオも二種類出る、という珍しい結果になった。
「やっぱ、屋根裏は成人版だよなあ！」

そう並木は鼻をふくらませ、カットしたラッシュはもっと凄いのがあるだろう、局長はチェックする義務がある、と息まいていた。
『ウルトラＱ』につづいて、アダルトで惚れた加賀恵子をまた一般映画に起用した。並木も彼女はいい、といっていた。エロを見る目だけは、たしかなのだ。

音楽の仕事では、朝比奈先生と新日フィルの『**ブルックナー・チクルス**』を収録した。全曲ではない。三番、四番、五番、七番、八番、大地の歌、だったと記憶する。（＊この年に収録したのは四番、五番、七番

の3曲で、八番は翌年2月である。三番は4年後の1996年、マーラー『大地の歌』は1994年に収録した）

舞台では石丸寛先生と、**『兵士の物語』**を神戸オリエント劇場でやり、秋には『カルミナ・ブラーナ』をサントリーホールでやった。どちらも、ネスカフェのコンサートだった。

青島育ちの石丸先生と、幾度か酌み交わしつつ、青島再訪の夢を見ていたが、かなわぬ夢となってしまった。

小澤さんが語りをやったCD版『ピーターと狼』の録音に立ち会い、演出めいたことをやったのも、この年だ。

『ディアローグ（対話）』のパートⅡを準備し、三部作にする構想だったが、それも脚本を書いただけで終わってしまった。というのも……

【平成五年】

二月、別のアダルト撮影中（九鬼作品）に、加賀恵子が行方をくらまし、縁が切れてしまったからだ。加賀恵子ぬきでは、成りたないと思ったが、少しオーディションもしてみたが、彼女の印象が強すぎて撮る気持ちに至らなかった。

何となく、加賀恵子という女優さんには、掌中に留められない希薄さ、とでもいった匂いを嗅いでいた。ふり返れば、突然、こんな結果になる予感もあった。

その頃に日記に、

――加賀恵子に　惚れて空蝉　よのならい
わらわばわらえ　夢の浮き橋
――かぎりある　いのちなれども　こぬかあめ
がらんのほのほ　けさゆめにみつ
――かぜさそふ　がらんのゆめも　けいけんに
いまはのきわは　ことなかれかし

こんなくだらぬ歌を、書いている。

当分、アダルトものは撮らないだろう、とぼんやり思った。

あれ程やっていた、コマーシャルの仕事をしなくなった。注文が来なくなったからだ。打合せで、クリエーターと称する人達に、あれこれ言われるのが煩わしくなったせいもある。最後に撮ったコマーシャルは何だったろう。日新製鋼だったか、ターダのガス湯沸かしだったか、それとも、……いや、さっぱり記憶にない。

さて松本で前の年から始まった〝サイトウキネン〟の『**火刑台上のジャンヌダルク**』の字幕をやり、ビデオ収録をしている。小澤さんがウィーンフィルと来日した折りのコンサートも、暮れ近くに収録している。

舞台作品はあまりなく、アートスフィアで『**ジャン・コクトーと同時代の作曲家たち**』というのを、二夜にわたって演出している程度だ。六人組やら、サティーを取りあげたものである。

単行本を二冊。小学館クエスト文庫の『**ウルトラマン・ゴールドラッシュ作戦**』と筑摩プリマーブックスの『**ウルトラマンの東京**』だ。後者は挿し絵も自分で描いているのが、身の程知らずだ。

プリマーブックスでは、『ウルトラマンのできるまで』『ウルトラマンに夢見た男たち』という二冊を出させてもらっているので、ウルトラ関連の三部作完結、ということになる。編集の土器屋さんに三冊ともお世話になった。

【平成六年】

この年、一月六日かぎりで、わたしは禁煙した。意志的にしたのではなく、きっかけはひどい風邪にかかったからである。それ以来今日にいたるまで、禁煙はつづいている。でも、煙草の匂いは好きである。ヒステリックな嫌煙運動には、組しない。ただ、風邪から立ち直るや、禁酒はつづかなかった。

この年は、ほとんどが音楽関係の仕事である。ハレー・カルテットとハイドンの『十字架上のキリストの七つの言葉』を、寺田農さんの語りでやり、新日フィルのヘネシーオペラ『トスカ』を録画した。でも、これは物になっていない。いまだに、未編集のままである。

収穫は東響の四百回記念定期『**モーゼとアロン**』である。コンサート形式だったが、美術の朝倉摂、照明の吉井澄雄両先達のお導きで形になった。これが、指揮者秋山和慶さんの毎日新聞の文化賞受賞につながって嬉しかった。

朝比奈先生とは、チャイコの『**悲愴**』等を収録し、やはり新日フィルの特別公演のコンサートオペラ『**フィデリオ**』をやっている。これも、演出にはブーイングが出た。ブーイング体験も二度目となると、落ち着くことができる。申し訳ありません、と謙虚に頭を下げた。東京の朝比奈会の一オタクは、わが家にまで抗議の電話を寄越した。わたしはしばらく、ガードマンを雇った。というのは嘘。

サイトウ記念ではヴェルディの『**レクイエム**』を収録。そして、『音楽現代』に連載させて戴いた音楽がらみのエッセイを、日本テレビ出版から上梓することができた。以前、芸術祭参加『波の盆』の折りにプロデューサーだった山口剛さんが、出版へ移られていたから、そんな光栄に浴することができたのだ。

＊　＊　＊

この年の春、わたしは百合ヶ丘から大田区の鵜の木へ転居している。老齢化した母親を一人暮らしさせるわけには行かなくなったからだ。百合ヶ丘のマンションにも、半分位は生活の拠点を残そうと思ったのだが、鄙びた都内の田舎である鵜の木の方が、電車も混雑せず、小田急の殺人的ラッシュから逃れられて、次第に鵜の木オンリーの暮らしになってしまった。小田急は、その利用者以外の人々には、妙に評判の良い私鉄である。

【平成七年】

新春早々、神戸が地震に見舞われ、大騒ぎになった。

この年の正月に、以前に新日フィル『スペインの時』でご一緒した鈴木寛一先生から電話があり、東京藝大のオペラ科の修士課程で演出をしてほしい、という要請があり、考えた揚げ句お引き受けすることにした。人生一寸先はどうなるか見当もつかない、という見本。東京藝大へは、非常勤講師として陽春から通うことになった。

冬は、東京でブーイングが出た『**フィデリオ**』の大阪公演を手掛けたが、今度はブーなし。ブーがないのも淋しいものである。もっとも、東京で組んだ高い重層の舞台装置を、予算の都合で運べなかったことから、ごく平凡なコンサート形式に変えたせいもある。震災のお陰で朝比奈先生は火照る暮らしを余儀なくされておられた。でも棒にはいささかの狂いもなかった。

音楽関係では、新しいJTホールで『**兵士の物語**』をやった。そしてサイトウ記念ではストラヴィンスキー『**道楽者のなりゆき**』を収録した。これも、日の目を見ていない。

TBSの並木は、傘下のTBSビジョンの社長になった。本当に悪運の強い男である。

円谷プロの社長である皐さんが、まだ春秋に富む人生が残っていたのに、他界された。中国ロケの映画『ウルトラマン』を企画されていただけに、無念な思いが残った。

『**小説／ジャイアンツ・ナイター**』を書き下ろしたのもこの年である。日本テレビ出版の山口さんの依頼だったが、TBSの運動部の熱血漢がラジオのジャイアンツ・ナイターの放送権に、青春の血をたぎらせるお話で、結果日本テレビでは出せずに、風塵社の小野太久一郎さんに、面倒を見てもらい、翌年に形になっている。

この小野太久ちゃんとの付き合いは、河崎実の縁で、この年に連載ものを中心としたアンソロジー『**ナメてかかれ！**』という本を出版してもらっている。いつも損をさせてばかり。もう、恩返しもできないかもしれない。

【平成八年】

この年は慌ただしかった。ひょんなことから、イタリア映画の手伝いをすることになり、寒いうちから外国へ行った。富沢プロデューサーからの依頼で、面白い脚本だった。

『**ある晴れた日に**』という、音楽家たちの養老院で、老人たちが〝蝶々夫人〟の上演をする、という話だった。その養老院で余生をすごしている者を、嘗てのプリマが訪れ、話がトントン拍子で展開する筋書きである。プッチーニ初演の折りの失敗を、若かりし折りの指揮者の失敗と重ね合せる趣向もよかった。

でも、この映画の顚末を書くには、まだ暫しの時間がかかる。今回は深入りしないでおく。わたしは、ハイビジョンで撮る折りのアドバイザーとして、イタリアのスタッフに加わっていた。だが、撮影半ばで、そんな立場も必要なかろう、と判断して作品から外させてもらった。イタリアには二ヶ月滞在したが、オペラへ行く時間もなかった。

初夏には、初めてベテルスブルグで遊んだ。白夜音楽祭に行ったのである。観光もせず、観劇とコンサート以外は、ウオッカの美味しさに浸っていた。

芸大暮らしは好運に恵まれて事もなく、オペラ定期の『**フィガロの結婚**』をやらせて頂くことになった。いろいろな紆余曲折もあったが、結果は大過なかった。安堵の胸を撫で下ろす。

私的に大きな出来事は〝コダイ〟を作って以来あれこれ一緒に歩んできた大木淳吉君が旅立ってしまったことである。事務所を作った仲間からの、最初の旅人になった。『怪奇大作戦』が終わった後、二子玉川の大木君のマンションに、円谷の禄を食んだ有志が集まって〝コダイ〟を作ったのである。残念だが、こればかりは逆らう術もない。

【平成九年】

正月早々の仕事は、新日フィル『**イワン雷帝**』である。指揮はロストロポーヴィチ氏、語りは江守徹氏である。その構成台本を担当した。プロコフィエフの映画用音楽で、松原さんと語りの切り貼りに苦心した。音楽の一つ一つが短いからである。

さて、ついに、……

わたしは還暦を迎えた。赤いちゃんちゃんこを誰も着せてくれなかった。還暦ということで、ちゃんちゃんこ代わりに素敵なYシヤツを下さったのは、ウルトラの父でもある飯島さんだった。並木は、とうに還暦を過ぎているので、鼻もひっかけてくれず終い。


ふり返れば、波乱に富んだ一年だった。

前年の暮に、急なお話で、

「常勤になってくれないか」

という打診があった。

一月迷った末に、その大役をお引き受けした。正式に人事異動書を受け取ったのは、二月十三日である。

人生には何があるか、本当に分からないものだ。わたしは最初の就職を公務員という身分で始めたが、恐らく最後の職も公務員で完結させる運命なのだろう。

辞令を受けた四日後に、たまたまTBSの同期会があった。

公務員の辞令を貰った折の文部大臣が、TBS入社同期の小杉隆君だった。まったく、縁というものは面白いものだ。たまたま、同期会があり、わたしは小杉君に頭を下げ、辞令を頂戴する芝居をやらされた。並木が仕組んだ座興だった。

小杉君が、

「文部大臣としては、任命した覚えがない」

というと、並木は喜んでヒーヒー涎を垂らしていた。まったく、育ちの悪さが歳につれ増幅する奴である。

ま、それは兎に角、常勤騒ぎで慌ただしかった冬に、**『D坂の殺人事件』**をクランクインした。はじめての東映作品である。Pは一瀬さんと東映の黒沢さんだった。オールセットで、これは楽しい二週間だった。

九時開始で大泉の東映で撮影するのは、家から遠いし、わたしは人一倍朝寝坊なので、以前テレビ映画の監督依頼を

「正午開始にしてくださるなら」

などと阿保なことを口走って、即座に断られたことがある。その当時は小田急沿線の百合ヶ丘に住んでいた。遠いというより、朝のラッシュに、小田急に乗るのが耐えられなかったのだ。

真田広之さん、岸部一徳さん、吉行由実さん、大家由祐子さん、そして六平直政さんに、嶋田久ちゃん、農ちゃん、とキャストにも恵まれ、大泉通いが苦にならなかった。

以前から、一度音楽をお願いしたかった池辺晋一郎さんに、声をかけた。

「音楽費がないけれど、何とかして下さい」

とわたしは頭を下げた。才能というのは凄いものだ。オンド・マルトノとヴィオラだけで、豊穣な世界を作って下さったのだから。世界でも数少ないオンド・マルトノ奏者の原田節さんとは、以前、サイトウ記念の折に面識はあったが、これをきっかけに、いろいろなことで無理をいい、仕事をしていただくようになった。迷惑のかけっ放しである。

『D坂』を終わると、三十年ぶりで『ウルトラ』の世界に復帰することができた。『**ウルトラマンティガ**』を、陽春に二話撮った。『**花**』と『**夢**』である。これも、楽しい数週間のスタッフ、キャストとの共生だった。

「花」の方は天候不順がつづき、殆どをセットに切変えて撮影した。「夢」の方は、建築家の梵寿綱氏設計の建築をイメージの基本にして、実際のロケセットに使わせて頂いた。

また、音楽物では、厚かましくも朝比奈先生のお相手をしてお話を伺う役をわたしが勤め、『**朝比奈隆交響的肖像**』というビデオに関係した。これ迄収録した先生の演奏に、その対話が付随したビデオである。

この年の夏には、二度九州へ寝台特急に乗っている。最初は大分へ『富士』のB個室。二度目は長崎へ「さくら」のA寝台である。長崎へは、雑誌〝旅〟の取材で、編集の竹内さん、カメラマンの米屋浩二さんと一緒のたのしい旅だった。

長崎の路面電車に乗った後は、熊本のLRTを取材した。路面電車党でもあるわたしには、夢の数日だった。

名古屋の合唱団グリーンエコーに頼まれ、井上道義指揮の『**火刑台上のジャンヌ・ダルク**』を秋に手がけた。最初はどうなることか、と不安もあったが、合唱団の人達の意気込みと誠実さで、きちんとした舞台が出来上がり、ひどく嬉しかった。一度きりの公演が残念だった。これには勿論、原田節さんのお力を拝借した。

この年の大きな出来事は、大木君に続いて、ナーちゃんこと鈴木美奈子さんが他界したことだ。コダイ・グループ創設ほどなくから事務所を切り盛りし、わたしのATG作品には、〝デスク〟でタイトルに出ている人だ。『曼陀羅』から制作に加わった鈴木道朗君と結ばれて、『ティガ』の撮影にも来てくれていたのに、……無常迅速である。

また年末ぎりぎりに、高知で義母が亡くなり、実母がその一週間後に慌ただしく他界した。

【平成十年】――――――――

サントリー成人の日コンサート構成台本を新日フィルの松原さんに依頼された。『**魔笛**』である。語り手は野村萬斎さん。

去年が「ティガ」なら、この年は『**ダイナ**』である。でも、脚本に難航し、結果一話しか監督できなかったのが、心残りである。

若い村井さだゆきさんとの初めての仕事で、カスパー・ハウザーのことをモデルにして怪獣戯曲を上演する、天才的な、いや天災的な脚本家兼劇団のの支配者の話だが、短い時間に収めるのは、無理だったかもしれない。

大学の常勤ともなると、休みの期間でもない限り、そうそう撮影もできなくなった。腹心の服部が、いろいろ動いてくれたが、ついに作品には実らなかった。

ただ、大学に新しい奏楽堂が完成し、こけら落としシリーズの最後に『魔笛』を上演することになり、演出を担当する光栄に浴した。結果はまず まずの評価だったろう。これは学内のオペラ定期にもつながった。

新日フィルのオペラでは『ペレアスとメリザンド』の字幕を松原さんに依頼されてやっている。ただ、小澤さんが、病に倒れ来日不能となり、代棒になった。が、公演の評判は良かった。

秋には、親しいプロデューサー森千二さんのお誘いで、久しぶりに『カルミナ・ブラーナ』をやっている。新潟の新しいホールのオープニング記念である。秋山和慶さんの指揮でオケは東響。語りは以前やった折の平幹二朗さん再登場である。でも、台本は筑摩書房から出版されている翻訳を、そのまま使わせて頂くことにした。原本の詩歌を読むのは、これで二度目である。

大きな舞台を組む余裕のないコンサート専用ホールなので、あまり暴れずにおとなしくやった。森さんには、「大人になった」と頭を撫でられた。もう還暦も過ぎてるんだぞ。老人の頭を撫でないでね。

この年は旅に出ることが多かった。新潟の後は高松に通った。芸大で骨格を作った『魔笛』を、さらに高松の県民ホールで、リ・メークすることになったからである。思いもよらず、レパートリー・システム風に『魔笛』が一人立ちし、歩き始めた感じである。成人の日から始まって、とうとう『魔笛』イヤーになった。

この高松通いもたのしい思い出だが、その最大の原因は、久々の新造特急〝サンライズ瀬戸〟に乗ることができたからだ。女房の里へ行くときも、わたしは以前の寝台特急〝瀬戸〟に乗っていた。わたしは、国内線の航空便に乗ることは、ほとんどない。

サンライズ瀬戸は、B個室でも居住性はいいが、フリースペースか、酒とスナック程度の（自動販売ではない）コーナーがあれば、いうことなしだ、といつも酒とお摘みを抱えて乗車していた。

ついでにいえば、売店も食堂車もスナックコーナーもない、700系なんて新幹線が、五時間ちかい行程を走る現状は、信じられない。

年末には、はじめて宝塚公演のビデオを頼まれ、新しい〝宙組〟の『**エリザベート**』を大劇場で収録した。これには、大阪東通のスタッフと、いつも一緒に行動してくれる中村由利の力が大きい。でも、結果を宝塚の依頼主が喜んでいるかどうかは、わからない。

そうそう、初めて、『**地球防衛隊**』というゲームの、タイトルバックのコンテ作成と題字を引き受けた年でもある。基本的なキャラクターや、メカニズムのデザインをやられた小林誠氏の才能には驚嘆した。世間は広い。凄い人がいるものだ。いつか、小林さんのアイデアとコンセプトで、特撮ものをやりたいものだ、と夢想した。

この年から『**フィギュア王**』に、エッセイの連載を始めている。〝フィギュア助っ人〟という題名で、いまに続いている。

【平成十一年】

シュミレーション・ゲーム『**地球防衛隊**』が発売された。ゲームの世界はわからないが、未来がある業界だ、と思った。でも、あまり評判にならなかったのが淋しかった。

この年は何と言っても、東京室内歌劇場の創立三十周年記念公演『**狂ってゆくレンツ**』を演出したことが、一つのステップだった。小屋は新国立小劇場である。

指揮の若杉弘さんとは初めての仕事だったが、トラブルもなく、瓢箪から駒のような仕事になった。いつもいつも、金のない条件で舞台を構想してくれる唐見博さんのアイデアに、感謝した。照明の牛ちゃんにも、手を合わせたが、本人にはいわなかった。増長するといけないから。でも、目白押しの海外勢引っ越し公演、提携公演の中で、小さなこの仕事が評判がよかったこと、ひどくうれしい。

正月のサントリー成人の日コンサート『**椿姫**』では、昨年にひき続きその構成をやらせていただいた。語り手は市川染五郎丈。

いろいろと仕事を共にし、且つ呑み友達でもあり、音楽上の導師でもあった松原さんが、新日フィルを止められ、関西は兵庫西宮のホール準備へ行かれてしまった。それがショックだった。

芸大では、奏楽堂で『**音と色彩**』という若杉弘さんの企画によるコンサートを手伝っている。スクリアビンの『プロメテウス』メシアン『天国の色彩』ストラビンスキー『花火』といったプログラムを、普通のコンサートと色彩の変化を伴った演奏との、二つの側面から形にしたものである。

何年も前、『プロメテウス』は都響の定期でやろう、とマエストロ、照明の吉井さんと話していたものだ。漸く実った、ということでホッとした。

この年の二月に芸大の修士演奏で成果を上げて卒業した、ソプラノの日隈典子さんの横須賀芸術劇場小ホールでのリサイタルをお手伝いした。晩秋のことだ。三木稔作曲の歌楽『鶴』である。最近は、こういうコンパクトな舞台の手伝いが、ひどく楽しくなっている。やはり、老化現象かしらん？

ダイエーホークスが日本一になったのは意外だった。昔なら興奮したことだろう。この年は旅に出ることが少なかった。夏に写真家の鬼才丸田祥三さんと雑誌『東京人』の取材で、都内の廃線跡を数個所と、JR大井工場を訪ねたのは楽しい思い出である。そういえば、JTBの竹内正浩さんを事務局長に、昨年から〝地球鉄道防衛隊〟というのを組織し、丸田さんもわたしもその会員である。ただし、現在のところは単なる呑み会である。

【平成十二年】

さてさて、ようやく本年にたどり着いた。

構成を担当する、サントリーホール成人の日コンサートの演目は『**トスカ**』だった。佐藤しのぶさんのトスカである。語りは和泉元彌さん。今年から成人の日が変わり、戸惑った。

そして、わたしにとって、初めての二期会オペラ演出になる『魔笛』を、稽古している。

毎年わたしは年頭に、個人的な願いを神に祈っている。

今年の願いは以下のごときものだ。

1／健康第一、家内安全

2／二期会『魔笛』公演の無事と成功
3／コダイ十五周年のイヴェントの成功
4／無駄遣いをしないこと
5／映像の仕事ができること
6／九州へ旅ができること
7／鉄道関連の単行本を出せること
8／熟睡
9／物を捨てる
10／呑み会が数多くできること
11／LRTのことが進展すること
12／個人的昭和史を書くこと
13／夢を記帳すること
14／郵便局巡りでスタンプの数を増やすこと
15／膚の痒さが収まること

もっとあるのだが、あまり欲張った願いは私的な日記にとどめておくべきだから、ここには記さない。

この駄文が公になるころには、ここに上げたいくつかの項目、というか夢には、結果が出ているだろう。

南無阿弥陀仏、南無阿弥陀仏、……

実相寺昭雄

實相寺昭雄印

実相寺昭雄叢書……Ⅱ

実相寺、かく語りき 闇への憧れ［継］

2018年6月30日　初版発行

著者：実相寺昭雄
加藤 泰・大岡 信・冬木 透・佐々木 守
池田憲章・市川森一・毒蝮三太夫
泉 麻人・寺田 農・河崎 実・加藤礼次郎

発行者：岩本利明
発行：株式会社復刊ドットコム
〒141-8204 東京都品川区上大崎3-1-1
目黒セントラルスクエア5階
TEL:03-6800-4460

印刷：大日本印刷株式会社
組版：株式会社キャップス

デザイン：岩郷重力+S.O
編集協力：実相寺昭雄研究会

ISBN978-4-8354-5545-7　C0074
Printed in Japan

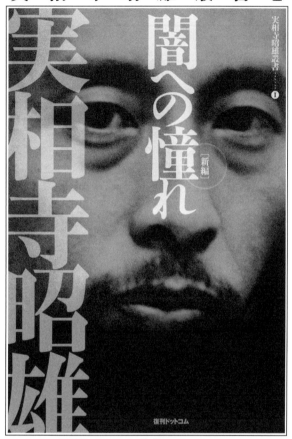